시사 · 미디어 아랍어 소사전
مُفْرَدَاتٌ وَتَعْبِيرَاتٌ إِعْلَامِيَّةٌ

한국어 – 아랍어 주제별 사전
아랍어 – 한국어 소사전

지은이 – 이병학

도서출판 문예림

시사 미디어 아랍어 소사전

초판 2쇄 인쇄 2020년 8월 19일
초판 2쇄 발행 2020년 8월 25일

지은이 이병학
펴낸이 서덕일
펴낸곳 도서출판 문예림

출판등록 1962.7.12 (제406-1962-1호)
주소 경기도 파주시 회동길 366 3층 (10881)
전화 (02)499-1281~2 **팩스** (02)499-1283
대표전자우편 info@moonyelim.com **통합홈페이지** www.moonyelim.com
카카오톡 ("도서출판 문예림" 검색 후 추가)

디지털노마드의 시대, 문예림은 Remote work(원격근무)를 시행하고 있습니다.
우리는 세계 곳곳에 있는 집필진과 원하는 장소와 시간에 자유롭게 일합니다.
문의 사항은 카카오톡 또는 이메일로 말씀해주시면 답변드리겠습니다.

ISBN 978-89-7482-613-0(13790)

잘못된 책이나 파본은 교환해 드립니다.
본 책은 저작권법에 의해 보호를 받는 저작물이므로 무단 전재와 복제를 금합니다.

서문

이 책은 필자가 지은 "아랍어 신문, 당신도 읽을 수 있다"(문예림)의 보조 교재로 만들어졌다.

이 소사전에 나와 있는 단어들은 현대 표준 아랍어의 범주에 속하는 시사·미디어 아랍어에서 가장 많이 사용되는 실용 어휘들이다.

이 책의 '한국어-아랍어' 부분은 주제별로 어휘들이 정리되어 있기에 단어들의 의미를 정확하게 파악하고 그것을 신속하게 암기하는데 많은 도움을 줄 것이다. 여기의 단어들은 주제별로 정리되어 있을 뿐만 아니라 어근과 연관된 가족 단어들(family words)까지 함께 기록되어 있다. 즉 단어가 명사일 경우 그 단어의 형용사형, 단어가 동사일 경우 그 단어의 동명사형, 단어가 형용사일 경우 그 단어의 명사형 등을 함께 기록하였다.

주제별 어휘들을 구성하며 필자가 지은 "이집트 구어체 아랍어 회화 사전"(문예림)에서 단어를 가져왔고, 영어로 된 단어장인 Media Arabic an Essesential Vocabulary – Elisabeth Kendall- 에서도 단어를 가져왔다. 또한 필자가 평소에 모아온 여러 주제의 단어들을 첨가하였고, "아랍어 신문, 당신도 읽을 수 있다"를 집필하며 정리한 많은 단어들도 수록하였다.

이 책의 '아랍어 – 한국어' 부분은 "아랍어 신문, 당신도 읽을 수 있다"의 각주에 기록된 단어들을 아랍어 알파벳 순으로 다시 정리한 것이다. 여기에는 단어의 뜻 뿐만 아니라 그 단어와 관련된 실용 표현들을 함께 기록하기 위해 노력하였다. 따라서 독자들이 필자의 책으로 공부하다 새로운 단어를 만날 경우 이 사전에서 단어들을 찾고 그 의미를 파악하면 유익할 것이다.

이 책의 단어들과 모음부호의 최종 교정은 AUC(American University in Cairo) 대학의 아랍어 교육 센터(Arabic Language Institute)에서 아랍어 강사로 재직중인 무크타르 싸예드(Mukhtar Sayed) 교수가 수고를 해 주었다.

이 책은 시사.미디어 아랍어 용어들을 모아 놓았기에 일반 아랍어 사전의 용도와는 맞지 않을 수 있음을 밝힌다.

2011년 9월 카이로에서   이병학

효과적인 아랍어 어휘 학습에 대해

독자들이 시사. 미디어 아랍어 어휘들을 익힐 때 효과적인 방법을 정리해 본다.

1. 단어를 익힐 때 그 단어의 어근이 무엇인지 파악하라.
모든 아랍어 단어들에는 어근(جِذْر)이 있다. 마치 한 뿌리에서 자란 나무에서 많은 가지가 나오고 그 가지에서 많은 열매가 맺히듯이 한 어근에서 많은 단어들이 파생된다. 그 파생되는 여러 단어들을 하나 하나 따로 익히기 보다, 그 단어들의 어근을 파악하고, 그 어근에서 파생되는 다른 단어들과의 연관성을 고려하면서 단어들을 암기하는 것이 효과적이다. 이렇게 할 경우 같은 어근을 가진 여러 단어들을 한꺼번에 익힐 수 있게 된다. 이러한 어근 중심의 어휘 학습을 위해 어근 중심 아랍어 사전을 사용하는 것이 좋다.

2. 10 형태 변화표를 확실하게 익혀라
어근을 파악하고 그 파생형들을 파악하며 그 의미들을 익히기 위해서 10 형태 변화표가 많은 도움이 된다. 필자가 기록한 "아랍어 신문, 당신도 읽을 수 있다!!" 부록 부분에 10 형태 변화표가 나와있다. 그 변화를 기억하고, 그 의미의 차이들도 파악하도록 하라.

3. 동사의 경우
각각의 단어의 변화형태(완료형과 미완료형)를 익히고, 단어의 의미를 파악할 뿐만 아니라, 그 동사의 동명사가 무엇인지 파악하라. 10 형태 변화표를 기억하고 있으면 대부분의 동명사는 따로 외우지 않고도 파악할 수 있다. 10 형태 변화표에 나타나지 않는 1 형태 동사들도 사전에서 그 동명사 꼴을 찾아 함께 익혀야 한다.
동사를 익힐 때 그 동사가 자동사인지, 타동사인지를 파악하라. 그리고 타동사의 경우 어떤 목적어를 어떻게 취하는지(사람 혹은 사물), 몇개의 목적어를 취하는지(한 개 혹은 두 개, 간접 목적어, 직접 목적어의 형태), 동사가 자동사인 경우 어떤 전치사를 취하는지도 파악하도록 하라.

4. 명사의 경우
각각의 단어의 의미를 파악할 때 그 단어의 어근과 연관된 동사가 무엇인지 파악하도록 하라. 그리고 그 단어와 연관된 형용사도 함께 파악하도록 하라. 또한 동명사의 경우 그것의 동사가 무엇인지 파악하여 함께 익히도록 하라.

5. 형용사의 경우
이 경우도 마찬가지로 그 형용사의 어근을 파악하고 그것과 연관된 동사나 명사가 어떤 것인지를 염두에 두도록 하라.
많은 형용사들이 동사의 능동분사와 수동분사 꼴에서 왔다. 능동분사와 수동분사는 동사의 10 형태 변화에서 파악할 수 있다. 이 능동분사와 수동분사를 잘 사용하게 되면 수많은 수식어(형용사)를 만들수 있게 된다.

6. 예문을 통해 단어를 익혀라
어떤 단어를 익히려고 할 때 그 단어가 문장 속에서 어떻게 사용되는지를 알고 있을 때 비로소 그 단어의 의미를 안다고 할 수 있다. 애석하게도 예문이 잘 기록되어 있는 사전을 찾기가 쉽지 않다. 필자가 추천하는 예문에 충실한 어근 중심 아랍어 사전은 المعجم العربي الأساسي 이다. 이 사전은 '아랍어 – 아랍어' 사전이라 초보자가 사용하기에는 어려움이 있지만 어느 정도 아랍어를 하는 사람에게는 최고의 사전이 될 수 있을 것이다. 튀니지에서 만들어진 것으로 알고 있는데 아랍국들에서 쉽게 구할수 있을 것이다.
예문 중심의 공부란 측면에서 필자가 저술한 "아랍어 신문, 당신도 읽을 수 있다"도 가치가 있다고 본다. 이 책에서 각각의 단어들이 문장 가운데에서 어떻게 사용되었는지를 자세히 살펴보고 단어들의 의미를 파악하기 바란다.

7. 아랍 신문과 위성방송을 적극 활용하라.
아랍권 신문과 위성방송은 시사.미디어 아랍어 공부를 위한 가장 좋은 교재이다. 요즘은 인터넷 세상이라 한국에서 인터넷을 통해 아랍권 신문을 읽고 위성방송을 시청할 수 있다. "아랍어 신문, 당신도 읽을 수 있다" 2부에 나오는 아랍 국가들의 신문들과 위성방송 안내를 참고하라. 매일 매일 끊임없이 듣고 끊임없이 말하고 끊임없이 시도하라.

약어표

V – 동사

A – 형용사

N – 명사

أَوْ – '혹은'이란 뜻의 아랍어

فُلاَنٌ – '사람'이란 뜻의 아랍어

فُلاَنَةٌ – '여자 사람'이란 뜻의 아랍어

(ع) – 용어가 이집트 구어체 아랍어인 경우 이 기호 사용

시사 · 미디어 아랍어 소사전

한국어 - 아랍어 소사전(주제별 배열)

시사 · 미디어 아랍어 소사전

주제별 사전

차례

1-1 미디어 일반	11
1-2 신문 섹션의 구성	13
2-1 대륙과 국가 이름	14
2-2 아랍 국가들 이름	16
2-3 아랍 국가들 정식 명칭과 수도 이름	17
2-4 국제기구 이름	18
3-1 주요 명사	20
3-2 주요 형용사	26
3-3 주요 동사	32
3-4 사람의 감정	47
3-5 중요 가치	49
3-6 사상	51
3-7 주요 종교와 종파들 이름	53
3-8 시간 관계 표현들	54
3-9 부사와 연결어	56
4-1 정치	62
4-2 정체와 정부	72
4-3 장관급 부서	74
4-4 국가기관	76
4-5 행정구역	77
4-6 정치관련 사람들	78
4-7 정치관련 동사	81
5-1 선거	83
5-2 선거관련 동사	86
6-1 시위 & 폭동	87
6-2 시위 & 폭동 관련 동사	94
7-1 경제	96
7-2 재정관련	104
7-3 경제관련 동사	109
8-1 법과 질서	111
8-2 범죄	114
8-3 형벌	117
8-4 법관련 동사	118
9-1 군사 & 전쟁	121
9-2 군사 & 전쟁 관련 동사	129
10-1 재난 & 구호	133
10-2 재난 & 구호 관련 동사	136
11 핵	137
12-1 스포츠	138
12-2 스포츠 관련 동사	140
13-1 사건 & 사고	141
13-2 사건 & 사고 관련 동사	142

시사. 미디어 소사전(아랍어 — 한국어)   147

시사 · 미디어 아랍어 소사전

1-1 시사. 미디어 일반 용어

한국어	العربية
매스컴(The Media), 미디어	وَسَائِلُ الإِعْلَامِ
언론(The Press)	الصَّحَافَةُ
뉴스 통신사(Press Agency, News Agency)	وَكَالَةُ الأَنْبَاءِ
언론의, 신문의	صُحُفِيٌّ أَوْ صَحَفِيٌّ
언론인, 기자, 저널리스트(Journalist)	صُحُفِيٌّ أَوْ صَحَفِيٌّ، صِحَافِيٌّ أَوْ صَحَافِيٌّ/ -ونَ
신문	جَرِيدَةٌ/ جَرَائِدُ، صَحِيفَةٌ/ صُحُفٌ أَوْ صَحَائِفُ
잡지	مَجَلَّةٌ/ -اتٌ
방송	إِذَاعَةٌ/ -اتٌ
텔레비전 방송	إِذَاعَةٌ تِلِفِزْيُونِيَّةٌ
라디오 방송	إِذَاعَةُ رَادْيُو
방송국	مَحَطَّةُ الإِذَاعَةِ
(텔레비전) 방송 중계	بَثٌّ (بِالتِلْفِزْيُونِ)
기자회견(Press Conference)	مُؤْتَمَرٌ صَحَفِيٌّ
기자들을 위한 전단, 보도전단	بَيَانٌ، بَيَانٌ صَحَفِيٌّ
보도(취재와 보도 과정 전체, Coverage)	تَغْطِيَةٌ/ -اتٌ
인터뷰	مُقَابَلَةٌ/ -اتٌ
정보원, 소식통, 출처(Source)	مَصْدَرٌ/ مَصَادِرُ
책임있는 소식통	مَصْدَرٌ مَسْؤُولٌ
정부 소식통	مَصْدَرٌ حُكُومِيٌّ
정통한 소식통(Informed Sources)	مَصَادِرُ مُطَّلِعَةٌ
..와 가까운 소식통	مَصَادِرُ مُقَرَّبَةٌ مِنْ ...
믿을 만한 소식통	مَصَادِرُ مَوْثُوقٌ بِهَا

고위급 소식통	مَصَادِرُ عَالِيَةُ الْمُسْتَوَى
대표이사	رَئِيسُ مَجْلِسِ الإِدَارَةِ
편집장	رَئِيسُ التَّحْرِيرِ
기자의 맹세	مِيثَاقُ الشَّرَفِ الصَّحَفِيُّ
대변인	مُتَحَدِّثٌ (بِاسْمِ ..)
특파원	مُرَاسِلٌ/ -ونَ
특별취재원(특종 기사 등을 취재하기 위해 단기간 파견된 기자)	مُوفَدٌ/ -ونَ
직접의(방송이 생방송 일 때)	مُبَاشِرٌ
녹화(녹화방송 일때)	تَسْجِيلٌ/ -اتٌ
독점적인(단독방송일 때)	حَصْرِيٌّ
독점적으로	حَصْرِيًّا
뉴스요약	مُوجَزُ الأَنْبَاءِ
언론정보부 장관, 미디어부 장관	وَزِيرُ الإِعْلاَمِ

1-2 신문 섹션의 구성(Sections of the Newspaper)

뉴스	خَبَرٌ/ أَخْبَارٌ
신문에 실린 뉴스 기사와 해설	مَقَالٌ/ مَقَالاَتٌ
신문의 중심 논설	الْمَقَالُ الافْتِتَاحِيُّ
칼럼, 기사가 들어가는 박스	عَمُودٌ/ أعْمِدَةٌ أو عَوَامِيدُ
리포트(Report)	تَقْرِيرٌ/ تَقَارِيرُ
논평	تَعْلِيقٌ/ تَعْلِيقَاتٌ
분석	تَحْلِيلٌ/ تَحْلِيلاَتٌ
현장을 탐방, 인터뷰를 통해 기사 내용 입증	تَحْقِيقٌ/ تَحْقِيقَاتٌ
대화	حِوَارٌ/ حِوَارَاتٌ
만평(그림을 동반함)	كَارِيكَاتِيرٌ/ كَارِيكَاتُورٌ
광고	إِعْلاَنٌ/ إِعْلاَنَاتٌ
제목	عُنْوَانٌ/ عَنَاوِينُ
주 제목	عُنْوَانٌ رَئِيسِيٌّ
페이지	صَفْحَةٌ/ صَفَحَاتٌ
첫 페이지, 첫면	الصَّفْحَةُ الأُولَى
마지막 페이지, 마지막면	الصَّفْحَةُ الأَخِيرَةُ
스포츠면	صَفْحَةُ الرِّيَاضَةِ
문화면	صَفْحَةُ الثَّقَافَةِ
사건, 사고면	صَفْحَةُ الْحَوَادِثِ
경제면	الصَّفْحَةُ الاقْتِصَادِيَّةُ
국내소식	مَحَلِّيَّاتٌ، أَخْبَارٌ مَحَلِّيَّةٌ
아랍지역문제	شُئُونٌ عَرَبِيَّةٌ
국제문제	شُئُونٌ عَالَمِيَّةٌ
증권	بُورْصَةٌ
부고(訃告)면	صَفْحَةُ الْوَفَيَاتِ
기상통보, 일기예보	نَشْرَةُ الأَحْوَالِ الْجَوِّيَّةِ، أَنْبَاءُ الطَّقْسِ

2-1 대륙과 국가 이름(Countries & Continents) أَسْمَاءُ الْقَارَّاتِ وَالْبِلاَدِ

	사람 혹은 민족	대륙 혹은 국가 이름
아프리카	إِفْرِيقِيٌّ/ أَفَارِقَةٌ	إِفْرِيقْيَا
아시아	آسْيَوِيٌّ/ -ونَ	آسْيَا
북아메리카	أَمْرِيكِيٌّ شَمَالِيٌّ	أَمْرِيكَا الشَّمَالِيَّةُ
남아메리카	أَمْرِيكِيٌّ جَنُوبِيٌّ	أَمْرِيكَا الجَنُوبِيَّةُ
유럽	أُورُوبِّيٌّ/ -ونَ	أُورُوبَّا
오스트레일리아	أُسْتُرَالِيٌّ/ -ونَ	أُسْتُرَالْيَا
극동(The Far East)		الشَّرْقُ الأَقْصَى
근동(Near East)		الشَّرْقُ الأَدْنَى
중동(Middle East)	شَرْقِيٌّ، شَرْق أَوْسَطِيٌّ	الشَّرْقُ الأَوْسَطُ
아랍	عَرَبِيٌّ/ عَرَبٌ	아랍 국가들 الدُّوَلُ الْعَرَبِيَّةُ
이란	إِيرَانِيٌّ/ -ونَ	إِيرَانُ
터키	تُرْكِيٌّ/ أَتْرَاكٌ	تُرْكِيَا
이스라엘	إِسْرَائِيلِيٌّ/ -ونَ	إِسْرَائِيلُ
미국	أَمْرِيكِيٌّ، أَمْرِيكَانِيٌّ	أَمْرِيكَا
		الْوِلاَيَاتُ الْمُتَّحِدَةُ
영국	بَرِيطَانِيٌّ، إِنْجِلِيزِيٌّ/إِنْجِلِيزٌ	بَرِيطَانْيَا، إِنْجِلْتِرَا
프랑스	فَرَنْسَاوِيٌّ، فَرَنْسِيٌّ	فَرَنْسَا
독일	أَلْمَانِيٌّ/ -ونَ، أَلْمَانٌ	أَلْمَانْيَا
이탈리아	إِيطَالِيٌّ/ -ونَ	إِيطَالْيَا
그리스	يُونَانِيٌّ/ -ونَ	الْيُونَانُ
스페인	أَسْبَانِيٌّ/ -ونَ، أَسْبَانٌ	أَسْبَانْيَا
러시아	رُوسِيٌّ/ رُوسٌ، -ون	رُوسْيَا
인도	هِنْدِيٌّ/ هُنُودٌ	الْهِنْدُ

중국		صِينِيٌّ/ ‐ونَ	الصِّينُ
일본		يَابَانِيٌّ/ ‐ونَ	الْيَابَانُ
한국	한국	كُورِيٌّ/ ‐ونَ	كُورِيَا
	남한	كُورِيٌّ جَنُوبِيٌّ	كُورِيَا الْجَنُوبِيَّةُ
	북한	كُورِيٌّ شَمَالِيٌّ	كُورِيَا الشَّمَالِيَّةُ
	남북한		كُورِيَتَانِ

2-2 아랍 국가들 이름 الْوَطَنُ الْعَرَبِيُّ

	사람, 민족, 물건	국가 이름
레바논	لُبْنَانِيٌّ/ -ونَ	لُبْنَانُ
리비아	لِيبِيٌّ/ -ونَ	لِيبْيَا
모로코	مَغْرِبِيٌّ/ -ونَ	الْمَغْرِبُ
모르타니아	مُورِيتَانِيٌّ/ -ونَ	مُورِيتَانْيَا
바레인	بَحْرَيْنِيٌّ/ -ونَ	الْبَحْرَيْنِ
사우디아라비아	سَعُودِيٌّ/ -ونَ	السَّعُودِيَّةُ
소말리아	صُومَالِيٌّ/ -ونَ	الصُّومَالُ
수단	سُودَانِيٌّ/ -ونَ	السُّودَانُ
시리아	سُورِيٌّ/ -ونَ	سُورِيَّا أَوْ سُورِيَّةُ
아랍에메레이트	إِمَارَاتِيٌّ/ -ونَ	الإِمَارَاتُ الْعَرَبِيَّةُ الْمُتَّحِدَةُ
알제리	جَزَائِرِيٌّ/ -ونَ	الْجَزَائِرُ
예멘	يَمَنِيٌّ/ -ونَ	الْيَمَنُ
오만	عُمَانِيٌّ/ -ونَ	عُمَانُ
요르단	أُرْدُنِيٌّ/ -ونَ	الأُرْدُنُ
이라크	عِرَاقِيٌّ/ -ونَ	الْعِرَاقُ
이집트	مِصْرِيٌّ/ -ونَ	مِصْرُ
지부티	جِيبُوتِيٌّ/ -ونَ	جِيبُوتِي
카타르	قَطَرِيٌّ/ -ونَ	قَطَرُ
쿠웨이트	كُوَيْتِيٌّ/ -ونَ	الْكُوَيْتُ
튀니지아	تُونُسِيٌّ/ -ونَ	تُونُسُ
팔레스틴	فِلَسْطِينِيٌّ/ -ونَ	فِلَسْطِينُ

* 아랍 연맹 회원국은 22 개이다. 위의 나라들에서 코모로(Comoros جُزُرُ الْقَمَرِ)가 추가된다

2-3 아랍 국가들 정식 명칭과 수도 이름

	수도	정식 명칭
레바논	بَيْرُوتُ	الْجُمْهُورِيَّةُ اللُّبْنَانِيَّةُ
리비아	طَرَابُلْسُ	الْجَمَاهِيرِيَّةُ الْعَرَبِيَّةُ اللِّيبِيَّةُ الشَّعْبِيَّةُ الاِشْتِرَاكِيَّةُ الْعُظْمَى
모로코	الرِّبَاطُ	الْمَمْلَكَةُ الْمَغْرِبِيَّةُ
모르타니아	نُوَاكْشُوطُ	الْجُمْهُورِيَّةُ الإِسْلاَمِيَّةُ الْمُورِيتَانِيَّةُ
바레인	الْمَنَامَةُ	دَوْلَةُ الْبَحْرَيْنِ
사우디아라비아	الرِّيَاضُ	الْمَمْلَكَةُ الْعَرَبِيَّةُ السَّعُودِيَّةُ
소말리아	مَقْدِيشُو	جُمْهُورِيَّةُ الصُّومَالِ الدِّيمُقْرَاطِيَّةُ
수단	الْخُرْطُومُ	جُمْهُورِيَّةُ السُّودَانِ الدِّيمُقْرَاطِيَّةُ
시리아	دِمَشْقُ	الْجُمْهُورِيَّةُ الْعَرَبِيَّةُ السُّورِيَّةُ
아랍에메레이트	أَبُو ظَبْي	دَوْلَةُ الإِمَارَاتِ الْعَرَبِيَّةِ الْمُتَّحِدَةِ
알제리	الْجَزَائِرُ	الْجُمْهُورِيَّةُ الْجَزَائِرِيَّةُ الدِّيمُقْرَاطِيَّةُ الشَّعْبِيَّةُ
예멘	صَنْعَاءُ	الْجُمْهُورِيَّةُ الْيَمَنِيَّةُ
오만	مَسْقَطُ	سَلْطَنَةُ عُمَانَ
요르단	عَمَّانُ	الْمَمْلَكَةُ الأُرْدُنِيَّةُ الْهَاشِمِيَّةُ
이라크	بَغْدَادُ	الْجُمْهُورِيَّةُ الْعِرَاقِيَّةُ
이집트	الْقَاهِرَةُ	جُمْهُورِيَّةُ مِصْرَ الْعَرَبِيَّةُ
지부티	جِيبُوتِي	جُمْهُورِيَّةُ جِيبُوتِي
카타르	الدَّوْحَةُ	دَوْلَةُ قَطَرَ
쿠웨이트	الْكُوَيْتُ	دَوْلَةُ الْكُوَيْتِ
튀니지아	تُونُسُ	الْجُمْهُورِيَّةُ التُّونُسِيَّةُ
팔레스틴	الْقُدْسُ	فِلَسْطِينُ

2-4 국제기구 이름(International Organizations)

국제연합(UN, United Nation)	الأُمَمُ الْمُتَّحِدَةُ
국제연합 총회 (The General Assembly, UN)	الْجَمْعِيَّةُ الْعَامَّةُ (لِلأُمَمِ الْمُتَّحِدَةِ)
안전보장이사회 (the Security Council)	مَجْلِسُ الأَمْنِ الدَّوْلِيُّ
5개 상임이사국 (the Five Permanent Member States of the Security Council)	الدُّوَلُ الْخَمْسُ ذَاتُ الْعُضْوِيَّةِ الدَّائِمَةِ فِي مَجْلِسِ الأَمْنِ، خَمْسُ دُوَلٍ دَائِمَةِ الْعُضْوِيَّةِ
유네스코(UNESCO)	يُونِسْكُو
국제원자력기구(IAEA)	الْوَكَالَةُ الدَّوْلِيَّةُ لِلطَّاقَةِ الذَّرِّيَّةِ
G8	مَجْمُوعَةُ الثَّمَانِي
G20	مَجْمُوعَةُ الْعِشْرِينَ
세계무역기구(WTO)	مُنَظَّمَةُ التِّجَارَةِ الْعَالَمِيَّةُ
국제통화기금(IMF)	صُنْدُوقُ النَّقْدِ الدَّوْلِيُّ
세계 은행	الْبَنْكُ الدَّوْلِيُّ
국제사면위원회 (Amnesty International)	مُنَظَّمَةُ الْعَفْوِ الدَّوْلِيَّةُ
국제사법재판소 (International Court of Justice)	مَحْكَمَةُ الْعَدْلِ الدَّوْلِيَّةُ
국제형사재판소 (International Criminal Court)	الْمَحْكَمَةُ الْجِنَائِيَّةُ الدَّوْلِيَّةُ
수사를 위한 국제재판소	الْمَحْكَمَةُ الدَّوْلِيَّةُ لِلتَّحْقِيقِ
경제협력개발기구(OECD)	مُنَظَّمَةُ التَّنْمِيَةِ وَالتَّعَاوُنِ الاقْتِصَادِيِّ
국제 연합 난민 구제 사업국(UNRWA)	وَكَالَةُ إِغَاثَةِ اللاَّجِئِينَ لِلأُمَمِ الْمُتَّحِدَةِ
유럽연합(EU)	مُنَظَّمَةُ الاتِّحَادِ الأُورُبِّيِّ
유럽 중앙은행	الْبَنْكُ الْمَرْكَزِيُّ الأُورُبِّيُّ
북대서양 조약 기구(NATO)	حِلْفُ شَمَالِ الأَطْلَسِيِّ، حِلْفُ النَّاتُو
석유 수출국 기구(OPEC)	أُوبِك(مُنَظَّمَةُ الْبُلْدَانِ الْمُصَدِّرَةِ لِلنَّفْطِ)
그린피스(Greenpeace)	جَمَاعَةُ السَّلاَمِ الأَخْضَرِ

세계보건기구(WHO)	مُنَظَّمَةُ الصِّحَّةِ الْعَالَمِيَّةُ
적십자사(the Red Cross)	هَيْئَةُ الصَّلِيبِ الْأَحْمَرِ
적신월사(the Red Crescent)	هَيْئَةُ الْهِلَالِ الْأَحْمَرِ
국제축구연맹(FIFA)	الِاتِّحَادُ الدَّوْلِيُّ لِكُرَةِ الْقَدَمِ، الْفِيفَا
아랍 연맹(the Arab League)	جَامِعَةُ الدُّوَلِ الْعَرَبِيَّةِ
페르시아만 연안 협력 회의(GCC)	مَجْلِسُ التَّعَاوُنِ الْخَلِيجِيُّ
무슬림 연맹(the Muslim League)	الرَّابِطَةُ الْإِسْلَامِيَّةُ
이슬람 회의 기구(OIC)	مُنَظَّمَةُ الْمُؤْتَمَرِ الْإِسْلَامِيِّ
무슬림 형제단 (The Muslim Brotherhood)	جَمَاعَةُ الْإِخْوَانِ الْمُسْلِمِينَ
이슬람협회	الْجَامِعَةُ الْإِسْلَامِيَّةُ
알카에다	الْقَاعِدَةُ
하마스	حَرَكَتْ حَمَاسِ، (حَرَكَةُ الْمُقَاوَمَةِ الْإِسْلَامِيَّةُ)
파타흐	حَرَكَةُ فَتْحٍ
헤즈볼라	حِزْبُ الله
탈리반	حَرَكَةُ طَالِبَانِ
팔레스타인 해방 기구(PLO)	مُنَظَّمَةُ التَّحْرِيرِ الْفِلَسْطِينِيَّةُ
이슬람 구국 전선 (the Islamic Salvation Front)	جَبْهَةُ الْإِنْقَاذِ الْإِسْلَامِيِّ
세계 유대인 회의(WJC, the World Jewish Congress)	الْمُؤْتَمَرُ الْيَهُودِيُّ الْعَالَمِيُّ
크네세트(이스라엘 국회, the Knesset)	الْكِنِيسِت
아프리카 통일 기구(OAU)	مُنَظَّمَةُ الْوَحْدَةِ الْإِفْرِيقِيَّةُ
아프리카 연합	الِاتِّحَادُ الْإِفْرِيقِيُّ
아프리카 개발 은행 (African Development Bank)	بَنْكُ التَّنْمِيَةِ الْإِفْرِيقِيُّ
비정부단체, 민간단체(NGO)	مُنَظَّمَةٌ غَيْرُ حُكُومِيَّةٍ
IS	تَنْظِيمُ الدَّوْلَةِ الْإِسْلَامِيَّةِ (داعش)

3-1 주요 명사(Nouns in general)

	형용사(Adjective)	명사(Noun)
견해(point of view)		وِجْهَةُ النَّظَرِ
문맥(context)	سِيَاقِيٌّ	سِيَاقٌ/ -اتٌ
영역, 분야(field, area)		سَاحَةٌ/ -اتٌ
영역, 분야(field, area)		مَجَالٌ/ -اتٌ
영역, 분야(field, area)	مَيْدَانِيٌّ	مَيْدَانٌ/ مَيَادِينُ
수준, 레벨(level)		مُسْتَوًى/ مُسْتَوَيَاتٌ
수준, 레벨(level)		صَعِيدٌ/ أَصْعِدَةٌ أَوْ صُعُدٌ
방법(method)		طَرِيقَةٌ/ طُرُقٌ
방법(method)		سَبِيلٌ/ سُبُلٌ
수단(means)		وَسِيلَةٌ/ وَسَائِلُ
가능성(possibility)		إِمْكَانِيَّةٌ/ -اتٌ
가능성, 만일의 가정, (eventuality)	اِحْتِمَالِيٌّ	اِحْتِمَالٌ/ -اتٌ
결정(decision)		قَرَارٌ/ -اتٌ
주제(subject)		مَوْضُوعٌ/ -اتٌ أو مَوَاضِيعُ
핵심주제(crux)		صُلْبُ الْمَوْضُوعِ
관련주제		مَوْضُوعَاتٌ ذَاتُ صِلَةٍ
의제목록(agenda), 스케줄		جَدْوَلُ الأَعْمَالِ
프로젝트(project), 계획		مَشْرُوعٌ/ -اتٌ أَوْ مَشَارِيعُ
계획(plan)		خُطَّةٌ/ خُطَطٌ
법(law) ; 규칙	قَانُونِيٌّ	قَانُونٌ/ قَوَانِينُ
규칙, 규정(rule)	قَاعِدِيٌّ	قَاعِدَةٌ/ قَوَاعِدُ
규칙, 규정(rule) ; 기준		ضَابِطٌ/ ضَوَابِطُ
원리, 원칙(principle)	مَبْدَئِيٌّ	مَبْدَأٌ/ مَبَادِئُ

기본, 기초(basis)	أَسَاسِيٌّ	أَسَاسٌ/ أُسُسٌ
선언 ; 광고	إِعْلاَنِيٌّ	إِعْلاَنٌ/ –اتٌ
성명, 담화, 보도전단	بَيَانِيٌّ	بَيَانٌ/ –اتٌ
진술, 성명, 담화		تَصْرِيحٌ/ –اتٌ
지시, 지적 ; 기호, 신호		إِشَارَةٌ/ –اتٌ
정보(information)	مَعْلُومَاتِيٌّ	مَعْلُومَاتٌ
기밀, 기밀정보 (intelligence)	اِسْتِخْبَارِيٌّ/ اِسْتِخْبَارَاتِيٌّ	اِسْتِخْبَارَاتٌ
조사(경찰 등의), 심문 ; 성취		تَحْقِيقٌ/ –اتٌ
리포트, 보고	تَقْرِيرِيٌّ	تَقْرِيرٌ/ تَقَارِيرُ
분석, 분해 ; 검사	تَحْلِيلِيٌّ	تَحْلِيلٌ/ –اتٌ
밝힘, 명백히 함	إِيضَاحِيٌّ	إِيضَاحٌ/ –اتٌ
설명(explanation)		شَرْحٌ/ شُرُوحٌ
설명 ; 정당화	تَعْلِيلِيٌّ	تَعْلِيلٌ/ –اتٌ
정당화(justification)	تَبْرِيرِيٌّ	تَبْرِيرٌ/ –اتٌ
묘사, 기술, 서술	وَصْفِيٌّ	وَصْفٌ/ أَوْصَافٌ
명령 ; 문제, 일(matter)		أَمْرٌ/ أُمُورٌ
이슈, 문제, 일(matter) ; 소송		قَضِيَّةٌ/ قَضَايَا
이슈, 문제, 일(matter) ; 소송		مَسْأَلَةٌ/ مَسَائِلُ
이슈, 문제, 일(matter)		شَأْنٌ/ شُؤُونٌ
사실, 사건 ; 사고, 재난		وَاقِعَةٌ/ وَقَائِعُ
현실(reality)	وَاقِعِيٌّ	الْوَاقِعُ
기정사실		أَمْرٌ وَاقِعٌ
사건(happening)		حَدَثٌ/ أَحْدَاثٌ
사건의 연속		سِلْسِلَةُ أَحْدَاثٍ
사고(accident)		حَادِثٌ أَوْ حَادِثَةٌ/ حَوَادِثُ

경우, 행사, 경사, 경조사 (occasion)		مُنَاسَبَةٌ/ -اتٌ
기회(opportunity)		فُرْصَةٌ/ فُرَصٌ
상황(situation), 정세		وَضْعٌ/ أَوْضَاعٌ
상황(situation)		مَوْقِفٌ/ مَوَاقِفُ
상태(situation) ; 경우(case)		حَالَةٌ/ -اتٌ، حَالٌ/ أَحْوَالٌ
상황(circumstances) ; 환경	ظَرْفِيٌّ	ظَرْفٌ/ ظُرُوفٌ
환경(environment)	بِيئِيٌّ	بِيئَةٌ/ -اتٌ
환경(environment)		مُحِيطٌ/ -اتٌ
약속시간, 약속날짜 (appointment)		مِيعَادٌ/ مَوَاعِيدُ، مَوْعِدٌ/ مَوَاعِدُ
약속(promise)		وَعْدٌ/ وُعُودٌ
언약, 약속(promise)	مُتَعَهِّدٌ	تَعَهُّدٌ/ تَعَهُّدَاتٌ
보장(guarantee), 보증		ضَمَانٌ/ ضَمَانَاتٌ
역사(history)	تَارِيخِيٌّ	تَارِيخٌ/ تَوَارِيخُ
목적(purpose), 목표(goal)		هَدَفٌ/ أَهْدَافٌ
목적(purpose)		غَرَضٌ/ أَغْرَاضٌ
목적, 목표		مَقْصِدٌ/ مَقَاصِدُ
의도(intend), 목적 (purpose)		نِيَّةٌ/ نِيَّاتٌ أَوْ نَوَايَا، قَصْدٌ
야망(ambition)	طَامِحٌ، طَمُوحٌ	طُمُوحٌ/ -اتٌ
결과(result)		نَتِيجَةٌ/ نَتَائِجُ
결과(result) ; 영향(repercussions)		عَاقِبَةٌ/ عَوَاقِبُ
영향(influence)	تَأْثِيرِيٌّ	تَأْثِيرٌ/ -اتٌ، أَثَرٌ، نُفُوذٌ
반향, 반사(reflection), 반응(reaction)	اِنْعِكَاسِيٌّ	اِنْعِكَاسٌ/ -اتٌ
반응(reaction)		رَدُّ فِعْلٍ/ رُدُودُ أَفْعَالٍ
원인, 이유		سَبَبٌ/ أَسْبَابٌ
동기(motive)	دَافِعٌ	دَافِعٌ/ دَوَافِعُ

동기(motive)	مُحَفِّزٌ	حَافِزٌ/ حَوَافِزُ
동기(motive)		بَاعِثٌ/ بَوَاعِثُ
정당화(justification)	تَبْرِيرِيٌّ	تَبْرِيرٌ/ -اتٌ، مُبَرِّرٌ/ -اتٌ
요인, 동인(factor)		عَامِلٌ/ عَوَامِلُ
요소, 구성성분(element)	인종적인 عُنْصُرِيٌّ	عُنْصُرٌ/ عَنَاصِرُ
요소, 재료, 물질(element)	مَادِّيٌّ	مَادَّةٌ/ مَوَادُّ
장애(obstacle)		عَقَبَةٌ/ -اتٌ
장애(obstacle)		عَائِقٌ/ عَوَائِقُ
장벽(barrier)		حَاجِزٌ/ حَوَاجِزُ
진실, 사실(fact)	حَقِيقِيٌّ	حَقِيقَةٌ/ حَقَائِقُ
진리(truth)		الْحَقُّ
위기(crisis)		أَزْمَةٌ/ أَزَمَاتٌ
재난, 재해, 참사 (catastrophe)	كَارِثِيٌّ	كَارِثَةٌ/ كَوَارِثُ
재앙(disaster)		مُصِيبَةٌ/ مَصَائِبُ
신분, 정체(identity)		هُوِيَّةٌ/ هُوِيَّاتٌ
변화(change)	تَغْيِيرِيٌّ	تَغْيِيرٌ/ تَغْيِيرَاتٌ
개혁(reformation)	إِصْلَاحِيٌّ	إِصْلَاحٌ/ إِصْلَاحَاتٌ
옆 ; 측(side)		جَانِبٌ/ جَوَانِبُ
변두리 ; 측, 편(party, side)		طَرَفٌ/ أَطْرَافٌ
양편, 양측		جَانِبَانِ، طَرَفَانِ
조건(condition)	조건적인 مَشْرُوطٌ	شَرْطٌ/ شُرُوطٌ
대안		فِكْرَةٌ بَدِيلَةٌ، خُطَّةٌ بَدِيلَةٌ
대신하는 것, 대용품		بَدِيلٌ/ بُدَلَاءُ
금지	مَمْنُوعٌ، مَحْظُورٌ	مَنْعٌ، حَظْرٌ
위원회(committee)		لَجْنَةٌ/ لِجَانٌ

회의(council, board)	مَجْلِسِيٌّ	مَجْلِسٌ/ مَجَالِسُ
모임(meeting)	사회적인 اِجْتِمَاعِيٌّ	اِجْتِمَاعٌ/ اِجْتِمَاعَاتٌ
컨퍼런스(conference)		مُؤْتَمَرٌ/ مُؤْتَمَرَاتٌ
세션(session), 공판		جَلْسَةٌ/ جَلَسَاتٌ
인터뷰, 만남		مُقَابَلَةٌ/ مُقَابَلَاتٌ
대회(convention)		مَجْمَعٌ/ مَجَامِعُ
수도, 도읍지		عَاصِمَةٌ/ عَوَاصِمُ
에너지		طَاقَةٌ/ -اتٌ
발전소		مَحَطَّةُ تَوْلِيدِ الْكَهْرَبَاءِ
공해	مُتَلَوِّثٌ	تَلَوُّثٌ
산성비(acid rain)		أَمْطَارٌ حَمْضِيَّةٌ
환경보호		حِمَايَةُ الْبِيئَةِ
기후이변		تَغَيُّرَاتٌ فُجَائِيَّةٌ فِي الْمُنَاخِ
개선	تَحْسِينِيٌّ	تَحْسِينٌ/ -اتٌ
생활환경의 개선		تَحْسِينُ الأَحْوَالِ الْمَعِيشِيَّةِ
공익(public interest)	مَصْلَحَةٌ عَامَّةٌ، مَنْفَعَةٌ عَامَّةٌ، صَالِحٌ عَامٌّ	
대중에 대한 관심(정부의 국민에 대한 관심)		الاِهْتِمَامُ بِالْجُمْهُورِ
추세, 동향 ; 전류		تَيَّارٌ/ -اتٌ
방향 ; 추세, 동향		اِتِّجَاهٌ/ -اتٌ
차이, 다름		اِخْتِلَافٌ/ -اتٌ
차이, 다름		فَرْقٌ/ فُرُوقٌ
차이, 다름		فَارِقٌ/ فَوَارِقُ
유사함, 닮음		تَشَابُهٌ/ -اتٌ
도전(적에게 도전, challenge)	مُتَحَدٍّ	تَحَدٍّ(التَّحَدِّي)/ تَحَدِّيَاتٌ
도전, 동기부여(motivation) ; (돈을) 지불함	دَافِعٌ، مَدْفُوعٌ	دَفْعٌ

원수(enemy)	적대적인 عُدْوَانِيٌّ، عِدَائِيٌّ	عَدُوٌّ/ أَعْدَاءٌ
멤버, 구성원		عُضْوٌ/ أَعْضَاءٌ
사회(society)	مُجْتَمَعِيٌّ	مُجْتَمَعٌ/ -اتٌ
국제사회		الْمُجْتَمَعُ الدَّوْلِيُّ
다스림, 통치, 주권		سِيَادَةٌ
대통령직, 영도	대통령의 رِئَاسِيٌّ	رِئَاسَةٌ
지도, 지도력	قِيَادِيٌّ	قِيَادَةٌ
영도, 영도력		زَعَامَةٌ
..의 지도 아래에		بِرِئَاسَةِ ...
..의 지도 아래에		بِقِيَادَةِ ...
..의 지도 아래에		بِزَعَامَةِ ...
바른 방향		الاتِّجَاهُ الصَّحِيحُ
..에 강한 충격을 줌		دَفْعَةٌ قَوِيَّةٌ فِي ...
전환점(turning point)		نُقْطَةُ التَّحَوُّلِ
과도기(Transition Period)		الْمَرْحَلَةُ الانْتِقَالِيَّةُ
박탈		حِرْمَانٌ (مِنْ)
성격, 인격(personality)		شَخْصِيَّةٌ/ -اتٌ
그림(picture)		صُورَةٌ/ صُوَرٌ
관계(relation)		عَلاَقَةٌ/ -اتٌ
사람을 다룸(treatment), 거래		مُعَامَلَةٌ/ -اتٌ
인종차별	التَّفْرِقَةُ الْعُنْصُرِيَّةُ، التَّمْيِيزُ الْعُنْصُرِيُّ	
성차별		التَّمْيِيزُ بَيْنَ الْجِنْسَيْنِ، التَّفْرِقَةُ بَيْنَ الْجِنْسَيْنِ
지구촌(the global village)		الْقَرْيَةُ الْكَوْنِيَّةُ، الْقَرْيَةُ الْعَالَمِيَّةُ

3-2 주요 형용사(Adjectives)

	명사(Noun)	형용사(Adjective)
정치의, 정치적인	سِيَاسَةٌ	سِيَاسِيٌّ
경제의, 경제적인	اِقْتِصَادٌ	اِقْتِصَادِيٌّ
사회의, 사회적인 (사회가)	مُجْتَمَعٌ	مُجْتَمَعِيٌّ
사회적인, 사교적인 (개인의 성격이)	모임 اِجْتِمَاعٌ	اِجْتِمَاعِيٌّ
내성적인	내성적임 اِنْطِوَاءٌ	اِنْطِوَائِيٌّ
문화의, 문화적인	ثَقَافَةٌ	ثَقَافِيٌّ
종교의, 종교적인	دِينٌ – دِيَانَةٌ	دِينِيٌّ
교육의, 교육적인	تَعْلِيمٌ	تَعْلِيمِيٌّ
체육의, 운동의	رِيَاضَةٌ	رِيَاضِيٌّ
군사의, 군사적인	عَسْكَرِيَّةٌ	عَسْكَرِيٌّ
상업의, 교역의	تِجَارَةٌ	تِجَارِيٌّ
재정의, 재정적인	돈, 재정 مَالٌ	مَالِيٌّ
공업의, 산업의	صِنَاعَةٌ	صِنَاعِيٌّ
농업의	زِرَاعَةٌ	زِرَاعِيٌّ
직업의	مِهْنَةٌ	مِهْنِيٌّ
행정의, 행정적인	إِدَارَةٌ	إِدَارِيٌّ
공식적인, 정식의	격식 رَسْمِيَّاتٌ	رَسْمِيٌّ
비공식적인		غَيْرُ رَسْمِيٍّ
도시의 ; 시민의, 문민의	도시 مَدَنِيَّةٌ	مَدَنِيٌّ
상담의, 협의의	اِسْتِشَارَةٌ	اِسْتِشَارِيٌّ
대중의, 대중적인 ; 서민의, 서민적인	대중성, 인기 شَعْبِيَّةٌ	شَعْبِيٌّ
민족의	민족주의 قَوْمِيَّةٌ	قَوْمِيٌّ
국가의, 국민의 ; 애국적인	애국심 وَطَنِيَّةٌ	وَطَنِيٌّ

국제적인(international)	국가(country) دَوْلَةٌ/دُوَلٌ		دَوْلِيٌّ
범민족적인, 다국적의, 국제적인	민족(nation) أُمَّةٌ/أُمَمٌ		أُمَمِيٌّ
세계적인(worldwide)	세계주의 عَالَمِيَّةٌ		عَالَمِيٌّ
지역의, 지역적인 (regional)	지역, 도 إِقْلِيمٌ		إِقْلِيمِيٌّ
현지의(local) ; 지역적인 (regional)	현지(local area) مَحَلِّيَّةٌ		مَحَلِّيٌّ
내부의, 내부적인 (internal)	들어감 دُخُولٌ		دَاخِلِيٌّ
자유로운	자유 حُرِّيَّةٌ		حُرٌّ
평화적인	평화 سِلْمٌ، سَلَامٌ		سِلْمِيٌّ
대통령의	대통령직, 영도 رِئَاسَةٌ		رِئَاسِيٌّ
주된, 주요한(main)	대통령 رَئِيسٌ		رَئِيسِيٌّ
기초적인, 기본적인	기초 أَسَاسٌ		أَسَاسِيٌّ
근본적인, 기초적인	뿌리 ; 근원 جِذْرٌ		جِذْرِيٌّ
주변의	무시함 تَهْمِيشٌ		مُهَمَّشٌ
부차적인, 보조적인	가지 فَرْعٌ/فُرُوعٌ		فَرْعِيٌّ
임시의 ; 과도기의, 이양하는	이동, 움직임 اِنْتِقَالٌ		اِنْتِقَالِيٌّ
지금 당장의	즉시 عَلَى الْفَوْرِ		فَوْرِيٌّ
생각의, 사상의	생각함 فِكْرٌ		فِكْرِيٌّ
감정적인, 감상적인	감정, 느낌 عَاطِفَةٌ		عَاطِفِيٌّ
감정적인, 흥분을 쉽게 하는	흥분 اِنْفِعَالٌ		اِنْفِعَالِيٌّ
골격의, 구조적인	골격, 구조 هَيْكَلٌ		هَيْكَلِيٌّ
부정적인	부정 سَلْبِيَّةٌ		سَلْبِيٌّ
긍정적인	긍정 إِيجَابِيَّةٌ		إِيجَابِيٌّ
낙천적인	낙천적임 تَفَاؤُلٌ		تَفَاؤُلِيٌّ، مُتَفَائِلٌ
비관적인	비관적임 تَشَاؤُمٌ		تَشَاؤُمِيٌّ، مُتَشَائِمٌ
실용적인(practical), 실제적인	행동 ; 일 عَمَلٌ/أَعْمَالٌ		عَمَلِيٌّ

시사 · 미디어 아랍어 소사전

실제적인(actual)	행동 فِعْلٌ/ أَفْعَالٌ	فِعْلِيٌّ
추상적인	의미 مَعْنًى/ مَعَانٍ	مُجَرَّدٌ، مَعْنَوِيٌّ
이론적인	이론 نَظَرِيَّةٌ	نَظَرِيٌّ
구두의(oral)	입술 شَفَةٌ/ شِفَاهٌ	شَفَوِيٌّ، شَفَهِيٌّ
기록의, 기록하는	선, 라인 خَطٌّ	خَطِّيٌّ
기록하는 ; 경전의	책 كِتَابٌ	كِتَابِيٌّ
현실적인(realistic)	현실성 وَاقِعِيَّةٌ	وَاقِعِيٌّ
사실의(real) ; 참된, 진실의(true)	진실 حَقِيقَةٌ	حَقِيقِيٌّ
옳은(true)	건강 صِحَّةٌ	صَحِيحٌ
사실이 아닌, 거짓된 (untrue)	벌거벗음 عُرْيٌ	عَارٍ(عَارِيَةٌ.f) مِنَ الصِّحَّةِ
보통의 ; 일상의	일상적임 اِعْتِيَادٌ	عَادِيٌّ، اِعْتِيَادِيٌّ
보통이 아닌, 이상한		غَيْرُ عَادِيٍّ
특별한(special) ; 개인의, 개인소유의(private)	프라이버시 خُصُوصِيَّةٌ	خَاصٌّ، خُصُوصِيٌّ
보편적인(common), 일반적인 ; 공공의(public)	보편성, 일반성 عُمُومِيَّةٌ	عَامٌّ
혼동되는	혼동 اِرْتِبَاكٌ	مُرْتَبِكٌ
부분적인	부분 جُزْءٌ	جُزْئِيٌّ
포괄적인, 종합적인	포괄 شُمُولٌ	شَامِلٌ
광범위한, 널리퍼진		وَاسِعُ النِّطَاقِ
완전한	완전함 كَمَالٌ	كَامِلٌ
견고한, 확고부동한, 고정된	견고함, 확고부동 ثَبَاتٌ	ثَابِتٌ
견고한, 튼튼한	견고함, 튼튼함 رُسُوخٌ	رَاسِخٌ
견고한, 공고한		وَطِيدٌ
보장된, 보증된	보증 ضَمَانٌ	مَضْمُونٌ بِـــ
선행된	앞섬 سَبْقٌ	مَسْبُوقٌ
전례없는		غَيْرُ مَسْبُوقٍ

이전의, 선행의		مُسْبَقٌ
..라고 알려진	مَعْرِفَةٌ 지식	مَعْرُوفٌ بِـــ
지금까지 ..라고 알려진		مَعْرُوفٌ حَتَّى الآنَ بِـــ
유명한(famous)	شُهْرَةٌ 유명함	شَهِيرٌ، مَشْهُورٌ
두드러진, 돌출된 ; 저명한(prominent)	بُرُوزٌ 두드러짐	بَارِزٌ
특정한, 일정한(specific)	تَعْيِينٌ 규정함 ; 임명	مُعَيَّنٌ
특징적인 ; 구별되(distinct)	تَمْيِيزٌ 구별함، تَمَيُّزٌ 구별됨	مُمَيَّزٌ، مُتَمَيِّزٌ
다른, 차이나는(different)	اِخْتِلَافٌ 차이	مُخْتَلِفٌ
다른, 차이나는(different)	تَبَايُنٌ	مُتَبَايِنٌ
다른, 차이나는(different)	تَفَاوُتٌ	مُتَفَاوِتٌ
같은(same)		نَفْسُهُ، الشَّيْءُ نَفْسُهُ
같은(same)		عَيْنُهُ، الشَّيْءُ عَيْنُهُ
같은(same)		ذَاتُهُ، الشَّيْءُ ذَاتُهُ
다양한, 다채로운, 여러 종류의	تَنَوُّعٌ 다양성	مُتَنَوِّعٌ
정의로운	عَدْلٌ 정의	عَادِلٌ
부정한, 불의한(injustice)	ظُلْمٌ 부정	ظَالِمٌ/ ظَلَمَةٌ
억압받는, 억울한		مَظْلُومٌ
공정한(선거 등이)	نَزَاهَةٌ 공정함	نَزِيهٌ
균형잡힌(생각이)	اِتِّزَانٌ 균형잡힘	مُتَّزِنٌ
균형잡힌(무게가)	تَوَازُنٌ 균형잡힘	مُتَوَازِنٌ
담당하는, 책임지는,	مَسْؤُولِيَّةٌ 책임	مَسْؤُولٌ عَنْ
해를 끼치는, 나쁘게하는	إِسَاءَةٌ إِلَى 해, 나쁜 짓	مُسِيءٌ إِلَى
날조된, 위조된 (선거, 화폐 등이)	تَزْوِيرٌ 날조, 위조	مُزَوَّرٌ
풀기힘든, 뒤엉킨, 복잡한, 난해한(사물이)	تَعْقِيدٌ 복잡함	مُعَقَّدٌ
조심하는, 주의하는(사람이)	حَذَرٌ 주의, 조심	حَذِرٌ، حَاذِرٌ

합법적인, 적법한 (legitimate)	합법성 مَشْرُوعِيَّةٌ	مَشْرُوعٌ
합법적인, 적법한 (legitimate)	합법성 شَرْعِيَّةٌ	شَرْعِيٌّ
만질수 있는 ; 실재하는	만짐 لَمْسٌ	مَلْمُوسٌ
느낄수 있는 ; 지각할 수 있는	느낌 إِحْسَاسٌ	مَحْسُوسٌ
중요한(important)	중요성 أَهَمِّيَّةٌ	مُهِمٌّ، هَامٌّ
축을 이루는, 중심되는	축, 중심 مِحْوَرٌ	مِحْوَرِيٌّ
중심되는(central)	센터 مَرْكَزٌ/ مَرَاكِزُ	مَرْكَزِيٌّ
중대한, 결정적인	حَسْمٌ	حَاسِمٌ
중대한, 결정적인	فَصْلٌ	فَاصِلٌ
군중이 많이 모인, 빽빽한	군중이 많음 حَشْدٌ	حَاشِدٌ
복잡한, 빽빽한(crowded)	복잡함 اِزْدِحَامٌ	مُزْدَحِمٌ
치명적인(critical) ; 위험한 ; 어려운	치명적임 حَرَجٌ	حَرِجٌ
위험한(dangerous) ; 치명적인	위험 خَطَرٌ، خُطُورَةٌ	خَطِيرٌ، خَطِرٌ
기계의, 기계로 작동되는 ; 자동의	기계 آلَةٌ/ آلاَتٌ	آلِيٌّ
심각한(serious)	심각성 جِدِّيَّةٌ	جَادٌّ
폭력적인, 맹열한, 치열한	폭력, 난폭함 عُنْفٌ	عَنِيفٌ
깊은, 깊이있는	깊이 عُمْقٌ	عَمِيقٌ
늘어나는	늘어남 تَزَايُدٌ	مُتَزَايِدٌ
고조되는, 상승하는	고조, 상승 تَصَاعُدٌ	مُتَصَاعِدٌ
최고로 중요한(of the utmost importance)	بَالِغُ الأَهَمِّيَّةِ، فِي الْمَقَامِ الأَوَّلِ، عَلَى جَانِبٍ كَبِيرٍ مِن الأَهَمِّيَّةِ	
공동관심사의		ذُو/ذَاتُ الاهْتِمَامِ الْمُشْتَرَكِ
논란이 많은, 논란을 일으키는	إِثَارَةُ الْجَدَلِ	مُثِيرٌ لِلْجَدَلِ
지배적인, 우세한	سِيَادَةٌ	سَائِدٌ
널리퍼진, 광범위한	شُيُوعٌ	شَائِعٌ

주제별 사전

널리퍼진, 광범위한	널리퍼짐 اِنْتِشَارٌ	مُنْتَشِرٌ
퍼진, 유포된, 보급된	رَوَاجٌ	رَائِجٌ
파괴적인 ; 압도적인	سَحْقٌ	سَاحِقٌ
..와 조화를 이루는, ..에 잘 맞는	تَوَافُقٌ	مُتَوَافِقٌ مَعَ
적절한, 적합한	مُلَائَمَةٌ	مُلَائِمٌ، مُنَاسِبٌ
닮은, 비슷한(similar)	تَشَابُهٌ	مُتَشَابِهٌ، مُشَابِهٌ، شَبِيهٌ
준비된	준비 اِسْتِعْدَادٌ لِـ	مُسْتَعِدٌّ لِـ
요구되어지는	مُطَالَبَةٌ بِـ	مُطَالَبٌ بِـ
독립적인	독립 اِسْتِقْلَالٌ	مُسْتَقِلٌّ
안정된, 안정적인	안정 اِسْتِقْرَارٌ	مُسْتَقِرٌّ
적대적인, 공격적인	عُدْوَانِيَّةٌ، عَدَائِيَّةٌ، عَدَاءٌ	عُدْوَانِيٌّ، عَدَائِيٌّ
작은 그룹의, 계층의	그룹, 계층 فِئَةٌ/ ـات	فِئَوِيٌّ
자발적인, 자원하는	طَوَاعِيَةٌ	طَوْعِيٌّ، مُتَطَوِّعٌ
선택적인(optional)	선택 اِخْتِيَارٌ	اِخْتِيَارِيٌّ
강제적인(compulsory)	إِجْبَارٌ	إِجْبَارِيٌّ
강제적인 ; 의무적인	إِلْزَامٌ	إِلْزَامِيٌّ
긴급한	긴급성 عَجَلَةٌ	عَاجِلٌ
비상의	طَارِئَةٌ/ طَوَارِئُ	طَارِئٌ
발전하는	발전 تَطْوِيرٌ	تَطْوِيرِيٌّ
인간의, 인류의 ; 인도주의적인	인간성 إِنْسَانِيَّةٌ	إِنْسَانِيٌّ
오른손의 ; 우익의	우익주의 اليَمِينِيَّةُ	يَمِينِيٌّ
왼손의 ; 좌익의	좌익주의 الْيَسَارِيَّةُ	يَسَارِيٌّ
중립의	중립성 حِيَادٌ	مُحَايِدٌ
혁명의	혁명 ثَوْرَةٌ	ثَوْرِيٌّ
적극적인, 활동적인	활동 نَشَاطٌ	نَشِيطٌ/ نُشَطَاءُ

3-3 주요 동사(Verbs in general)

	동명사 (Verbal Noun)	동사(Verb)
..라고 말하다	قَوْلٌ	قَالَ/ يَقُولُ إِنَّ ...
..라고 전해지다. ..라고 알려지다		قِيلَ/ يُقَالُ إِنَّ ...
발표하다, 밝히다, 선언. 선포하다	إِعْلاَنٌ	أَعْلَنَ/ يُعْلِنُ عَنْ أَوْ أَنَّ ...
밝히다, 발표하다	تَصْرِيحٌ	صَرَّحَ/ يُصَرِّحُ بِـ أَوْ بِأَنَّ ...
보도하다 ; 언급하다	ذِكْرٌ	ذَكَرَ/ يَذْكُرُ ه هـ، أَنَّ ...
언급하다, 인용하다	إِيرَادٌ	أَوْرَدَ/ يُورِدُ ه هـ، أَنَّ ...
...보도에 의하면 ..이다, 소식통은 ..라고 전한다	إِفَادَةٌ	أَفَادَ/ يُفِيدُ بِـ أَوْ بِأَنَّ ...
..에게 ..을 알리다, 통지하다(to notify)	إِفَادَةٌ	أَفَادَ/ يُفِيدُ ه بِـ هـ
..에게 ..을 알리다, 통지하다	إِبْلاَغٌ	أَبْلَغَ/ يُبْلِغُ ه بِـ أَوْ عَنْ ..
..에게 ..을 알리다, 통지하다, ..에게 ..을 말하다	إِطْلاَعٌ	أَطْلَعَ/ يُطْلِعُ ه عَلَى
..에게 ..을 알게하다, 알리다, 표현하다	إِدْلاَءٌ	أَدْلَى/ يُدْلِي إِلَى(لِـ) ه بِـ ...
..의 말을 인용하여 ...라고 전하다	نَقْلٌ	نَقَلَ/ يَنْقُلُ عَنْ... أَنَّ ...
뉴스를 보도하다(취재와 보도 과정 전체)	تَغْطِيَةٌ	غَطَّى/ يُغَطِّي الأَخْبَارَ
(..에게) ..을 촉구하다, 호소하다	دَعْوَةٌ	دَعَا/ يَدْعُو ه إِلَى(أَوْ لِـ) ...
요구하다, 요청하다	مُطَالَبَةٌ	طَالَبَ/ يُطَالِبُ بِـ ...
..에게 ..을 요청하다, 요구하다	طَلَبٌ	طَلَبَ/ يَطْلُبُ مِنْ ه هـ
..에게 ..하도록 촉구하다, 부추기다, 재촉하다	حَثٌّ	حَثَّ/ يَحُثُّ ه عَلَى ...
..에게 ..을 요청하다, 간청하다	مُنَاشَدَةٌ	نَاشَدَ/ يُنَاشِدُ ه هـ
강조하다(to stress), 확인하다(to confirm)	تَأْكِيدٌ	أَكَّدَ/ يُؤَكِّدُ عَلَى ... أَوْ أَنَّ...
강조하다(to stress)	تَشْدِيدٌ	شَدَّدَ/ يُشَدِّدُ عَلَى ... أَوْ عَلَى أَنَّ ..
(실수 등을) 인정하다, 시인하다 ; 고백하다	اِعْتِرَافٌ	اِعْتَرَفَ/ يَعْتَرِفُ بِـ ...

공개하다, 폭로하다	كَشْفٌ	كَشَفَ/ يَكْشِفُ هـــ
..을 ..라 묘사하다	وَصْفٌ	وَصَفَ/ يَصِفُ ه أَوْ هــ بِــ ..
표명하다, 피력하다(to state, to declare)	إِعْرَابٌ	أَعْرَبَ/ يُعْرِبُ عَنْ ...
표현하다, 표명하다	تَعْبِيرٌ	عَبَّرَ/ يُعَبِّرُ عَنْ ...
..을 나타내다, 표명.표시하다	إِبْدَاءٌ	أَبْدَى/ يُبْدِي هــ
..을 약속하다	تَعَهُّدٌ	تَعَهَّدَ/ يَتَعَهَّدُ بِــ ...
칭찬하다, 높이 평가하다	إِشَادَةٌ	أَشَادَ/ يُشِيدُ بِــ ...
경고하다(..에게 ..을 경고하다)	تَحْذِيرٌ	حَذَّرَ/ يُحَذِّرُ ه مِنْ أَوْ مِنْ أَنَّ ..
경고하다	إِنْذَارٌ	أَنْذَرَ/ يُنْذِرُ ه مِنْ ه أَوْ هــ
지적하다	تَنْبِيهٌ	نَبَّهَ/ يُنَبِّهُ إِلَى أَوْ إِلَى أَنَّ ...
거부하다	رَفْضٌ	رَفَضَ/ يَرْفُضُ هــ
위협하다, 협박하다	تَهْدِيدٌ	هَدَّدَ/ يُهَدِّدُ بِــ أَوْ بِأَنَّ ...
부인하다(to deny)	نَفْيٌ	نَفَى/ يَنْفِي هــ أَوْ أَنَّ ...
부인하다(to deny)	إِنْكَارٌ	أَنْكَرَ/ يُنْكِرُ هــ
비난하다, 규탄하다	إِدَانَةٌ	أَدَانَ/ يُدِينُ هــ
..이 ..한 것을 유죄로 정죄하다	إِدَانَةٌ	أَدَانَ/ يُدِينُ ه بِــ
비난하다	اِسْتِنْكَارٌ	اِسْتَنْكَرَ/ يَسْتَنْكِرُ هــ
비난하다, 비평하다(to criticize)	تَنْدِيدٌ	نَدَّدَ/ يُنَدِّدُ بِــ ...
비평하다 (to criticize), 잘못된 부분을 지적하다	اِنْتِقَادٌ	اِنْتَقَدَ/ يَنْتَقِدُ هــ
..에 대해 논평하다	تَعْلِيقٌ	عَلَّقَ/ يُعَلِّقُ عَلَى ...
..을 ..에 걸다, 붙다, 달다	تَعْلِيقٌ	عَلَّقَ/ يُعَلِّقُ هــ عَلَى ..
..을 미해결로 남겨놓다	تَعْلِيقٌ	عَلَّقَ/ يُعَلِّقُ هــ
고발하다, 고소하다	اِتِّهَامٌ	اِتَّهَمَ/ يَتَّهِمُ ه أَوْ هــ بِــ ...
사과하다, 변명하다, 양해를 구하다	اِعْتِذَارٌ	اِعْتَذَرَ/ يَعْتَذِرُ لِــ أَوْ عَنْ ...

주장하다(정치적인 반대 의 입장)	زَعْمٌ	زَعَمَ/ يَزْعُمُ أَنَّ ...
분노를 일으키다	إِثَارَةٌ	أَثَارَ/ يُثِيرُ غَضَبًا
논쟁을 일으키다	إِثَارَةٌ	أَثَارَ/ يُثِيرُ جَدَلاً
비난을 야기하다	إِثَارَةٌ	أَثَارَ/ يُثِيرُ إِدَانَاتٍ
비난을 야기하다, 비평을 받다	إِثَارَةٌ	أَثَارَ/ يُثِيرُ اِنْتِقَادَاتٍ
공포를 불러 일으키다	إِثَارَةٌ	أَثَارَ/ يُثِيرُ مَخَاوِفَ مِنْ ...
..한 반응을 불러 일으키다	إِثَارَةٌ	أَثَارَ/ يُثِيرُ رُدُودًا ...
(사람)에 대한 의심을 증가시키다	إِثَارَةٌ	أَثَارَ/ يُثِيرُ الشُّكُوكَ حَوْلَ ه
덧붙이다 덧붙여 말하다	إِضَافَةٌ	أَضَافَ/ يُضِيفُ ... أَنَّ ...
명백하게 하다, 분명히 하다	إِيضَاحٌ	أَوْضَحَ/ يُوضِحُ ... أَنَّ ...
설명하다	شَرْحٌ	شَرَحَ/ يَشْرَحُ هـ
주제에서 벗어나다 ; 계속해서 말을 하다	اِسْتِطْرَادٌ	اِسْتَطْرَدَ/ يَسْتَطْرِدُ (فِي)
..을 시작하다	بَدْءٌ	بَدَأَ/ يَبْدَأُ هـ
..이 시작되다	اِنْطِلَاقٌ	اِنْطَلَقَ/ يَنْطَلِقُ
..을 열다, 개최하다, 개회하다	اِفْتِتَاحٌ	اِفْتَتَحَ/ يَفْتَتِحُ هـ
..이 열리다, 개최되다		اُفْتُتِحَ/ يُفْتَتَحُ
..이 끝나다	اِنْتِهَاءٌ	اِنْتَهَى/ يَنْتَهِي
..을 끝내다	إِنْهَاءٌ	أَنْهَى/ يُنْهِي هـ
..을 끝내다, 마치다	اِخْتِتَامٌ	اِخْتَتَمَ/ يَخْتَتِمُ هـ
..이 끝나다		اُخْتُتِمَ/ يُخْتَتَمُ
..을 취소하다	إِلْغَاءٌ	أَلْغَى/ يُلْغِي هـ
..이 취소되다		أُلْغِيَ/ يُلْغَى
다시 ...하다, ..을 재개하다	إِعَادَةٌ	أَعَادَ/ يُعِيدُ هـ
..을 다시 시작하다, 재개하다	اِسْتِئْنَافٌ	اِسْتَأْنَفَ/ يَسْتَأْنِفُ هـ

(모임, 만남, 정상회의, 좌담 등을) 열다	عَقَدَ/ يَعْقِدُ اِجْتِمَاعًا (أَوْ لِقَاءً أَوْ قِمَّةً أَوْ جَلْسَةً ...) – عَقْدٌ	
(모임이) 열리다		عُقِدَ/ يُعْقَدُ
(모임 등이) 열리다	اِنْعِقَادٌ	اِنْعَقَدَ/ يَنْعَقِدُ
(모임 등에)참석하다, 출석하다	حُضُورٌ	حَضَرَ/ يَحْضُرُ هـ
(손님 등을) 맞이하다, 영접하다	اِسْتِقْبَالٌ	اِسْتَقْبَلَ/ يَسْتَقْبِلُ ه
..와 만나다	اِلْتِقَاءٌ	اِلْتَقَى/ يَلْتَقِي بِـ أَوْ مَعَ
..와 만나다	اِجْتِمَاعٌ	اِجْتَمَعَ/ يَجْتَمِعُ بِـ أَوْ مع
모이다, (모임 등에) 회집되다	اِجْتِمَاعٌ	اِجْتَمَعَ/ يَجْتَمِعُ
회집하다, 모이다(to gather)	تَجَمُّعٌ	تَجَمَّعَ/ يَتَجَمَّعُ
(군중이) 떼지어 모이다, 집결되다	اِحْتِشَادٌ	اِحْتَشَدَ/ يَحْتَشِدُ
..에 참여하다	مُشَارَكَةٌ	شَارَكَ/ يُشَارِكُ فِي
..에 가담하다, 조인하다(to join)	اِنْضِمَامٌ	اِنْضَمَّ/ يَنْضَمُّ إِلَى ...
..를 영접하다	اِسْتِقْبَالٌ	اِسْتَقْبَلَ/ يَسْتَقْبِلُ ه
..를 손님으로 접대하다, 호스팅하다(to host)	اِسْتِضَافَةٌ، ضِيَافَةٌ	اِسْتَضَافَ/ يَسْتَضِيفُ ه
..를 환영하다	تَرْحِيبٌ	رَحَّبَ/ يُرَحِّبُ بِـ
축하하다(to celebrate)	اِحْتِفَالٌ	اِحْتَفَلَ/ يَحْتَفِلُ بِـ
..에게 ..을(..에 대해) 축하하다	تَهْنِئَةٌ	هَنَّأَ/ يُهَنِّئُ ه
..을 기념하다	إِحْيَاءُ ذِكْرَى	أَحْيَا/ يُحْيِي ذِكْرَى ه أَوْ هـ
여행하다	سَفَرٌ	سَافَرَ/ يُسَافِرُ إِلَى ...
..에 도착하다	وُصُولٌ	وَصَلَ/ يَصِلُ إِلَى ...
..으로 돌아가다, 돌아오다	عَوْدَةٌ	عَادَ/ يَعُودُ إِلَى ...
..으로 돌아가다, 돌아오다	رُجُوعٌ	رَجَعَ/ يَرْجِعُ إِلَى ...
떠나다	مُغَادَرَةٌ	غَادَرَ/ يُغَادِرُ هـ
..에 도달하다, 다다르다, 이르다	بُلُوغٌ	بَلَغَ/ يَبْلُغُ هـ

..로 향하다(to head for)	تَوَجُّهٌ	تَوَجَّهَ/ يَتَوَجَّهُ إِلَى أَوْ نَحْوَ
방문을 마치다	اِخْتِتَامُ زِيَارَةٍ	اِخْتَتَمَ/ يَخْتَتِمُ زِيَارَةً
..와 동행하다(주로 지위가 높은 사람과 함께)	مُرَافَقَةٌ	رَافَقَ/ يُرَافِقُ ه
..와 동행하다(to accompany with)	مُصَاحَبَةٌ، اِصْطِحَابٌ	صَاحَبَ/ يُصَاحِبُ ه، اِصْطَحَبَ/ يَصْطَحِبُ ه
..을 보내다(to send)	إِرْسَالٌ	أَرْسَلَ/ يُرْسِلُ ه أَوْ هـ
..을 보내다(to send)	بَعْثٌ	بَعَثَ/ يَبْعَثُ ه أَوْ هـ
결정하다	تَقْرِيرٌ	قَرَّرَ/ يُقَرِّرُ هـ أَوْ أَنْ ...
동의하다	اِتِّفَاقٌ	اِتَّفَقَ/ يَتَّفِقُ عَلَى
만장일치로 동의하다	إِجْمَاعٌ	أَجْمَعَ/ يُجْمِعُ عَلَى
서명하다	تَوْقِيعٌ	وَقَّعَ/ يُوَقِّعُ هـ
..을 결심.결의하다, 마음먹다	عَزْمٌ	عَزَمَ/ يَعْزِمُ عَلَى
최종결정하다 ; 종결짓다	حَسْمٌ	حَسَمَ/ يَحْسِمُ هـ
고르게 하다 ; 조절.조정하다 ; 절충.해결하다	تَسْوِيَةٌ	سَوَّى/ يُسَوِّي هـ
형성.조직.구성하다, 이루다	تَشْكِيلٌ	شَكَّلَ/ يُشَكِّلُ هـ
...를 건립.설립.설치하다	إِقَامَةٌ	أَقَامَ/ يُقِيمُ هـ
세우다, 창건.수립.설립.창설하다 ; 기초를 닦다	تَأْسِيسٌ	أَسَّسَ/ يُؤَسِّسُ هـ
..을 강화하다, 확고히 하다 ; 고정.고착화시키다 ; 확인.확증하다	تَثْبِيتٌ	ثَبَّتَ/ يُثَبِّتُ هـ
..을 굳게하다, 공고히 하다 ; 뿌리박게하다	تَرْسِيخٌ	رَسَّخَ/ يُرَسِّخُ هـ
강화하다	تَعْزِيزٌ	عَزَّزَ/ يُعَزِّزُ هـ
받들다, 지지하다, 지원하다 ; 강화하다	دَعْمٌ	دَعَمَ/ يَدْعَمُ ه أَوْ هـ
..를 지지.지원.성원하다, 도와주다	مُسَانَدَةٌ	سَانَدَ/ يُسَانِدُ ه
.을 지지하다, 성원하다	تَأْيِيدٌ	أَيَّدَ/ يُؤَيِّدُ ه أَوْ هـ

주제별 사전

..을 ..하도록 격려하다	تَشْجِيعٌ	شَجَّعَ/ يُشَجِّعُ ه
..로 기울다, 치우치다, 편향되다	مَيْلٌ	مَالَ/ يَمِيلُ إِلَى
발전시키다, 발달시키다 ; 개발하다	تَطْوِيرٌ	طَوَّرَ/ يُطَوِّرُ هـ
발전되다, 개발되다	تَطَوُّرٌ	تَطَوَّرَ/ يَتَطَوَّرُ
..을 자라게 하다 ; 발전시키다 ; 육성.증진하다	تَنْمِيَةٌ	نَمَّى/ يُنَمِّي هـ أَوْ ه
자라다, 성장하다	نُمُوٌّ	نَمَا/ يَنْمُو
..을 넓히다, 확장하다, 확대하다	تَوْسِيعٌ	وَسَّعَ/ يُوَسِّعُ هـ
넓어지다, 확장되다	تَوَسُّعٌ	تَوَسَّعَ/ يَتَوَسَّعُ
취하다, 채택하다 ; 고르다, 선택하다	اِتِّخَاذٌ	اِتَّخَذَ/ يَتَّخِذُ هـ
포옹하다, 껴안다 ; 개종하다	اِعْتِنَاقٌ	اِعْتَنَقَ/ يَعْتَنِقُ هـ
관리.운영하다 ; 작동시키다	إِدَارَةٌ	أَدَارَ/ يُدِيرُ هـ
..을 조직하다	تَنْظِيمٌ	نَظَّمَ/ يُنَظِّمُ هـ
관리.감독하다	إِشْرَافٌ	أَشْرَفَ/ يُشْرِفُ عَلَى
감시하다, 감독하다(시험감독 등)	مُرَاقَبَةٌ	رَاقَبَ/ يُرَاقِبُ هـ أَوْ ه
검사하다, 검역하다, 단속하다, 검문하다	تَفْتِيشٌ	فَتَّشَ/ يُفَتِّشُ هـ
자세히 검토.연구하다	تَمْحِيصٌ	مَحَّصَ/ يُمَحِّصُ هـ
세밀히 조사.검사하다	تَدْقِيقٌ	دَقَّقَ/ يُدَقِّقُ هـ
기정사실이 되다		أَصْبَحَ/ يُصْبِحُ أَمْرًا وَاقِعًا
달리다 ; 발생하다 ; 실시.진행되다	جَرْيٌ	جَرَى/ يَجْرِي
(사건이) 일어나다, 발생하다	حُدُوثٌ	حَدَثَ/ يَحْدُثُ
..일 것 같다, ..인 듯하다 (it seems)		بَدَا/ يَبْدُو أَنَّ ...
명백해지다 ; 나타나다, 출현하다	ظُهُورٌ	ظَهَرَ/ يَظْهَرُ
다시 나타나다		عَادَ/ يَعُودُ إِلَى الظُّهُورِ

حَقَّقَ/ يُحَقِّقُ هـ	تَحْقِيقٌ	성취하다, 달성하다
حَقَّقَ/ يُحَقِّقُ إِنْجَازًا		성취하다, 달성하다
أَنْجَزَ/ يُنْجِزُ هـ	إِنْجَازٌ	성취하다, 달성하다
نَفَّذَ/ يُنَفِّذُ هـ	تَنْفِيذٌ	실행하다, 실천하다
مَارَسَ/ يُمَارِسُ هـ	مُمَارَسَةٌ	..을 실시.실행하다 ; (직권을) 행사하다 ; 연습하다
اِرْتَكَبَ/ يَرْتَكِبُ هـ	اِرْتِكَابٌ	(죄 또는 과오를) 저지르다, 범하다
اِتَّخَذَ/ يَتَّخِذُ خُطُوَاتٍ	اِتِّخَاذُ خُطُوَاتٍ	조치를 취하다
غَيَّرَ/ يُغَيِّرُ هـ	تَغْيِيرٌ	..을 바꾸다, 변화시키다
تَغَيَّرَ/ يَتَغَيَّرُ	تَغَيُّرٌ	변화되다
حَوَّلَ/ يُحَوِّلُ هـ هـ	تَحْوِيلٌ	..을 ..으로 변화.변경.전환시키다
تَحَوَّلَ/ يَتَحَوَّلُ	تَحَوُّلٌ	변화.변경.전환되다
حَسَّنَ/ يُحَسِّنُ هـ	تَحْسِينٌ	개선하다, 개량하다, 더 좋게 하다
تَحَسَّنَ/ يَتَحَسَّنُ	تَحَسُّنٌ	개선되다, 좋아지다
اِسْتَغْرَقَ/ يَسْتَغْرِقُ هـ	اِسْتِغْرَاقٌ	(시간이) 걸리다, (시간을) 요하다
أَجَّلَ/ يُؤَجِّلُ هـ	تَأْجِيلٌ	연기하다
أَرْجَأَ/ يُرْجِئُ هـ	إِرْجَاءٌ	연기하다
أَخَّرَ/ يُؤَخِّرُ هـ	تَأْخِيرٌ	늦추다
تَأَخَّرَ/ يَتَأَخَّرُ	تَأَخُّرٌ	늦추어지다, 연기되다
اِسْتَمَرَّ/ يَسْتَمِرُّ	اِسْتِمْرَارٌ	(어떤 상태가) 계속되다, 지속되다
تَوَاصَلَ/ يَتَوَاصَلُ	تَوَاصُلٌ	..가 계속되다
وَاصَلَ/ يُوَاصِلُ هـ	مُوَاصَلَةٌ	..을 계속하다
تَوَالَى/ يَتَوَالَى	تَوَالٍ	(계속해서) 이어지다, 연속되다
مَا زَالَ، لَمْ يَزَلْ، لاَ يَزَالُ		..을 계속하다, ..가 계속되다
تَصَاعَدَ/ يَتَصَاعَدُ	تَصَاعُدٌ	고조되다

..에 이르다, ..까지 고조되다	اِرْتِفَاعٌ	اِرْتَفَعَ/ يَرْتَفِعُ إِلَى ...
증가하다, 늘어나다	اِزْدِيَادٌ	اِزْدَادَ/ يَزْدَادُ
재개하다, 새롭게 시작되다	تَجَدُّدٌ	تَجَدَّدَ/ يَتَجَدَّدُ
갱신하다, 새롭게 하다	تَجْدِيدٌ	جَدَّدَ/ يُجَدِّدُ هـ
(가격, 등수 등이) 떨어지다, 퇴보하다, 후퇴하다	تَرَاجُعٌ	تَرَاجَعَ/ يَتَرَاجَعُ إِلَى (أَوْ لِـ)
(수치, 가격 등이) 떨어지다, 낮아지다	اِنْخِفَاضٌ	اِنْخَفَضَ/ يَنْخَفِضُ
..에서 ..으로 변화되다, 바뀌다	تَحَوُّلٌ	تَحَوَّلَ/ يَتَحَوَّلُ (مِنْ هـ) إِلَى ...
..을 지배하다 ; ..에 ..이 만연하다, 널리미치다	سِيَادَةٌ	سَادَ/ يَسُودُ هـ
..을 지배하다; ..에 ..이 만연하다	هَيْمَنَةٌ	هَيْمَنَ/ يُهَيْمِنُ عَلَى ...
..을 지배하다 ; ..에 ..이 만연하다, 널리미치다	سَيْطَرَةٌ	سَيْطَرَ/ يُسَيْطِرُ عَلَى ...
..을 위해 애쓰다, 노력하다	سَعْيٌ	سَعَى/ يَسْعَى إِلَى(لِـ) ...
나타내다 ; 지적하다	إِشَارَةٌ	أَشَارَ/ يُشِيرُ إِلَى(أَوْ لِـ) أَوْ إِلَى أَنَّ ...
보여주다, 나타내다, 표시하다(to show)	إِظْهَارٌ	أَظْهَرَ/ يُظْهِرُ هـ أَوْ أَنَّ ...
밝히다, 보여주다, 나타내다 ; 공개.폭로하다	كَشْفٌ	كَشَفَ/ يَكْشِفُ عَنْ، هـ
발생하다	وُقُوعٌ	وَقَعَ/ يَقَعُ
떨어지다, 넘어지다	وُقُوعٌ	وَقَعَ/ يَقَعُ
나타나다	ظُهُورٌ	ظَهَرَ/ يَظْهَرُ
..에 노출되다, 직면하다, ..을 겪다, ..을 당하다	تَعَرُّضٌ	تَعَرَّضَ/ يَتَعَرَّضُ لِـ
위기를 목도하다(위기가 생기다)	شَهَادَةٌ	شَهِدَ/ يَشْهَدُ أَزْمَةً
논쟁을 목도하다(논쟁에 직면하다)	شَهَادَةٌ	شَهِدَ/ يَشْهَدُ جَدَلاً
파업을 목도하다(파업이 생기다)	شَهَادَةٌ	شَهِدَ/ يَشْهَدُ إِضْرَابًا
공격을 목도하다(공격이 생기다)	شَهَادَةٌ	شَهِدَ/ يَشْهَدُ هُجُومًا
재난을 목도하다(재난이 발생하다)	شَهَادَةٌ	شَهِدَ/ يَشْهَدُ كَارِثَةً

참석(참석자)을 목도하다	شَهَادَةٌ	شَهِدَ/ يَشْهَدُ إقْبَالاً
하락을 목도하다	شَهَادَةٌ	شَهِدَ/ يَشْهَدُ اِنْخِفَاضًا
예식을 목도하다	شَهَادَةٌ	شَهِدَ/ يَشْهَدُ مَرَاسِمَ ..
발간.발행.출판되다 ; 공표되다	صُدُورٌ	صَدَرَ/ يَصْدُرُ
성명(서)를 발표하다	إِصْدَارُ بَيَانٍ	أَصْدَرَ/ يُصْدِرُ بَيَانًا
결정을 발표하다	إِصْدَارُ قَرَارٍ	أَصْدَرَ/ يُصْدِرُ قَرَارًا
보고서를 발행하다	إِصْدَارُ تَقْرِيرٍ	أَصْدَرَ/ يُصْدِرُ تَقْرِيرًا
명령을 내리다	إِصْدَارُ أَمْرٍ	أَصْدَرَ/ يُصْدِرُ أَمْرًا
경고를 발령하다	إِصْدَارُ تَحْذِيرٍ	أَصْدَرَ/ يُصْدِرُ تَحْذِيرًا
선고하다, 최종 판결하다	إِصْدَارُ حُكْمٍ بِـــ	أَصْدَرَ/ يُصْدِرُ حُكْمًا بِـــ
보고서를 게재하다 , 책을 발행하다	نَشْرٌ	نَشَرَ/ يَنْشُرُ تَقْرِيرًا أَوْ كِتَابًا
소식, 소문 등을 퍼뜨리다	نَشْرٌ	نَشَرَ/ يَنْشُرُ خَبَرًا أَوْ شَكَاوَى
(소문 등이) 퍼지다	اِنْتِشَارٌ	اِنْتَشَرَ/ يَنْتَشِرُ
호소하다. 호소문을 발표하다.	إِطْلَاقٌ	أَطْلَقَ/ يُطْلِقُ نِدَاءً
총 혹은 미사일을 발사하다	أَطْلَقَ/ يُطْلِقُ الرَّصَاصَ أَوِ النَّارَ أَوِ الصَّارُوخ	
..를 석방하다	إِطْلَاقٌ	أَطْلَقَ/ يُطْلِقُ سَرَاحَهُ
연설하다	إِلْقَاءُ خِطَابٍ	أَلْقَى/ يُلْقِي خِطَابًا أَوْ كَلِمَةً
체포하다	إِلْقَاءُ الْقَبْضِ	أَلْقَى/ يُلْقِي الْقَبْضَ عَلَى ه
(집중해서)조명하다(to highlight)	إِلْقَاءُ الضَّوْءِ عَلَى	أَلْقَى/ يُلْقِي الضَّوْءَ عَلَى
비난하다, 고소하다	تَوْجِيهٌ	وَجَّهَ/ يُوَجِّهُ اِتِّهَامًا إِلَى
혐의를 부과하다	تَوْجِيهٌ	وَجَّهَ/ يُوَجِّهُ تُهْمَةً إِلَى
비난하다	تَوْجِيهٌ	وَجَّهَ/ يُوَجِّهُ اِنْتِقَادًا إِلَى
경고하다	تَوْجِيهٌ	وَجَّهَ/ يُوَجِّهُ تَحْذِيرًا إِلَى
경고하다	تَوْجِيهٌ	وَجَّهَ/ يُوَجِّهُ تَنْبِيهًا إِلَى

촉구하다		وَجَّهَ/ يُوَجِّهُ دَعْوَةً إِلَى ه لِــ ...
호소하다		وَجَّهَ/ يُوَجِّهُ نِدَاءً (إِلَى، يَدْعُو فِيهِ إِلَى)
지시하다	تَوْجِيهٌ	وَجَّهَ/ يُوَجِّهُ تَعْلِيمَاتٍ
메시지를 전달하다	تَوْجِيهٌ	وَجَّهَ/ يُوَجِّهُ رِسَالَةً إِلَى ...
(피동형태) ...는 피소를 당했다	تَوْجِيهٌ	وُجِّهَ/ يُوَجَّهُ الاتِّهَامُ لِــ ...
방문하다	قِيَامٌ بِزِيَارَةٍ	قَامَ/ يَقُومُ بِزِيَارَةٍ
파업하다	قِيَامٌ بِإِضْرَابٍ	قَامَ/ يَقُومُ بِإِضْرَابٍ
(총, 미사일 등)을 쏘다	قِيَامٌ بِإِطْلَاقِ ...	قَامَ/ يَقُومُ بِإِطْلَاقِ ...
공격하다, 침범하다	قِيَامٌ بِاعْتِدَاءٍ	قَامَ/ يَقُومُ بِاعْتِدَاءٍ عَلَى ...
임명하다	قِيَامٌ بِتَعْيِينِ ...	قَامَ/ يَقُومُ بِتَعْيِينِ ...
추방하다	قِيَامٌ بِطَرْدِ ...	قَامَ/ يَقُومُ بِطَرْدِ ...
이주시키다, 추방하다	قِيَامٌ بِتَرْحِيلِ ...	قَامَ/ يَقُومُ بِتَرْحِيلِ ...
설치하다	قِيَامٌ بِنَصْبِ ...	قَامَ/ يَقُومُ بِنَصْبِ ...
돌로 치다, 투석하다	قِيَامٌ بِرَجْمِ ...	قَامَ/ يَقُومُ بِرَجْمِ ...
행진하다	قِيَامٌ بِمَسِيرَةٍ	قَامَ/ يَقُومُ بِمَسِيرَةٍ
수색하다	قِيَامٌ بِالْبَحْثِ عَنْ ..	قَامَ/ يَقُومُ بِالْبَحْثِ عَنْ ...
..를 소환하다, 소집하다 ; 호출하다		قَامَ/ يَقُومُ بِاسْتِدْعَاءِ فلان
... 하는 것을 강화하다	قِيَامٌ	قَامَ/ يَقُومُ بِتَشْدِيدِ + الاسْمُ
...절차를 실시하다	قِيَامٌ	قَامَ/ يَقُومُ بِإِجْرَاءِ عَمَلِيَّةٍ...
..하는 행위를 행하다	قِيَامٌ	قَامَ/ يَقُومُ بِعَمَلِيَّاتٍ ...
회담하다	إِجْرَاءٌ	أَجْرَى/ يُجْرِي مُحَادَثَاتٍ
실험하다		أَجْرَى/ يُجْرِي اِخْتِبَارًا أَوْ تَجْرِبَةً
검사를 받다	إِجْرَاءٌ	أَجْرَى/ يُجْرِي اِخْتِبَارَاتٍ
고치다, 수정하다, 교체하다	إِجْرَاءٌ	أَجْرَى/ يُجْرِي تَعْدِيلاً
전화를 하다		أَجْرَى / يُجْرِي اِتِّصَالاً (هَاتِفِيًّا) بِــ

시사 · 미디어 아랍어 소사전

여론조사하다	إِجْرَاءٌ	أَجْرَى/ يُجْرِي اِسْتِطْلَاعًا
인터뷰를 하다	إِجْرَاءٌ	أَجْرَى/ يُجْرِي مُقَابَلَةً
선거를 실시하다	إِجْرَاءٌ	أَجْرَى/ يُجْرِي اِنْتِخَابَاتٍ
군사훈련을 실시하다	إِجْرَاءٌ	أَجْرَى/ يُجْرِي مُنَاوَرَاتٍ
조사하다	إِجْرَاءٌ	أَجْرَى/ يُجْرِي تَحْقِيقًا
서명하다	تَمَامٌ	تَمَّ/ يَتِمُّ تَوْقِيعُ ...
실행되다	تَمَامٌ	تَمَّ/ يَتِمُّ تَنْفِيذُ ...
벌금이 부과되다	تَمَامٌ	تَمَّ/ يَتِمُّ تَغْرِيمُ ...
파티가 거행되다	تَمَامٌ	تَمَّ/ يَتِمُّ حَفْلُ ...
선서하다, 서약하다, 맹세하다	تَأْدِيَةٌ	أَدَّى/ يُؤَدِّي الْقَسَمَ
선서하다, 서약하다	تَأْدِيَةٌ	أَدَّى/ يُؤَدِّي الْيَمِينَ
훈련하다, 연습하다	تَأْدِيَةٌ	أَدَّى/ يُؤَدِّي الْمِرَانَ
...기둥을 수행하다(이슬람의 의무 가운데)	تَأْدِيَةٌ	أَدَّى/ يُؤَدِّي الرُّكْنَ ...
기도하다, 기도행위를 하다	تَأْدِيَةٌ	أَدَّى/ يُؤَدِّي الصَّلَاةَ
소순례를 수행하다	تَأْدِيَةٌ	أَدَّى/ يُؤَدِّي الْعُمْرَةَ
..에게 ..을 수여하다	مَنْحٌ	مَنَحَ/ يَمْنَحُ ه هـ
수여받다, 주어지다		مُنِحَ/ يُمْنَحُ
제안하다, 제공하다 ; 보여주다	عَرْضٌ	عَرَضَ/ يَعْرِضُ هـ
획득하다, 얻다	حُصُولٌ	حَصَلَ/ يَحْصُلُ عَلَى هـ
받다, 얻다	تَلَقٍّ (التَّلَقِّي)	تَلَقَّى/ يَتَلَقَّى هـ
바치다, 제공하다(to present, offer)	تَقْدِيمٌ	قَدَّمَ/ يُقَدِّمُ ه أَوْ هـ
..에 대해 사과하다	تَقْدِيمٌ	قَدَّمَ/ يُقَدِّمُ اِعْتِذَارًا لِـ
약속하다	تَقْدِيمٌ	قَدَّمَ/ يُقَدِّمُ تَعَهُّدًا
..에게 ..을 소개하다(to introduce)	تَقْدِيمٌ	قَدَّمَ/ يُقَدِّمُ ه إِلَى ...

고발하다	تَقْدِيمٌ	قَدَّمَ/ يُقَدِّمُ بَلاَغاً
서로 교환하다, 서로 주고받다	تَبَادُلٌ	تَبَادَلَ/ يَتَبَادَلُ هـــ
..에게 ...을 넘겨주다	تَسْلِيمٌ	سَلَّمَ/ يُسَلِّمُ هـــ إِلَى ه
..을 받다, 수령하다	تَسَلُّمٌ	تَسَلَّمَ/ يَتَسَلَّمُ هـــ
..을 ..으로 여기다, 간주하다		اِعْتَبَرَ/ يَعْتَبِرُ هـــ هـــ أَوْ أَنَّ ... - اِعْتِبَارٌ
..을 보다 ; 여기다, 간주하다	رَأْيٌ، رُؤْيَةٌ، رُؤْيَا	رَأَى/ يَرَى ه أَوْ هـــ، أَنْ أَوْ أَنَّ
..을 세다, 계산하다 ; 생각하다, 간주하다	عَدٌّ	عَدَّ/ يَعُدُّ ه ه أَوْ هـــ هـــ
..으로 간주되다		عُدَّ/ يُعَدُّ
..라고 생각하다 ; 믿다, 확신하다	اِعْتِقَادٌ	اِعْتَقَدَ/ يَعْتَقِدُ هـــ، بِـــ هـــ
..하는 가능성이 낮다고 보다. 불가능하다고 보다, 배제하다	اِسْتِبْعَادٌ	اِسْتَبْعَدَ/ يَسْتَبْعِدُ هـــ
..로 이끌어가다, ...한 결과를 낳다	تَأْدِيَةٌ	أَدَّى/ يُؤَدِّي إِلَى ...
..한 결과를 낳다, (결과로서) ..을 초래하다	إِسْفَارٌ	أَسْفَرَ/ يُسْفِرُ عَنْ ...
..로 인해 ..을 야기하다	تَسَبُّبٌ	تَسَبَّبَ/ يَتَسَبَّبُ فِي (بِـــ)
..을 야기시키다	تَسْبِيبٌ	سَبَّبَ/ يُسَبِّبُ هـــ
..을 야기시키다, 유발하다	إِنْتَاجٌ	أَنْتَجَ/ يُنْتِجُ
..에 잘 어울리다, ..에 알맞다, 조화되다	تَلاؤُمٌ	تَلاَءَمَ/ يَتَلاَءَمُ مَعَ
빽빽하게 하다, 밀도를 높이다, 집약화하다	تَكْثِيفٌ	كَثَّفَ/ يُكَثِّفُ هـــ
번영하다	اِزْدِهَارٌ	اِزْدَهَرَ/ يَزْدَهِرُ
방송하다	إِذَاعَةٌ	أَذَاعَ/ يُذِيعُ هـــ
의견을 제시하다	طَرْحٌ	طَرَحَ/ يَطْرَحُ أَرَاءَهُ
응답하다, 반응을 보이다	رَدٌّ	رَدَّ/ يَرُدُّ عَلَى
대답하다(질문에), 응답하다	إِجَابَةٌ	أَجَابَ/ يُجِيبُ عَلَى، أَجَابَ/ يُجِيبُ ه

심문하다	تَحْقِيقٌ	حَقَّقَ/ يُحَقِّقُ مَعَ ه
심문하다	اِسْتِجْوَابٌ	اِسْتَجْوَبَ/ يَسْتَجْوِبُ ه
..에게 ..에 대해 물어보다	اِسْتِفْهَامٌ	اِسْتَفْهَمَ/ يَسْتَفْهِمُ ه عَنْ ...
질문하다, 물어보다	سُؤَالٌ	سَأَلَ/ يَسْأَلُ ه عَنْ ...
암시하다, 넌지시 말하다	تَلْمِيحٌ، إِلْمَاحٌ	لَمَّحَ/ يُلَمِّحُ إِلَى، أَلْمَحَ/ يُلْمِحُ إِلَى
제안하다	اِقْتِرَاحٌ	اِقْتَرَحَ/ يَقْتَرِحُ هـ عَلَى ه
가정하다, 추정하다	اِفْتِرَاضٌ	اِفْتَرَضَ/ يَفْتَرِضُ هـ، أَنْ...
(의무나 형벌 등을) 부과하다, 지우다	فَرْضٌ	فَرَضَ/ يَفْرِضُ هـ عَلَى ه
(끝까지) 주장하다(to insist on)	إِصْرَارٌ	أَصَرَّ/ يُصِرُّ عَلَى
(전체를) 살펴보다, 돌아보다	اِسْتِعْرَاضٌ	اِسْتَعْرَضَ/ يَسْتَعْرِضُ هـ
제한하다 ; 정의하다(to define)	تَحْدِيدٌ	حَدَّدَ/ يُحَدِّدُ هـ
알게하다 ; 정의하다(to define)	تَعْرِيفٌ	عَرَّفَ/ يُعَرِّفُ هـ
집중하다	تَرْكِيزٌ	رَكَّزَ/ يُرَكِّزُ عَلَى
..가 ..하도록 허락하다	سَمَاحٌ	سَمَحَ/ يَسْمَحُ لِـ ه بِـ ... (أَنْ)
충고하다	نُصْحٌ	نَصَحَ/ يَنْصَحُ ه بِـ ...
유언하다, 부탁하다	تَوْصِيَةٌ	وَصَّى/ يُوَصِّي ه بِـ ...، أَوْصَى/ يُوصِي ه بِـ ...
조언을 구하다, 상담받다	مُشَاوَرَةٌ، اِسْتِشَارَةٌ	شَاوَرَ/ يُشَاوِرُ ه فِي...، اِسْتَشَارَ/ يَسْتَشِيرُ ه فِي ...
규정하다, 조건을 삼다	اِشْتِرَاطٌ	اِشْتَرَطَ/ يَشْتَرِطُ هـ عَلَى ه
의심하다	شَكٌّ	شَكَّ/ يَشُكُّ فِي (بِـ) ...
..을 회피하다, 멀리하다	تَجَنُّبٌ	تَجَنَّبَ/ يَتَجَنَّبُ ه أَوْ هـ
칭찬하다, 높이다	إِشَادَةٌ	أَشَادَ/ يُشِيدُ بِـ
칭찬하다, 높이다	مَدْحٌ	مَدَحَ/ يَمْدَحُ ه أَوْ هـ

평가하다	تَقْيِيمٌ	قَيَّمَ/ يُقَيِّمُ هـــ
...에 대한 부담이 ..에게 지워지다		عِبْءٌ ... يَقَعُ عَلَى ه
나타내다 ; 판명나다, 증명하다	دَلاَلَةٌ	دَلَّ/ يَدُلُّ عَلَى
..의 이미지를 손상시키다	إِسَاءَةٌ	أَسَاءَ/ يُسِيءُ إِلَى صُورَةِ ...
발견하다(to discover)	اِكْتِشَافٌ	اِكْتَشَفَ/ يَكْتَشِفُ هـــ
(빛, 그림 등을) 반사하다	عَكْسٌ	عَكَسَ/ يَعْكِسُ هـــ
..에 공헌하다 ; 참가하다	مُسَاهَمَةٌ	سَاهَمَ/ يُسَاهِمُ فِي ..
..에 대해 역할을 하다	لَعِبٌ	لَعِبَ/ يَلْعَبُ دَوْرًا فِي ..
..에 대해 역할을 하다	قِيَامٌ	قَامَ/ يَقُومُ بِدَوْرٍ فِي ..
영향을 주다	تَأْثِيرٌ	أَثَّرَ/ يُؤَثِّرُ عَلَى (فِي)
영향을 받다	تَأَثُّرٌ	تَأَثَّرَ/ يَتَأَثَّرُ بِـــ (مِنْ)
길을 닦다	تَمْهِيدُ الطَّرِيقِ	مَهَّدَ/ يُمَهِّدُ الطَّرِيقَ
길을 닦다	رَصْفٌ	رَصَفَ/ يَرْصُفُ هـــ
연구하다, 조사하다, 심의하다	بَحْثٌ	بَحَثَ/ يَبْحَثُ فِي
검색하다	بَحْثٌ	بَحَثَ/ يَبْحَثُ عَنْ
토론하다	مُنَاقَشَةٌ	نَاقَشَ/ يُنَاقِشُ ه أَوْ هـــ
토론하다, 협의하다	مُبَاحَثَةٌ	بَاحَثَ/ يُبَاحِثُ ه فِي ..
협력하다(to cooperate)	تَعَاوُنٌ	تَعَاوَنَ/ يَتَعَاوَنُ
교환하다(..와)	تَبَادُلٌ	تَبَادَلَ/ يَتَبَادَلُ هـــ مَعَ ه
(사람을) 대하다, ..를 다루다	مُعَامَلَةٌ	عَامَلَ/ يُعَامِلُ ه
(사물 혹은 주제 등을) 취급하다	تَنَاوُلٌ	تَنَاوَلَ/ يَتَنَاوَلُ هـــ
포함하다, 내포하다, 포괄하다	شُمُولٌ	شَمَلَ أَوْ شَمِلَ/ يَشْمَلُ هـــ
..에 속하다(to belong to)	اِنْتِمَاءٌ	اِنْتَمَى/ يَنْتَمِي إِلَى
..에 속하다(to belong to)	اِنْتِسَابٌ	اِنْتَسَبَ/ يَنْتَسِبُ إِلَى

곧 ..하려하다, ..하려는 찰나이다		أَوْشَكَ/ يُوشِكُ عَلَى، أَنْ ...
배열하다, 조화롭게하다, 조정하다	تَنْسِيقٌ	نَسَّقَ/ يُنَسِّقُ هـ
본보기가 되다 ; 속담을 이야기 하다		كَانَ/ يَكُونُ مَضْرِبَ الْمَثَلِ
..와 ..을 묶다, 매다	رَبْطٌ	رَبَطَ/ يَرْبُطُ أَوْ يَرْبِطُ هـ بَيْنَ
..와 관련.연결되다(to be linked to)	اِرْتِبَاطٌ	اِرْتَبَطَ/ يَرْتَبِطُ بِـ
..와 관련이 있다(to be related to)	تَعَلُّقٌ	تَعَلَّقَ/ يَتَعَلَّقُ بِـ
압박하다, 압력을 넣다, 누르다	ضَغْطٌ	ضَغَطَ/ يَضْغَطُ عَلَى
..을 가볍게하다 ; 완화하다, 덜어주다	تَخْفِيفٌ	خَفَّفَ/ يُخَفِّفُ هـ، عَنْ
점점 약해지다, 점점 작아지다	تَضَاؤُلٌ	تَضَاءَلَ/ يَتَضَاءَلُ
각광을 받다, 이목이 집중되다	خَطْفُ الأَضْوَاءِ	خَطَفَ/ يَخْطِفُ الأَضْوَاءَ
(고통 등을)..를 겪다, 당하다	مُعَانَاةٌ	عَانَى/ يُعَانِي مِنْ، هـ
..을 앓다, ..병에 걸리다 ; 부상당하다	إِصَابَةٌ	أُصِيبَ/ يُصَابُ بِـ ..
..을 발견하다	عُثُورٌ	عَثَرَ/ يَعْثُرُ عَلَى هـ
발견되다		عُثِرَ/ يُعْثَرُ

3-4 사람의 감정(Emotions)

	형용사(Adjective)	명사(Noun)
감정(사람의 모든 감정)	شُعُورِيٌّ	مَشَاعِرُ، شُعُورٌ
감정(특히 사랑의 감정)	عَاطِفِيٌّ	عَاطِفَةٌ/ عَوَاطِفُ
느낌(feeling)		إِحْسَاسٌ/ أَحَاسِيسُ (بِـ)
감각(sense)		حَاسَّةٌ/ حَوَاسٌّ، حِسٌّ
감탄	تَعَجُّبِيٌّ	تَعَجُّبٌ
마음에 듦	مُعْجَبٌ بِـ	إِعْجَابٌ (بِـ)
기분(mood)	مِزَاجِيٌّ	مِزَاجٌ/ أَمْزِجَةٌ
분위기(atmosphere)	جَوِّيٌّ	الْجَوُّ الْعَامُّ، الأَجْوَاءُ
기쁨(joy)	فَرِحٌ، مَسْرُورٌ	فَرَحٌ، سُرُورٌ
행복(happiness)	سَعِيدٌ	سَعَادَةٌ
미소(smiling)	مُبْتَسِمٌ	اِبْتِسَامٌ
슬픔(sadness)	حَزِينٌ	حُزْنٌ
울음(weeping)	بَاكٍ	بُكَاءٌ
자랑, 자부심	فَخُورٌ أَوْ مُفْتَخِرٌ بِـ	فَخْرٌ، اِفْتِخَارٌ
동정심	مُتَعَاطِفٌ (مَعَ)	تَعَاطُفٌ (مَعَ)
염려, 걱정	قَلِقٌ، مَهْمُومٌ	قَلَقٌ، هَمٌّ/ هُمُومٌ
화남(anger)	غَاضِبٌ	غَضَبٌ، غَيْظٌ
격노, 격분	غَاضِبٌ بِشِدَّةٍ	غَضَبٌ شَدِيدٌ
격노, 격분	مُغْتَاظٌ بِشِدَّةٍ	غَيْظٌ شَدِيدٌ
격노, 격분	حَانِقٌ بِشِدَّةٍ	حَنَقٌ شَدِيدٌ
두려움	خَائِفٌ	خَوْفٌ
비겁함	جَبَانٌ	جُبْنٌ
공포	مُرْعِبٌ، مَرْعُوبٌ	رُعْبٌ

시사 · 미디어 아랍어 소사전

공포	مُفْزِعٌ، مفْزُوعٌ	فَزَعٌ
공포		هَلَعٌ
공포	مَذْعُورٌ	ذُعْرٌ
부끄러움	خَجْلَانُ، خَجُولٌ، مُخْجِلٌ	خَجَلٌ
후회함	نَادِمٌ	نَدَمٌ
고통(pain)	مُؤْلِمٌ، مُوجِعٌ	أَلَمٌ/ آلَامٌ، وَجَعٌ/ أَوْجَاعٌ
주저함, 머뭇거림	مُتَرَدِّدٌ	تَرَدُّدٌ
지루함	مُمِلٌّ	مَلَلٌ
지루함	مُضْجِرٌ، ضَجِرٌ، مُضْجَرٌ	ضَجَرٌ
실망(disappointment)	خَائِبُ الأَمَلِ، مُخَيِّبٌ لِلأَمَلِ	خَيْبَةُ الأَمَلِ
좌절(frustration)	مُحْبَطٌ، مُحْبِطٌ	إِحْبَاطٌ
우울증(depression)	مُكْتَئِبٌ، كَئِيبٌ	اِكْتِئَابٌ، كَآبَةٌ
질투(예: 연인관계)	غَيُورٌ، غَيْرَانُ	غَيْرَةٌ
시샘, 시기	حَاسِدٌ، مَحْسُودٌ	حَسَدٌ
갈망함(longing)	مُشْتَاقٌ، مُتَشَوِّقٌ	اِشْتِيَاقٌ، تَشَوُّقٌ، شَوْقٌ/ أَشْوَاقٌ
욕망(desire), 갈망	رَاغِبٌ، مَرْغُوبٌ	رَغْبَةٌ
감동	مُؤَثِّرٌ، مُتَأَثِّرٌ	تَأْثِيرٌ، تَأَثُّرٌ
감정적 영향(흐느낌 등)	مُؤَثِّرٌ عَاطِفِيًّا، مُتَأَثِّرٌ عَاطِفِيًّا	تَأْثِيرٌ عَاطِفِيٌّ، تَأَثُّرٌ عَاطِفِيٌّ
잔인함, 가혹함	قَاسٍ	قَسْوَةٌ، قَسَاوَةٌ
낙관주의	مُتَفَائِلٌ	التَّفَاؤُلُ
비관주의	مُتَشَائِمٌ	التَّشَاؤُمُ
적대감	عَدُوٌّ، عَدَائِيٌّ، مُعَادٍ	عَدَاوَةٌ، عَدَاءٌ، مُعَادَاةٌ

감정과 성격에 대한 더 자세한 표현들은 필자가 저술한 "이집트 구어체 아랍어 회화사전" 17 장을 참고하라.

3-5 중요 가치(Values)

	형용사(Adjective)	명사(Noun)
가치(value)	قَيِّمٌ، ذُو قِيمَةٍ	قِيمَةٌ/ قِيَمٌ
의식, 깨어있음(awareness)	وَاعٍ (الْوَاعِي)	وَعْيٌ
협동, 협력	تَعَاوُنِيٌّ، مُتَعَاوِنٌ	تَعَاوُنٌ
협력(어깨를 맞대고)	تَكَاتُفِيٌّ، مُتَكَاتِفٌ	تَكَاتُفٌ
공동협력방안		سُبُلُ التَّعَاوُنِ الْمُشْتَرَكِ
팀워크	عَمَلٌ جَمَاعِيٌّ، أَدَاءٌ جَمَاعِيٌّ	
공헌, 기여(contribution)	مُسَاهِمٌ	مُسَاهَمَةٌ، إِسْهَامٌ/ -اتٌ
도움(help)	مُسَاعِدٌ	مُسَاعَدَةٌ/ -اتٌ
관심(concern)	مُهْتَمٌّ	اِهْتِمَامٌ
돌봄(care)	مَعْنِيٌّ بِـــ، مُعْتَنٍ بِـــ	عِنَايَةٌ، اِعْتِنَاءٌ
이해(understanding)	فَاهِمٌ، مَفْهُومٌ	فَهْمٌ
상호이해		تَفَاهُمٌ مُشْتَرَكٌ
존엄, 존엄성(dignity)	ذُو كَرَامَةٍ	كَرَامَةٌ
인간의 존엄성		كَرَامَةٌ إِنْسَانِيَّةٌ
평등(equality)	مُسَاوٍ، مُتَسَاوٍ	مُسَاوَاةٌ، تَسَاوٍ
남녀평등	مُسَاوَاةٌ بَيْنَ الرَّجُلِ وَالْمَرْأَةِ	
존경(respect)	مُحْتَرَمٌ	اِحْتِرَامٌ
용기(courage)	شُجَاعٌ	شَجَاعَةٌ
명예, 영예(honor)	شَرِيفٌ	شَرَفٌ
관대함, 너그러움	كَرِيمٌ، سَخِيٌّ، جَوَّادٌ	كَرَمٌ، سَخَاءٌ، جُودٌ
남을 도움, 기사도	شَهْمٌ	شَهَامَةٌ
정의(justice)	عَادِلٌ	عَدَالَةٌ، عَدْلٌ
자유(freedom)	حُرٌّ	حُرِّيَّةٌ
언론정보의 자유		حُرِّيَّةُ الإِعْلَامِ

평화(peace)	سَالِمٌ	سَلاَمٌ
야망(ambition)	طَمُوحٌ، طَامِحٌ	طُمُوحٌ/ ـاتٌ
비전(vision)		رُؤْيَةٌ/ ـاتٌ، رُؤًى
꿈(dream)	حَالِمٌ	حُلْمٌ/ أَحْلاَمٌ، مَنَامٌ
신뢰(trust)	وَاثِقٌ بـــ	ثِقَةٌ
의지함(reliance)	مُعْتَمِدٌ على، مُتَّكِلٌ على	اِعْتِمَادٌ، اِتِّكَالٌ
청렴, 반부패	طَاهِرٌ، نَقِيٌّ	طُهْرٌ، نَقَاءٌ
투명성(transparency)	شَفَّافٌ	شَفَافِيَةٌ
공정함(선거 등에서, impartiality)	نَزِيهٌ	نَزَاهَةٌ
유연성(flexibility)	مَرِنٌ	مُرُونَةٌ
권리(right)		حَقٌّ/ حُقُوقٌ
인권(human right)	حُقُوقِيٌّ	حُقُوقُ الإِنْسَانِ
진리, 진실(truth)	مُحِقٌّ	حَقٌّ، حَقِيقَةٌ/ حَقَائِقُ
사실(fact)	حَقِيقِيٌّ	حَقِيقَةٌ/ حَقَائِقُ
정직(faithfulness)	أَمِينٌ، صَادِقٌ	أَمَانَةٌ، صِدْقٌ
부지런함(diligence)	مُجْتَهِدٌ	اِجْتِهَادٌ
지혜(wisdom)	حَكِيمٌ	حِكْمَةٌ
사랑(love)	مُحِبٌّ	حُبٌّ، مَحَبَّةٌ
양보	مُتَنَازِلٌ عن	تَنَازُلٌ/ ـاتٌ (عن)
화해	مُصَالِحٌ	مُصَالَحَةٌ/ ـاتٌ
용서	غَافِرٌ، غَفُورٌ	مَغْفِرَةٌ، غُفْرَانٌ
자비	رَحِيمٌ	رَحْمَةٌ
축복	مُبَارَكٌ	بَرَكَةٌ/ ـاتٌ
모범, 본보기		قُدْوَةٌ/ ـاتٌ
온건함, 중용(Moderation)	مُعْتَدِلٌ	اِعْتِدَالٌ

3-6 사상(Thought)

	형용사(Adjective) 혹은 사람	명사(Noun)
민주주의(Democracy)	دِيمُقْرَاطِيٌّ	الدِّيمُقْرَاطِيَّةُ
보수주의(Conservatism)	مُتَحَفِّظٌ	التَّحَفُّظُ
자유주의(Liberalism)	لِيبِرَالِيٌّ	اللِّيبِرَالِيَّةُ
다원주의(Pluralism)	تَعَدُّدِيٌّ	التَّعَدُّدِيَّةُ
다문화주의 (Multi-Culturalism)		التَّعَدُّدِيَّةُ الثَّقَافِيَّةُ
유대주의(Semitism)	سَامٍ	السَّامِيَّةُ
반유대주의 (Anti-Semitism)	مُعَادٍ لِلسَّامِيَّةِ	مُعَادَاةُ السَّامِيَّةِ
자본주의(Capitalism)	رَأْسمَالِيٌّ	الرَّأْسمَالِيَّةُ، النِّظَامُ الرَّأْسمَالِيُّ
사회주의(Socialism)	اِشْتِرَاكِيٌّ	الاِشْتِرَاكِيَّةُ
공산주의(Communism)	شُيُوعِيٌّ	الشُّيُوعِيَّةُ
민족주의(Nationalism)	قَوْمِيٌّ	الْقَوْمِيَّةُ
제국주의(Imperialism)	إِمْبِرْيَالِيٌّ	الإِمْبِرْيَالِيَّةُ
전체주의(Totalitarianism)	شُمُولِيٌّ	الشُّمُولِيَّةُ
폭정, 전제정치 (despotism)	اِسْتِبْدَادِيٌّ	الاِسْتِبْدَادِيَّةُ، اِسْتِبْدَادٌ
독재(Dictatorship)	دِكْتَاتُورِيٌّ	الدِّكْتَاتُورِيَّةُ
봉건주의(Feudalism)	إِقْطَاعِيٌّ	الإِقْطَاعِيَّةُ
나치즘(Nazism)	نَازِيٌّ	النَّازِيَّةُ
네오나치즘(Neo-Nazism)	نَازِيٌّ جَدِيدٌ	النَّازِيَّةُ الْجَدِيدَةُ
시오니즘, 시온주의 (Zionism)	صَهْيُونِيٌّ	الصَّهْيُونِيَّةُ
인종주의, 인종우월주의 (Racism)	عُنْصُرِيٌّ	الْعُنْصُرِيَّةُ
인종주의, 인종우월주의 (Racism)	عِرْقِيٌّ	الْعِرْقِيَّةُ

극단주의, 과격주의 (Extremism)	مُتَطَرِّفٌ	التَّطَرُّفُ
원리주의, 근본주의 (Fundamentalism)	أُصُولِيٌّ	الأُصُولِيَّةُ
광신주의(Fanaticism), 배타주의	مُتَعَصِّبٌ	التَّعَصُّبُ
종교적 광신주의		التَّعَصُّبُ الدِّينِيُّ
완고함(Strictness)	مُتَشَدِّدٌ	التَّشَدُّدُ
테러리즘(Terrorism)	إِرْهَابِيٌّ	الإِرْهَابُ
당파주의(Factionalism)	فِئَوِيٌّ	الْفِئَوِيَّةُ
분파주의(Sectarianism)	مَذْهَبِيٌّ	الْمَذْهَبِيَّةُ
교파주의 (Denominationalism)	طَائِفِيٌّ	الطَّائِفِيَّةُ
분리주의(Separatism)	اِنْفِصَالِيٌّ	الاِنْفِصَالِيَّةُ
계층주의, 계급주의 (Caste)	طَبَقِيٌّ	الطَّبَقِيَّةُ
세속주의(Secularism)	عَلْمَانِيٌّ	الْعَلْمَانِيَّةُ
종교심이 깊음	مُتَدَيِّنٌ	التَّدَيُّنُ
낙천주의	مُتَفَائِلٌ، تَفَاؤُلِيٌّ	التَّفَاؤُلُ
비관주의	مُتَشَائِمٌ، تَشَاؤُمِيٌّ	التَّشَاؤُمُ
금욕주의	زَاهِدٌ، مُتَقَشِّفٌ	الزُّهْدُ، التَّقَشُّفُ
세계화(globalization)		الْعَوْلَمَةُ
전세계적임(universality)	전세계적인 عَالَمِيٌّ	الْعَالَمِيَّةُ
국제주의 (Internationalism)	국제적인 دَوْلِيٌّ	الدَّوْلِيَّةُ
지방화(localization)	지역의, 로컬의 مَحَلِّيٌّ	الْمَحَلِّيَّةُ

3-7 주요 종교와 종파들 이름

	형용사	종교 & 종파
이슬람	مُسْلِمٌ، إِسْلَامِيٌّ	الإِسْلَامُ
기독교	مَسِيحِيٌّ	الْمَسِيحِيَّةُ
유대교	يَهُودِيٌّ	الْيَهُودِيَّةُ
불교	بُوذِيٌّ	الْبُوذِيَّةُ
유교	كُونْفُوشْيُوسِيٌّ	الْكُونْفُوشْيُوسِيَّةُ
힌두교	هِنْدُوسِيٌّ	الْهِنْدُوسِيَّةُ
순니파	سُنِّيٌّ	السُّنِّيَّةُ
쉬아파	شِيعِيٌّ	الشِّيعَةُ أَوَ الشِّيعِيَّةُ
수피(Sufi)	صُوفِيٌّ	الصُّوفِيَّةُ
바하이(Bahai)	بَهَائِيٌّ	الْبَهَائِيَّةُ
살라피(Salafi)	سَلَفِيٌّ	السَّلَفِيَّةُ
드루즈(Druze)	دُرْزِيٌّ/ دُرُوزٌ	الدُّرْزِيَّةُ
아흐마디(Ahmadi)	أَحْمَدِيٌّ	الأَحْمَدِيَّةُ
무신론	مُلْحِدٌ - إِلْحَادِيٌّ	الإِلْحَادُ
우상숭배	وَثَنِيٌّ	الْوَثَنِيَّةُ
카톨릭	كَاثُولِيكِيٌّ	الْكَاثُولِيكِيَّةُ
개신교	إِنْجِيلِيٌّ، بِرُوتِسْتَانْتِيٌّ	الإِنْجِيلِيَّةُ، الْبِرُوتِسْتَانْتِيَّةُ
정교(Orthodox)	أَرْثُوذُكْسِيٌّ	الأَرْثُوذُكْسِيَّةُ
콥틱	قِبْطِيٌّ/ أَقْبَاطٌ أَوْ قِبْطٌ	الْقِبْطِيَّةُ

3-8 시간 관계 표현들(Time Expressions)

장기적으로(in the long term)	عَلَى الْمَدَى الْبَعِيدِ، عَلَى الْمَدَى الطَّوِيلِ
단기적으로(in the short term)	عَلَى الْمَدَى الْقَرِيبِ
가능한한 빨리, 되도록 빨리 (as soon as possible)	أَسْرَعُ مَا يُمْكِنُ، فِي أَسْرَعِ وَقْتٍ مُمْكِنٍ
이전의, 전임의(former)	سَابِقٌ
과거의(past)	مَاضٍ(الْمَاضِي)
현재의(present)	حَاضِرٌ
현재의(present) ; 현...(current)	حَالِيٌّ، جَارٍ(الْجَارِي)، رَاهِنٌ
미래의(future) ; 다가오는(forthcoming)	مُقْبِلٌ
미래의(future) ; 다가오는(forthcoming), 다음의(next)	قَادِمٌ
기존의, 현재 사용되는 ; 존재하는	قَائِمٌ
마지막의(final) ; 최근의(recent)	أَخِيرٌ
새로운(new) ; 최근의(recent)	حَدِيثٌ
마지막의(final)	نِهَائِيٌّ
임박한, 목전의(imminent)	وَشِيكٌ
영구적인(permanent)	دَائِمٌ
일시적인(temporary)	مُؤَقَّتٌ
이른, 일찍의	مُبَكِّرٌ
늦은	مُتَأَخِّرٌ
순식간의, 잠깐 동안의	خَاطِفٌ
연이어, 계속해서(continuously)	عَلَى التَّوَالِي
마지막으로 ; 최근에	أَخِيرًا
곧, 머지않아(soon)	قَرِيبًا
보통(usually)	عَادَةً

드물게(rarely)	نَادِرًا
자주(often)	كَثِيرًا
때때로(sometimes)	أَحْيَانًا
새롭게, 다시(again, anew)	مُجَدَّدًا
동시에(at the same time)	فِي نَفْسِ الْوَقْتِ
가까운 미래에	فِي الْمُسْتَقْبَلِ الْقَرِيبِ
..하는 동안(during)	أَثْنَاءَ ...، خِلَالَ ...
...이전에(before)	قَبْلَ ...
... 직전에(shortly before)	قُبَيْلَ ...
...이후에(after)	بَعْدَ ...، عَقِبَ ...
...바로 이후에(shortly after)	بُعَيْدَ ...
그 이후에, 그 다음에	بَعْدَ ذَلِكَ، عَقِبَ ذَلِكَ
...에 뒤이어(in the wake of) ; ..바로 이후에	فِي أَعْقَابِ ...
그 뒤에, 나중에(subsequently)	فِيمَا بَعْدُ ...
..하자마자(as soon as), 직후에	فَوْرَ ...
그동안에(meanwhile)	فِي هَذِهِ الأَثْنَاءِ
그리니치 표준 시각으로	بِتَوْقِيتِ جِرِينِتْش
그때에, 그사이에(meanwhile, meantime)	فِي غُضُونِ ذَلِكَ
무기한, 무기한으로	إِلَى أَجَلٍ غَيْرِ مُسَمًّى

3-9 부사와 연결어

한편	مِنْ نَاحِيَتِهِ (أَوْ مِنْ نَاحِيَتِهَا)
한편	مِنْ جَانِبِهِ (أَوْ مِنْ جَانِبِهَا)
한편	مِنْ جِهَتِهِ (أَوْ مِنْ جِهَتِهَا)
다른 한편	مِنْ نَاحِيَةٍ أُخْرَى (أَوْ ثَانِيَةٍ)
다른 한편	مِنْ جِهَةٍ أُخْرَى (أَوْ ثَانِيَةٍ)
다른 한편	مِنْ جَانِبٍ آخَرَ
다른 한편	عَلَى صَعِيدٍ آخَرَ
..은 언급할 만한 가치가 있다	جَدِيرٌ بِالذِّكْرِ أَنَّ ...، وَمِنَ الْجَدِيرِ بِالذِّكْرِ أَنَّ ...
..라고 말해졌다, ..라고 밝혀졌다	يُذْكَرُ أَنَّ ...
(통계 등이) ..라고 나타낸다, 보여준다	يُشَارُ إِلَى أَنَّ ...
... 직후에, ...바로 다음에	فَوْرَ ...
..다음에, ..직후에, 바로 다음에	عَقِبَ ...
그 다음에, 바로 그 다음에	عَقِبَ ذَلِكَ ...
바로 그 순간에	لَحْظَةَ ...
..하는 동안에(while)	بَيْنَمَا ...
..할 때(when)	عِنْدَمَا ...
..하는 동안에(while)	فِيمَا ...
..할 때에(when), ..하는 동안	حِينَ ... (فِي حِينِ ...)
..하는 동시에, ..하는 바로 그 시간에	فِي الْوَقْتِ نَفْسِهِ (فِي نَفْسِ الْوَقْتِ)
..하는 동안(during)	أَثْنَاءَ ...
..에 따라(according to), ..에 따르면	حَسَبَ ... (أَوْ عَلَى حَسَبِ .. أَوْ حَسْبَمَا ...)
..에 따라, ..에 따르면, ..에 의하면,	وَفْقَ ... (وَفْقًا لِـ ...)

..에 따라, ..에 따른	طِبْقًا لِـــ ...
..에 따라(according to), ..에 따르면	تَبَعًا لِـــ ...
..에 따라(according to)	نَقْلاً عَنْ
..로 인해, ..한 결과로 ; ..한 이후	عَلَى أَثَرِ ...
..로 인해, ..한 결과로 ; ..한 이후	إِثْرَ ...
그 결과 ; 그 직후	عَلَى أَثَرِ ذَلِكَ ...
..로 인해, ..의 결과로 ; ..한 이후	نَتِيجَةَ ... (أَوْ نَتِيجَةً لِـــ ...)
..때문에, ...을 고려해서	نَظَرًا لِـــ ...
..로 인해, .. 때문에	بِسَبَبِ ...
.. 덕택에, ..로 인해	بِفَضْلِ ...
그로 인해 ..하게 되다	مِمَّا أَدَّى إِلَى (أَوْ مَا أَدَّى إِلَى)
..하기 위해, ..할 목적으로	بِغَرَضِ ...
..할 목적으로	بِهَدَفِ ...
..하기 위해	لِـــ ...
..을 위해	مِنْ أَجْلِ ...
..을 구하기 위해, ..을 찾기 위해	بَحْثًا عَنْ ...
..을 기다리기 위해	اِنْتِظَارًا لِـــ ...
..을 실행하기 위해	تَنْفِيذًا لِـــ ...
..을 두려워 하여, 할까봐 무서워서	خَوْفًا مِنْ ...
..을 원하여서, ..하기 위해서	حِرْصًا عَلَى ...
..에 이르고자	وُصُولاً إِلَى ...
..을 사랑해서, ..을 좋아하기 때문에	حُبًّا فِي ...
..를 인정받아	تَقْدِيرًا لِـــ ...
..에 항의하여	اِحْتِجَاجًا عَلَى ...
..에 응답하기 위해, ..에 대한 대답으로(예: 아버지의 요청에 응답하여)	اِسْتِجَابَةً لِـــ ...

..에 대응하기 위해(예: 침략에 대응하여)	رَدًّا عَلَى ...
..을 보호하기 위해	حِفَاظًا عَلَى ...
..을 준비하기 위해	إِسْتِعْدَادًا لِـــ ...
..로부터 나오는, ..로부터 출발하는	إِنْطِلاَقًا مِنْ ...
..하고 싶어서	رَغْبَةً فِي ...
..에서 도망하려고	هُرُوبًا مِنْ ...
..을 존경하여	إِحْتِرَامًا لِـــ ...
..을 피하려고	إِبْتِعَادًا عَنْ ...
..에 가까이 하려고	تَقَرُّبًا لِـــ ...
..에 충성하고자	وَلاَءً لِـــ ...
..에 감사해서	شُكْرًا لِـــ ...
..에도 불구하고(in spite of)	رَغْمَ ...، بِالرَّغْمِ ...، بِالرَّغْمِ مِنْ ...، عَلَى الرَّغْمِ مِنْ ...
..함에도 불구하고 ..하다	رَغْمَ أَنَّ (أَوْ بِالرَّغْمِ مِنْ أَنَّ، أَوْ عَلَى الرَّغْمِ مِنْ أَنَّ) ... ...
..함에도 불구하고 ..하다	رَغْمَ أَنَّ (أَوْ بِالرَّغْمِ مِنْ أَنَّ، أَوْ عَلَى الرَّغْمِ مِنْ أَنَّ) ... فَـــ ...
..함에도 불구하고 ..하다	رَغْمَ أَنَّ (أَوْ بِالرَّغْمِ مِنْ أَنَّ، أَوْ عَلَى الرَّغْمِ مِنْ أَنَّ) ... إِلاَّ أَنَّ ...
..함에도 불구하고 ..하다	مَعَ أَنَّ ... ...
..함에도 불구하고 ..하다	مَعَ أَنَّ ... إِلاَّ أَنَّ ... (أَوْ مَعَ أَنَّ ... فَـــ ...)
..함에도 불구하고 ..하다	مَعَ أَنَّ ... لَكِنَّ ...
설령 ..한다고 할지라도 ..할 것이다	حَتَّى لَوْ ... ...
A 뿐만 아니라 B도 ..이다(not only… but also)	لَمْ(أَوْ لاَ) ... فَقَطْ، بَلْ ... أَيْضًا
A 혹은 B 이다 (either … or , whether … or)	إِمَّا ... أَوْ ...

A 도 아니고 B 도 아니다 (neither…nor…)	لاَ ... وَلاَ ...
A 혹은 B 이거나 간에, 둘 다(no matter whether … or…)	سَوَاءٌ ... أَمْ(أَوْ) ...
..하는 것은 중요하다(it is important that …)	مِنَ الْمُهِمِّ أَنْ ...
..이(..하는 것이) 기대된다(it is expected that …)	مِنَ الْمُتَوَقَّعِ أَنْ ...
..이(..하는 것이) 예상된다, 기대된다(it is expected that …)	مِنَ الْمُنْتَظَرِ أَنْ ...
..하는 것이 가능하다(it is possible that …)	مِنَ الْمُمْكِنِ أَنْ ...
(아마도)..하는 것이 가능하다(it is possible that…, maybe)	مِنَ الْمُحْتَمَلِ أَنْ(أَوْ أَنَّ) ...
..가 ..하는 것이 가능하다(can)	بِوُسْعِهِ أَنْ ...
..가 ..하는 것이 가능하다(can)	يُمْكِنُهُ أَنْ ...، يُمْكِنُ لَـــ ه أَنْ ...
..하는 것이 필요하다	مِنَ الضَّرُورِيِّ أَنْ ...
..하는 것이 필요하다, 반드시..해야한다	مِنَ اللاَّزِمِ أَنْ ...
..하는 것이 필요하다, 반드시 ..해야 한다	مِنَ الْوَاجِبِ أَنْ ...
..은 불가피한 것이다, 반드시 ..해야 한다	لاَ بُدَّ مِنْ أَنْ ...
..은 상상할 수 있는 것이다, ..하는 것이 가능하다(it is not inconceivable that)	لاَ يُسْتَبْعَدُ أَنْ ...
가능성이 희박하다, ..할 것 같지 않다(it is unlikely that)	مِنَ الْمُسْتَبْعَدِ أَنْ ...
..하는 것이 불가능하다 (it is impossible that)	مِنَ الْمُسْتَحِيلِ أَنْ ...
..하는 것이 유익하다	مِنَ الْمُفِيدِ أَنْ ...
..하는 것이 이익이있다	مِنَ الْمُجْزِي أَنْ ...
..은 분명하다	مِنَ الْوَاضِحِ أَنْ (أَوْ أَنَّ) ...
..하는 것이 결정되었다 (it is determined that)	مِنَ الْمُقَرَّرِ أَنْ ...
..이 알려졌다, ..으로 알고 있다 (it is known that)	مِنَ الْمَعْرُوفِ أَنَّ ...
..하기로 되어 있다(supposed to), ..해야 한다.	مِنَ الْمُفْتَرَضِ أَنْ (أَوْ أَنَّ) ...
..하는 것이 드물다	مِنَ النَّادِرِ أَنْ ...
..하는 것이 좋다	مِنَ الْجَيِّدِ أَنْ (أَوْ أَنَّ) ...

..하는 것이 쉽다	مِنَ السَّهْلِ أَنْ ...
..하는 것이 어렵다	مِنَ الصَّعْبِ أَنْ ...
그것이 의미하는 바는 ...이다.	مِمَّا يَعْنِي أَنَّ ...
그것이 의미하는 바는 ...이다.	بِمَعْنَى أَنَّ ...
그것이 의미하는 바는 ...이다.	بِفَحْوَى أَنَّ ...
최대로, 극도로, 아주	لِلْغَايَةِ
(배나 비행기에) 승선하여	عَلَى مَتْنِ ...
..대해 준비된 상태에서(in a state of readiness for)	فِي وَضْعِ اِسْتِعْدَادٍ لِـــ ...
..같은, 비슷한	عَلَى غِرَارِ
..인지 아니면 ..인지(whether)	مَا إِذَا ...
공개적으로, 공공연하게(publicly)	عَلَنًا
..의 일환으로, ..의 틀에서, 테두리안에서, 범주안에서	فِي إِطَارِ ...
..기초 위에	عَلَى أَسَاسِ ...
..대신에(instead of)	بَدَلاً مِنْ
..외에, 게다가(besides)	خِلَافَ ... أَوْ بِخِلَافِ ...
..에 대한 답으로, ..과의 교환으로 ; ..에 비하여	مُقَابِلَ ...
..을 포함하여(including)	بِمَا فِي ذَلِكَ
..와 관련하여	فِيمَا يَتَعَلَّقُ بِـــ ...
..와 관련하여(with regard to)	بِالنِّسْبَةِ إِلَى ...
이 점에서, 이것과 관련하여	فِي هَذَا الصَّدَدِ
..의 맞은편에 ; 앞에 ; ..에 대하여 ; ..향하여	إِزَاءَ
(어떤 방향을) 향하여, 쪽으로	تُجَاهَ أَوْ تِجَاهَ
얼마간, 어느정도까지(to some extent)	إِلَى حَدٍّ مَا
..할 정도까지(to the extent that)	إِلَى دَرَجَةِ أَنَّ ...
동일하게, 균등하게(equally)	عَلَى حَدٍّ سَوَاء

..에 불과한(mere)	مُجَرَّدُ ...
국제적 무대에서, 국제적 차원에서	عَلَى السَّاحَةِ الدَّوْلِيَّةِ
전국 각지에서	فِي أَنْحَاءِ الْبِلَادِ
전세계의 다른 곳에서	فِي مُخْتَلِفِ أَنْحَاءِ الْعَالَمِ
전세계에서	فِي كُلِّ أَنْحَاءِ الْعَالَمِ
..를 목표로(aiming at)	رَامٍ إِلَى
조금씩 조금씩(little by little)	شَيْئًا فَشَيْئًا
특히, 특별히	خُصُوصًا، خَاصَّةً، خِصِّيصًا، بِشَكْلٍ خَاصٍّ
최대한	عَلَى الأَكْثَرِ
최소한, 적어도	عَلَى الأَقَلِّ
최대한(maximum)	بِحَدٍّ أَقْصَى
최소한(minimum)	بِحَدٍّ أَدْنَى
가능한한 많이(as much as possible)	بِقَدْرِ الإِمْكَانِ
..로 부터 돌아오는 길에	فِي طَرِيقِ عَوْدَتِهِ مِنْ ...
..의 방문을 마치고, ..의 방문을 마치는 시점에	فِي خِتَامِ زِيَارَتِهِ إِلَى ...
더 많은 (더 많은 노력)	مَزِيدٌ مِنْ ... (Ex مَزِيدٌ مِنَ الْجُهْدِ)
일방적으로	مِنْ جَانِبٍ وَاحِدٍ
쌍방적으로, 쌍방의	مِنَ الْجَانِبَيْنِ
한꺼번에, 단번에	دُفْعَةً وَاحِدَةً
..에 의하여, ..로 부터	مِنْ قِبَلِ ...
..가까이에(near)	قُرْبَ .. = بِقُرْبِ .. = بِالْقُرْبِ مِنْ ..
..로 부터 오는(coming from ...)	قَادِمًا مِنْ ...

시사 · 미디어 아랍어 소사전

4-1 정치(Politics)

	형용사(Adjective)	명사(Noun)
정치, 정책	سِيَاسِيٌّ/ ـونَ	سِيَاسَةٌ/ ـاتٌ
정치학	عَالِمٌ سِيَاسِيٌّ	عُلُومٌ سِيَاسِيَّةٌ
정권(regime)		نِظَامُ (الْحُكْمِ أَوِ الْحُكُومَةِ)
정권 ; 권력	سُلْطَوِيٌّ	سُلْطَةٌ/ سُلُطَاتٌ
행정권력, 행정부		السُّلْطَةُ التَّنْفِيذِيَّةُ
입법권력, 입법부		السُّلْطَةُ التَّشْرِيعِيَّةُ
사법권력, 사법부		السُّلْطَةُ الْقَضَائِيَّةُ
의회, 국회	بَرْلَمَانِيٌّ	بَرْلَمَانٌ، مَجْلِسٌ نِيَابِيٌّ، مَجْلِسُ الشَّعْبِ، مَجْلِسُ النُّوَّابِ
법	قَانُونِيٌّ	قَانُونٌ/ قَوَانِينُ
헌법	دُسْتُورِيٌّ	دُسْتُورٌ/ دَسَاتِيرُ
정부	حُكُومِيٌّ	حُكُومَةٌ/ حُكُومَاتٌ
정당	حِزْبِيٌّ	حِزْبٌ/ أَحْزَابٌ
여당		الْحِزْبُ الْحَاكِمُ
야당		الْحِزْبُ الْمُعَارِضُ
우파		تَيَّارٌ يَمِينِيٌّ
우익(The Right)	يَمِينِيٌّ	الْيَمِينُ
좌파		تَيَّارٌ يَسَارِيٌّ
좌익(The Left)	يَسَارِيٌّ	الْيَسَارُ
중립의(neutral)	مُحَايِدٌ	مُحَايَدَةٌ، حِيَادٌ
민주주의	دِيمُقْرَاطِيٌّ	دِيمُقْرَاطِيَّةٌ
시위	تَظَاهُرِيٌّ	مُظَاهَرَةٌ/ ـاتٌ، تَظَاهُرَةٌ/ ـاتٌ
보이콧, 거부운동		مُقَاطَعَةٌ

주제별 사전

선거 불참, 선거보이콧		مُقَاطَعَةُ الانْتِخَابَاتِ
자유	حُرٌّ	حُرِّيَّةٌ/ -اتٌ
해방	مُحَرِّرٌ	تَحْرِيرٌ
혁명	ثَوْرِيٌّ	ثَوْرَةٌ/ ثَوَرَاتٌ
계엄령		قَانُونُ الطَّوَارِئِ
독재자	دِكْتَاتُورِيٌّ	دِكْتَاتُورٌ
지지하는 ; 지지자		مُؤَيِّدٌ/ ـونَ
반대하는 ; 반대자		مُعَارِضٌ/ ـونَ
파업	مُضْرِبٌ	إِضْرَابٌ/ -اتٌ
실업, 실직	실직한 عَاطِلٌ	بَطَالَةٌ
평등	동등한 مُسَاوٍ (الْمُسَاوِي)	مُسَاوَاةٌ
빈곤	가난한 فَقِيرٌ	فَقْرٌ
공해	오염된 مُلَوَّثٌ، 오염원 مُلَوِّثٌ	تَلَوُّثٌ
폭력	폭력적인 عَنِيفٌ	عُنْفٌ
폭동, 난동	난동을 피우는 مُشَاغِبٌ	شَغَبٌ
난동, 분쟁	مَفْتُونٌ بِـ	فِتْنَةٌ/ فِتَنٌ
종교분쟁		فِتْنَةٌ طَائِفِيَّةٌ
폭발	اِنْفِجَارِيٌّ	اِنْفِجَارٌ/ اِنْفِجَارَاتٌ
폭발		تَفْجِيرٌ/ -اتٌ
테러리즘	إِرْهَابِيٌّ	إِرْهَابٌ
테러리스트		إِرْهَابِيٌّ
전쟁		حَرْبٌ/ حُرُوبٌ
위기		أَزْمَةٌ/ أَزَمَاتٌ
재난(catastrophe), 참사	كَارِثِيٌّ	كَارِثَةٌ/ كَوَارِثُ
재앙(disaster)		مُصِيبَةٌ/ مَصَائِبُ

부패	فَاسِدٌ	فَسَادٌ
계층	طَبَقِيٌّ	طَبَقَةٌ/ –اتٌ
중산계층		الطَّبَقَةُ الْمُتَوَسِّطَةُ
상류계층		الطَّبَقَةُ الْعُلْيَا
가난한계층		الطَّبَقَةُ الْفَقِيرَةُ
국제사회		الْمُجْتَمَعُ الدَّوْلِيُّ
악의 축(Axis of Evil)		مِحْوَرُ الشَّرِّ
노동당	عُمَّالِيٌّ	حِزْبُ الْعُمَّالِ
보수당	مُحَافِظٌ	حِزْبُ الْمُحَافِظِينَ
진보주의자들	لِيبْرَالِيٌّ	اللِّيبْرَالِيُّونَ
민주당	دِيمُقْرَاطِيٌّ	الْحِزْبُ الدِّيمُقْرَاطِيُّ
공화당	جُمْهُورِيٌّ	الْحِزْبُ الْجُمْهُورِيُّ
정치세력	الْقُوَّةُ السِّيَاسِيَّةُ/ الْقُوَى السِّيَاسِيَّةُ	
정치적 부류	التَّيَّارُ السِّيَاسِيُّ/ التَّيَّارَاتُ السِّيَاسِيَّةُ	
정치권(political circles)		أَوْسَاطٌ سِيَاسِيَّةٌ
정치적 도구(political tools)		الأَدَوَاتُ السِّيَاسِيَّةُ
블럭(block), 동맹, 연합	تَكَتُّلِيٌّ	كُتْلَةٌ/ كُتَلٌ، تَكَتُّلٌ سِيَاسِيٌّ
전선(front) ; 블럭(block)		جَبْهَةٌ/ جَبَهَاتٌ
팔레스타인 해방전선 (PLO)		جَبْهَةُ تَحْرِيرِ فِلَسْطِينَ
연맹, 연합(league)		رَابِطَةٌ/ رَوَابِطُ
동맹(alliance)	مُتَحَالِفٌ	تَحَالُفٌ، مُحَالَفَةٌ
협의회, 위원회(council)	مَجْلِسِيٌّ	مَجْلِسٌ/ مَجَالِسُ
회(會), 협회, 조합, 클럽		جَمْعِيَّةٌ/ –اتٌ
연합체 (union) ; 연합 (unity)	اِتِّحَادِيٌّ	اِتِّحَادٌ/ –اتٌ
유럽연합(EU)		مُنَظَّمَةُ الاِتِّحَادِ الأُورُبِّيِّ

대학 ; 연맹, 연합	جَامِعِيٌّ	جَامِعَةٌ/ -اتٌ
아랍 연맹		جَامِعَةُ الدُّوَلِ الْعَرَبِيَّةِ
총회		جَمْعِيَّةٌ عَامَّةٌ
유엔총회		الْجَمْعِيَّةُ الْعَامَّةُ لِلأُمَمِ الْمُتَّحِدَةِ
네트워크, 망(network)	شَبَكِيٌّ	شَبَكَةٌ/ -اتٌ
위원회(committee)		لَجْنَةٌ/ -اتٌ أَوْ لِجَانٌ
기관, 기구(organization)		مُنَظَّمَةٌ/ -اتٌ
기초 ; 기관, 기구	مُؤَسَّسِيٌّ	مُؤَسَّسَةٌ/ -اتٌ
조합, 협회, 기구		هَيْئَةٌ/ -اتٌ
반대(opposition)	مُعَارِضٌ	مُعَارَضَةٌ
대항, 저항(resistance)	مُقَاوِمٌ	مُقَاوَمَةٌ
리더쉽 서열		صُفُوفُ الْقِيَادَةِ
정치국, 중앙 위원회		الْمَكْتَبُ السِّيَاسِيُّ
정치국 본부		مَقَرُّ الْمَكْتَبِ السِّيَاسِيِّ
왕궁, 성		قَصْرٌ/ قُصُورٌ
왕궁		بَلَاطٌ
시스템, 조직 ; 정권 (regime)	نِظَامِيٌّ	نِظَامٌ/ أَنْظِمَةٌ
조직, 조직화	مُنَظِّمٌ 조직자، مُنَظَّمٌ 잘 조직된	تَنْظِيمٌ
정권 ; 권력	سُلْطَوِيٌّ	سُلْطَةٌ/ سُلُطَاتٌ
당국(the authorities)		السُّلُطَاتُ
임시권력		سُلْطَةٌ مُؤَقَّتَةٌ
통치(rule) ; 재판, 판단 (judgement)		حُكْمٌ
대통령직 ; 리더쉽	رِئَاسِيٌّ	رِئَاسَةٌ
대통령	رَئِيسِيٌّ 주요한, 주된(main)	رَئِيسٌ/ رُؤَسَاءُ
리더쉽	قِيَادِيٌّ	قِيَادَةٌ

리더, 지도자		قَائِدٌ/ قَادَةٌ
대표단(delegation)		وَفْدٌ/ وُفُودٌ
한 조, 한 팀 ; 승무원		طَاقِمٌ/ طَوَاقِمُ
중재팀, 조정팀		فِرْقَةُ الْوِسَاطَةِ/ فِرَقُ الْوِسَاطَةِ
국가		دَوْلَةٌ/ دُوَلٌ، بِلاَدٌ/ بُلْدَانٌ
조국	وَطَنِيٌّ	وَطَنٌ/ أَوْطَانٌ
백성(people), 국민	شَعْبِيٌّ	شَعْبٌ/ شُعُوبٌ
시민, 국민		مُوَاطِنٌ/ -ونَ
민족, 백성	قَوْمِيٌّ	قَوْمٌ
민족(nation)	أُمَمِيٌّ	أُمَّةٌ/ أُمَمٌ
부족(tribe)	قَبَلِيٌّ	قَبِيلَةٌ/ قَبَائِلُ
개발도상국가들		دَوْلَةٌ نَامِيَةٌ/ دُوَلٌ نَامِيَةٌ
후진국, 저개발국가들		دَوْلَةٌ مُتَخَلِّفَةٌ/ دُوَلٌ مُتَخَلِّفَةٌ
선진국들		دَوْلَةٌ مُتَقَدِّمَةٌ/ دُوَلٌ مُتَقَدِّمَةٌ
초강대국들(the Superpowers)		الدُّوَلُ الْعُظْمَى
복지국가(the welfare state)		دَوْلَةُ الرَّفَاهَةِ، دَوْلَةُ الرَّفَاهِيَةِ
아랍국가들		دُوَلُ الْعَرَبِ
걸프만 국가들		دُوَلُ الْخَلِيجِ
수도(capital)		عَاصِمَةٌ/ عَوَاصِمُ
점령지(팔레스타인 땅)		الأَرَاضِي الْمُحْتَلَّةُ
웨스터 뱅크, 서안(the West Bank)		الضِّفَّةُ الْغَرْبِيَّةُ
가자지구		قِطَاعُ غَزَّةَ
점령, 강점	اِحْتِلاَلِيٌّ	اِحْتِلاَلٌ
이스라엘의 팔레스타인 점령		الاِحْتِلاَلُ
캠프, 천막		مُخَيَّمٌ/ -اتٌ

난민캠프, 난민수용소		مُخَيَّمٌ لِلاَّجِئِينَ
정착촌, 정착지		مُسْتَوطَنَةٌ/ -اتٌ
인권(human rights)	حُقُوقِيٌّ	حُقُوقُ الإِنْسَانِ
공적 생활(public life)		حَيَاةٌ عَامَّةٌ
프로그램		بَرْنَامَجٌ/ بَرَامِجُ
개혁	إِصْلاَحِيٌّ	إِصْلاَحٌ/ -اتٌ
현대화	مُحَدِّثٌ، مُحَدَّثٌ	تَحْدِيثٌ
장관의 과업(portfolio)		حَقِيبَةٌ وِزَارِيَّةٌ
개각, 장관교체		تَعْدِيلٌ وِزَارِيٌّ
정부구성, 내각 구성		تَشْكِيلُ الْحُكُومَةِ
자격증들		أَوْرَاقُ اِعْتِمَادٍ، شَهَادَةٌ/ -اتٌ
평화(peace)		سَلاَمٌ
화해(reconciliation)		مُصَالَحَةٌ
중재(mediation)	تَوَسُّطِيٌّ	تَوَسُّطٌ
타협안, 절충안		حَلٌّ وَسَطٌ
해결책		حَلٌّ/ حُلُولٌ
평화적 해결		تَسْوِيَةٌ سِلْمِيَّةٌ
조약(treaty)		مُعَاهَدَةٌ/ -اتٌ
평화조약		مُعَاهَدَةُ السَّلاَمِ
평화협상과정(peace process)		عَمَلِيَّةُ السَّلاَمِ
약속(공식적인), 서약		تَعَهُّدٌ/ -اتٌ بِـــ
합의		اِتِّفَاقٌ، اِتِّفَاقِيَّةٌ/ -اتٌ
거부권, 비토(veto)		حَقُّ النَّقْضِ، الْفِيتُو
맹세(swearing)		حَلْفٌ، قَسَمٌ
동맹(alliance)	مُتَحَالِفٌ	تَحَالُفٌ، مُحَالَفَةٌ

시사 · 미디어 아랍어 소사전

연합 ; 연정(coalition)	إِئْتِلَافِيٌّ	إِئْتِلَافٌ
배분		تَنْسِيقٌ بَيْنَ
정당간의 배분		تَنْسِيقٌ بَيْنَ الأَحْزَابِ
서로 가까와짐, 서로 가까움	تَقَارُبِيٌّ	تَقَارُبٌ
고립, 고독	عَازِلٌ، مَعْزُولٌ	عُزْلَةٌ
대화	حِوَارِيٌّ	حِوَارٌ/ -اتٌ
슬로우건, 표어		شِعَارٌ/ -اتٌ
정상(summit)		قِمَّةٌ/ قِمَمٌ
정상회의		مُؤْتَمَرُ قِمَّةٍ
의정서(protocol)		الْبُرُوتُوكُول
대회, 회의(conference)		مُؤْتَمَرٌ/ -اتٌ
모임(여러 사람의, meeting)	اِجْتِمَاعِيٌّ	اِجْتِمَاعٌ/ -اتٌ
만남(한 두 사람의)		لِقَاءٌ/ -اتٌ
직면, 맞섬, 대치, 대면		مُوَاجَهَةٌ/ -اتٌ
협상(Negotiation)		مُفَاوَضَةٌ/ -اتٌ
평화협상		مُفَاوَضَاتُ السَّلَامِ
회담(talks)		مُحَادَثَةٌ/ -اتٌ، مُبَاحَثَةٌ/ -اتٌ
양자회담		مُحَادَثَاتٌ ثُنَائِيَّةٌ، مُبَاحَثَاتٌ ثُنَائِيَّةٌ
삼자회담		مُحَادَثَاتٌ ثُلَاثِيَّةٌ، مُبَاحَثَاتٌ ثُلَاثِيَّةٌ
6자 회담		مُحَادَثَاتٌ سُدَاسِيَّةٌ، مُبَاحَثَاتٌ سُدَاسِيَّةٌ
협의(여러 사람이 같은 자격으로)		مُشَاوَرَةٌ/ -اتٌ
상담(전문가 등에게 상담을 요청함)	اِسْتِشَارِيٌّ	اِسْتِشَارَةٌ/ -اتٌ
토론, 토의(discussion)		مُنَاقَشَةٌ/ -اتٌ
주도권, 주도함(initiative)		مُبَادَرَةٌ/ -اتٌ
평화안(Peace Initiative), 평화중재안		مُبَادَرَةُ السَّلَامِ

선택(choice)	اِخْتِيَارِيٌّ	خِيَارٌ/ -اتٌ، اِخْتِيَارٌ
제안(suggestion)		اِقْتِرَاحٌ/ -اتٌ،
제안(suggestion)		مُقْتَرَحٌ/ مُقْتَرَحَاتٌ
충고(advice)		نَصِيحَةٌ/ نَصَائِحُ
절충안(compromise formula)		صِيغَةٌ تَوَافُقِيَّةٌ
반응(reaction)		رَدُّ فِعْلٍ/ رُدُودُ أَفْعَالٍ
절차, 조치	إِجْرَائِيٌّ	إِجْرَاءَاتٌ
예외적 조치	إِجْرَائِيٌّ اِسْتِثْنَائِيٌّ	إِجْرَاءَاتٌ اِسْتِثْنَائِيَّةٌ
경과, 새로운 소식	مُسْتَجَدٌّ	مُسْتَجَدَّاتٌ
경과, 새로운 소식		تَطَوُّرَاتٌ جَدِيدَةٌ
순방, 순회 ; 라운드, 회, 회전, 회기(rounds)		جَوْلَةٌ/ جَوَلَاتٌ
공식 방문		زِيَارَةٌ رَسْمِيَّةٌ
사절단 ; 대표단 ; 탐험대, 탐사대		بَعْثَةٌ/ بَعَثَاتٌ
라운드, 회, 회전, 회기(rounds)		دَوْرَةٌ/ دَوَرَاتٌ
의회의 회기		دَوْرَةٌ بَرْلَمَانِيَّةٌ
세션(session)		جَلْسَةٌ/ جَلَسَاتٌ
단계, 국면		مَرْحَلَةٌ/ مَرَاحِلُ
양자관계		عَلَاقَاتٌ ثُنَائِيَّةٌ
삼자관계		عَلَاقَاتٌ ثُلَاثِيَّةٌ
다자관계		عَلَاقَاتٌ مُتَعَدِّدَةُ الأَطْرَافِ
관계정상화	تَطْبِيعِيٌّ	تَطْبِيعُ الْعَلَاقَاتِ
외교	دِبْلُومَاسِيٌّ	دِبْلُومَاسِيَّةٌ
..와 외교관계를 복원함	إِعَادَةُ الْعَلَاقَاتِ الدِّبْلُومَاسِيَّةِ مَعَ	
..와 외교관계를 단절함	قَطْعُ الْعَلَاقَاتِ الدِّبْلُومَاسِيَّةِ مَعَ	
압력(pressure)	ضَاغِطٌ، مَضْغُوطٌ	ضَغْطٌ/ ضُغُوطٌ

긴장(tension)	مُتَوَتِّرٌ	تَوَتُّرٌ/ -اتٌ
주저함	مُتَرَدِّدٌ	تَرَدُّدٌ
진보함	مُتَقَدِّمٌ	تَقَدُّمٌ
퇴보함	مُتَخَلِّفٌ	تَخَلُّفٌ
현재의 상태		الْحَالَةُ الرَّاهِنَةُ
몰락, 쇠퇴	مُتَدَهْوِرٌ، مُنْحَطٌّ	تَدَهْوُرٌ، اِنْحِطَاطٌ
독립	مُسْتَقِلٌّ	اِسْتِقْلَالٌ
통일, 하나됨		وَحْدَةٌ
혁명	ثَوْرِيٌّ	ثَوْرَةٌ/ ثَوْرَاتٌ
쿠데타	اِنْقِلَابِيٌّ	اِنْقِلَابٌ/ -اتٌ
비상상태 ; 긴급상태		حَالَةُ الطَّوَارِئِ
암살시도		مُحَاوَلَةُ اِغْتِيَالٍ
근거없는 주장, 사칭 ; 기소	اِدِّعَائِيٌّ	اِدِّعَاءٌ/ -اتٌ
욕설을 하며 다툼		مُهَاتَرَةٌ/ -اتٌ
비난, 규탄 ; 정죄함	مُدَانٌ	إِدَانَةٌ/ -اتٌ
비난, 규탄	اِسْتِنْكَارِيٌّ	اِسْتِنْكَارٌ
안전밸브, 안전판		صِمَامُ الأَمَانِ
종파별 경쟁		مُنَافَسَاتٌ طَائِفِيَّةٌ
사직, 사퇴		اِسْتِقَالَةٌ
퇴진, 퇴임	퇴진한 مُتَنَحٍّ	تَنَحٍّ(التَّنَحِّي)
직위, 직책		مَنْصِبٌ/ مَنَاصِبُ
안정		اِسْتِقْرَارٌ
불안정		عَدَمُ الاسْتِقْرَارِ
진동 ; 변동, 오르내림	مُتَذَبْذِبٌ، تَذَبْذُبِيٌّ	تَذَبْذُبٌ
종파간의 경쟁		مُنَافَسَاتٌ طَائِفِيَّةٌ

(유엔의) 신탁통치		الوِصَايَةُ الدَّوْلِيَّةُ
전환점(turning point)		نُقْطَةُ تَحَوُّلٍ
지도, 지도력(leadership)	قِيَادِيٌّ	قِيَادَةٌ
영도, 영도력(대통령 등의, presidency)	رِئَاسِيٌّ	رِئَاسَةٌ، زَعَامَةٌ
통치, 다스림, 지배	سِيَادِيٌّ	سِيَادَةٌ
올바른 방향		الاتِّجَاهُ الصَّحِيحُ
보안기관(경찰 등)		أَجْهِزَةٌ أَمْنِيَّةٌ
권한, 전권		صَلاَحِيَّةٌ/ -اتٌ
권한, 전권	اِخْتِصَاصِيٌّ	اِخْتِصَاصٌ/ -اتٌ
대통령의 권한		صَلاَحِيَّاتُ رَئِيسِ الْجُمْهُورِيَّةِ
대통령의 권한		اِخْتِصَاصَاتُ رَئِيسِ الْجُمْهُورِيَّةِ
권한 위임, 전권 위임		تَفْوِيضُ صَلاَحِيَّاتٍ
사임		اِسْتِقَالَةٌ
이양, 이동	اِنْتِقَالِيٌّ	اِنْتِقَالٌ
평화적인 이양	اِنْتِقَالِيٌّ سِلْمِيٌّ	اِنْتِقَالٌ سِلْمِيٌّ
과도위원회		الْمَجْلِسُ الانْتِقَالِيُّ
정치연설		خُطْبَةٌ سِيَاسِيَّةٌ
정치적 망명		لُجُوءٌ سِيَاسِيٌّ
계층		طَبَقَةٌ/ -اتٌ، مُسْتَوًى اِجْتِمَاعِيٌّ
사회적 신분계층		طَبَقَةٌ اِجْتِمَاعِيَّةٌ
중산계층		الطَّبَقَةُ الْمُتَوَسِّطَةُ
상류계층		الطَّبَقَةُ الْعُلْيَا
가난한 계층		الطَّبَقَةُ الْفَقِيرَةُ
자치(self-rule)	ذَاتِيُّ الْحُكْمِ	حُكْمٌ ذَاتِيٌّ
자결(self-determination)	مُقَرِّرٌ مَصِيرَهُ	تَقْرِيرُ مَصِيرِهِ أَوْ هـــ

4-2 정체와 정부(Government)

	형용사(Adjective)	명사(Noun)
정권(regime)	نِظَامِيّ	نِظَامُ (الْحُكْمِ أَوِ الْحُكُومَةِ)
정권 ; 권력	سُلْطَوِيّ	سُلْطَةٌ/ سُلْطَاتٌ
민주정치제도	دِيمُقْرَاطِيّ	نِظَامُ الدِّيمُقْرَاطِيَّةِ
전제정치제도	اِسْتِبْدَادِيّ	نِظَامُ الاِسْتِبْدَادِيَّةِ
왕정제도, 군주제도	مَلَكِيّ	نِظَامُ الْمَلَكِيَّةِ
입헌군주제도	دُسْتُورِيّ	مَلَكِيَّةٌ دُسْتُورِيَّةٌ
공화정, 공화제도	جُمْهُورِيّ	جُمْهُورِيَّةٌ/ -اتٌ
독재	دِكْتَاتُورِيّ	دِكْتَاتُورِيَّةٌ
문민국가	مَدَنِيّ	دَوْلَةٌ مَدَنِيَّةٌ
종교국가	دِينِيّ	دَوْلَةٌ دِينِيَّةٌ
민족국가(nation-state)	قَوْمِيّ	دَوْلَةٌ قَوْمِيَّةٌ
제국(empire)	إِمْبِرَاطُورِيّ	إِمْبِرَاطُورِيَّةٌ
왕국(kingdom)		مَمْلَكَةٌ/ مَمَالِكُ
에미레트(emirate)		إِمَارَةٌ/ -اتٌ
중앙집권형 통치	مَرْكَزِيّ	حُكْمٌ مَرْكَزِيٌّ
분권형 통치	لاَ مَرْكَزِيّ	حُكْمٌ لاَ مَرْكَزِيٌّ
일당제(one-party system)		نِظَامُ الْحِزْبِ الْوَاحِدِ
다당제(multi-party system)		نِظَامُ الأَحْزَابِ الْمُتَعَدِّدَةِ
정부	حُكُومِيّ	حُكُومَةٌ/ حُكُومَاتٌ
연립정부, 연정		حُكُومَةٌ إِئْتِلاَفِيَّةٌ، حُكُومَةُ إِئْتِلاَفٍ وَطَنِيٍّ
과도정부(권력이양을 위한)	اِنْتِقَالِيّ	حُكُومَةٌ اِنْتِقَالِيَّةٌ
영구정부	دَائِمٌ	حُكُومَةٌ دَائِمَةٌ
임시정부	مُؤَقَّتٌ	حُكُومَةٌ مُؤَقَّتَةٌ

문민정부	مَدَنِيٌّ	حُكُومَةٌ مَدَنِيَّةٌ
대통령	주요한, 주된(main) رَئِيسِيٌّ	رَئِيسٌ/ رُؤَسَاءُ
부통령		نَائِبُ الرَّئِيسِ
국왕		مَلِكٌ/ مُلُوكٌ، عَاهِلٌ
술탄(sultan)	سُلْطَانِيٌّ	سُلْطَانٌ/ سَلَاطِينُ
국무총리, 수상		رَئِيسُ الْوُزَرَاءِ، الْوَزِيرُ الأَوَّلُ
국무회의		مَجْلِسُ الْوُزَرَاءِ
장관	A وِزَارِيٌّ، N وِزَارَةٌ	وَزِيرٌ/ وُزَرَاءُ
국회	بَرْلَمَانِيٌّ	الْبَرْلَمَانُ، مَجْلِسُ الشَّعْبِ، مَجْلِسُ النُّوَّابِ
국회의장		رَئِيسُ الْبَرْلَمَانِ، رَئِيسُ مَجْلِسِ الشَّعْبِ
국회의원		عُضْوُ مَجْلِسِ الشَّعْبِ، عُضْوُ الْبَرْلَمَانِ، نَائِبُ مَجْلِسِ الشَّعْبِ
상원		مَجْلِسُ الشُّيُوخِ
자문회의, 상원		مَجْلِسُ الشُّورَى
법원		مَحْكَمَةٌ/ مَحَاكِمُ
대법원		الْمَحْكَمَةُ الْعُلْيَا
법원장		رَئِيسُ الْمَحْكَمَةِ
판사		قَاضٍ(الْقَاضِي)/ قُضَاةٌ
검찰청	نِيَابِيٌّ	النِّيَابَةُ الْعَامَّةُ
검찰총장		النَّائِبُ الْعَامُّ، الْمُدَّعِي الْعَامُّ، الادِّعَاءُ الْعَامُّ
검사		وَكِيلُ نِيَابَةٍ، مُدَّعٍ(الْمُدَّعِي)، مُمَثِّلُ ادِّعَاءٍ
변호사		مُحَامٍ(الْمُحَامِي)/ ـونَ
행정권력, 행정부	تَنْفِيذِيٌّ	السُّلْطَةُ التَّنْفِيذِيَّةُ
입법권력, 입법부	تَشْرِيعِيٌّ	السُّلْطَةُ التَّشْرِيعِيَّةُ
사법권력, 사법부	قَضَائِيٌّ	السُّلْطَةُ الْقَضَائِيَّةُ

4-3 장관급 부서 (Ministries)(*이집트의 장관급 부서 이름이다)

내무부	وَزَارَةُ الدَّاخِلِيَّةِ
외무부	وَزَارَةُ الْخَارِجِيَّةِ
법무부	وَزَارَةُ الْعَدْلِ
보건부	وَزَارَةُ الصِّحَّةِ
건설부	وَزَارَةُ الإِسْكَانِ وَالتَّعْمِيرِ
청년 체육부	وَزَارَةُ الشَّبَابِ وَالرِّيَاضَةِ
농업부	وَزَارَةُ الزِّرَاعَةِ
무역 산업부	وَزَارَةُ التِّجَارَةِ وَالصِّنَاعَةِ
교육부	وَزَارَةُ التَّرْبِيَةِ وَالتَّعْلِيمِ
고등교육부	وَزَارَةُ التَّعْلِيمِ الْعَالِي
국방부	وَزَارَةُ الدِّفَاعِ
통신부	وَزَارَةُ الاتِّصَالاَتِ
사회보장부	وَزَارَةُ التَّضَامُنِ الاجْتِمَاعِيِّ
사회보험과 연금부	وَزَارَةُ التَّأْمِينَاتِ الاجْتِمَاعِيَّةِ وَالْمَعَاشَاتِ
인력과 이민부	وَزَارَةُ الْقُوَى الْعَامِلَةِ وَالْهِجْرَةِ
재정부	وَزَارَةُ الْمَالِيَّةِ
석유부	وَزَارَةُ الْبِتْرُولِ
수산자원부	وَزَارَةُ الْمَوَارِدِ الْمَائِيَّةِ وَالرَّيِّ
문화부	وَزَارَةُ الثَّقَافَةِ
이슬람 업무부	وَزَارَةُ الأَوْقَافِ
전기 에너지부	وَزَارَةُ الْكَهْرَبَاءِ وَالطَّاقَةِ
검찰 및 법무 위원회 관련 부	وَزَارَةُ الدَّوْلَةِ لِلشُّؤُونِ النِّيَابِيَّةِ وَالْمَجَالِسِ الْقَانُونِيَّةِ
국제 협력부	وَزَارَةُ التَّعَاوُنِ الدَّوْلِيِّ
환경부	وَزَارَةُ الْبِيئَةِ

항공부	وَزَارَةُ الطَّيَرَانِ الْمَدَنِيِّ
경제 개발부	وَزَارَةُ الدَّوْلَةِ لِلتَّنْمِيَةِ الاقْتِصَادِيَّةِ
현지 개발부	وَزَارَةُ الدَّوْلَةِ لِلتَّنْمِيَةِ الْمَحَلِّيَّةِ
행정 개발부	وَزَارَةُ الدَّوْلَةِ لِلتَّنْمِيَةِ الإِدَارِيَّةِ
언론정보부, 미디어부	وَزَارَةُ الإِعْلاَمِ
관광부	وَزَارَةُ السِّيَاحَةِ
투자부	وَزَارَةُ الاسْتِثْمَارِ
군수부	وَزَارَةُ الإِنْتَاجِ الْحَرْبِيِّ
교통부	وَزَارَةُ النَّقْلِ وَالْمُوَاصَلاَتِ
기획부	وَزَارَةُ التَّخْطِيطِ

4-4 국가기관(National Institution)

검찰청	النِّيَابَةُ الْعَامَّةُ
국세청	مَصْلَحَةُ الضَّرَائِبِ
관세청	مَصْلَحَةُ الْجَمَارِكِ
기상청	هَيْئَةُ الأَرْصَادِ الْجَوِّيَّةِ
통계청	هَيْئَةُ التَّعْبِئَةِ وَالإِحْصَاءِ
관광청	هَيْئَةُ تَنْشِيطِ السِّيَاحَةِ
교통청	هَيْئَةُ الْمُرُورِ
수송청	هَيْئَةُ الْمُوَاصَلاَتِ
병무청	مَكْتَبُ التَّجْنِيدِ
교육청	الإِدَارَةُ التَّعْلِيمِيَّةُ
감사원	الرِّقَابَةُ الإِدَارِيَّةُ
연금관리공단	إِدَارَةُ الْمَعَاشَاتِ
부동산 등기소	مَكْتَبُ الشَّهْرِ الْعَقَارِيُّ
경찰, 경찰력	قُوَّاتُ الشُّرْطَةِ، قُوَّاتُ الأَمْنِ
경찰서	قِسْمُ الشُّرْطَةِ، قِسْمُ الْبُولِيسِ
지서	نُقْطَةُ الشُّرْطَةِ
보안대	أَمْنُ الدَّوْلَةِ
헌병대	الشُّرْطَةُ الْعَسْكَرِيَّةُ
정보국	الْمُخَابَرَاتُ
소방서	الْمَطَافِئُ
긴급구조대	الإِسْعَافُ

4-5 행정구역(Administrative District)

수도(capital)	عَاصِمَةٌ/ عَوَاصِمُ
주(state)	وِلاَيَةٌ/ وِلاَيَاتٌ
도(province)	مُحَافَظَةٌ/ مُحَافَظَاتٌ، إِقْلِيمٌ/ أَقَالِيمُ، مُقَاطَعَةٌ/ مُقَاطَعَاتٌ
도시(city)	مَدِينَةٌ/ مُدُنٌ
타운(town)	بَلَدٌ/ بِلاَدٌ أَوْ بُلْدَانٌ، بَلْدَةٌ
구, 동(section of town)	حَيٌّ/ أَحْيَاءٌ، مِنْطَقَةٌ/ مَنَاطِقُ
교외(suburb)	ضَاحِيَةٌ/ ضَوَاحٍ
군, 읍	مَرْكَزٌ/ مَرَاكِزُ
시골 마을(village)	قَرْيَةٌ/ قُرًى
부락, 촌락	عِزْبَةٌ/ عِزَبٌ، عِزْبَاتٌ
동사무소	السِّجِلُّ الْمَدَنِيُّ
여권계	قِسْمُ الْجَوَازَاتِ
병무계	مَكْتَبُ التَّجْنِيدِ
선거구	دَائِرَةٌ اِنْتِخَابِيَّةٌ/ دَوَائِرُ اِنْتِخَابِيَّةٌ
도지사	مُحَافِظٌ/ -ونَ، حَاكِمٌ/ -ونَ أو حُكَّامٌ
시장	رَئِيسُ الْمَدِينَةِ
구청장	رَئِيسُ الْحَيِّ
통장, 반장	شَيْخُ الْحَارَةِ
시골의 이장	عُمْدَةٌ/ عُمَدٌ

4-6 정치관련 사람들 (People in Politics)

	명사(Noun)	사람(Person)
대통령	رِئَاسَةٌ	رَئِيسٌ/ رُؤَسَاءُ
부통령	نِيَابَةُ الرَّئِيسِ	نَائِبُ الرَّئِيسِ
장관	وَزَارَةٌ	وَزِيرٌ/ وُزَرَاءُ
국무총리, 수상	رِئَاسَةُ الْوُزَرَاءِ	رَئِيسُ الْوُزَرَاءِ، الْوَزِيرُ الأَوَّلُ
수장 직책		مَنْصِبُ رِئَاسَةِ الْوُزَرَاءِ
수령, 주석	زَعَامَةٌ	زَعِيمٌ/ زُعَمَاءُ
지도자	قِيَادَةٌ	قَائِدٌ/ قَادَةٌ
왕, 국왕	مُلْكٌ	مَلِكٌ/ مُلُوكٌ
여왕		مَلِكَةٌ/ -اتٌ
군주, 왕(monarch)		عَاهِلٌ/ عَوَاهِلُ
왕자	إِمَارَةٌ	أَمِيرٌ/ أُمَرَاءُ
황태자(crown prince)	وِلاَيَةُ الْعَهْدِ	وَلِيُّ الْعَهْدِ
술탄(sultan)	سُلْطَانٌ، سَلْطَنَةٌ	سُلْطَانٌ/ سَلاَطِينُ
국왕 폐하!		صَاحِبُ الْجَلاَلَةِ
통치자	وِلاَيَةٌ	وَالٍ(الْوَالِي)/ وُلاَةٌ
대사(ambassador)	سِفَارَةٌ	سَفِيرٌ/ سُفَرَاءُ
사무총장(secretary general)	الأَمَانَةُ الْعَامَّةُ 사무총장 직책	أَمِينٌ عَامٌّ
유엔 사무총장		الأَمِينُ الْعَامُّ لِلأُمَمِ الْمُتَّحِدَةِ
부(vice-), 의원	نِيَابَةٌ	نَائِبٌ/ نُوَّابٌ
국회의원	عُضْوِيَّةُ مَجْلِسِ الشَّعْبِ 국회의원 멤버십	نَائِبُ مَجْلِسِ الشَّعْبِ، عُضْوُ مَجْلِسِ الشَّعْبِ
정치인	سِيَاسَةٌ	سِيَاسِيٌّ/ -ونَ
사절, 특사(delegate)		مَبْعُوثٌ/ -ونَ

사절(delegate) ; 대표 (representative)		مَنْدُوبٌ/ ـونَ
대표(representative)	تَمْثِيلٌ	مُمَثِّلٌ/ ـونَ
책임자	مَسْؤُولِيَّةٌ	مَسْؤُولٌ/ ـونَ
고위책임자		كِبَارُ الْمَسْؤُولِينَ
목격자(eyewitness)	شَهَادَةُ عِيَانٍ	شَاهِدُ عِيَانٍ/ شُهُودُ عِيَانٍ
상담가, 컨설턴트 ; 법관	اِسْتِشَارَةٌ	مُسْتَشَارٌ/ ـونَ
분석가(analyst), 해설자	تَحْلِيلٌ	مُحَلِّلٌ/ ـونَ
전문가(expert) ; 경험가	경험 خِبْرَةٌ	خَبِيرٌ/ خُبَرَاءُ
전문인(professional)	اِحْتِرَافٌ	مُحْتَرِفٌ/ ـونَ
전문인(specialist)	تَخَصُّصٌ	مُتَخَصِّصٌ/ ـونَ
검사관, 검열관	تَفْتِيشٌ	مُفَتِّشٌ/ ـونَ
감독관(supervisor)	إِشْرَافٌ	مُشْرِفٌ/ ـونَ
감독관, 감시관(시험 감독 등)	مُرَاقَبَةٌ	مُرَاقِبٌ/ ـونَ
비평가, 평론가	نَقْدٌ	نَاقِدٌ/ ـونَ أَوْ نُقَّادٌ
예술비평가	نَقْدٌ فَنِّيٌّ	نَاقِدٌ فَنِّيٌّ
혁명가 ; 봉기자	혁명 ثَوْرَةٌ	ثَائِرٌ/ ثُوَّارٌ
반란자, 반역자	반란 تَمَرُّدٌ	مُتَمَرِّدٌ/ ـونَ
폭도, 난동꾼	مُشَاغَبَةٌ، شَغَبٌ	مُشَاغِبٌ/ ـونَ
폭력배, 깡패	بَلْطَجَةٌ	بَلْطَجِيٌّ/ بَلْطَجِيَةٌ
무장한 사람	تَسْلِيحٌ	مُسَلَّحٌ/ ـونَ
해적	قَرْصَنَةٌ	قُرْصَانٌ/ قَرَاصِنَةٌ
용병(mercenary)		مُرْتَزِقٌ/ ـونَ
인질, 볼모	رَهْنٌ	رَهِينَةٌ/ رَهَائِنُ
분리주의자 ; 반체제인사	اِنْشِقَاقٌ	مُنْشَقٌّ/ ـونَ
테러분자	إِرْهَابٌ	إِرْهَابِيٌّ/ ـونَ

시사 · 미디어 아랍어 소사전

납치범	اِخْتِطَافٌ	مُخْتَطِفٌ/ ـون
적, 원수(enemy)	عَدَاءٌ	عَدُوٌّ/ أَعْدَاءٌ
공적 제1호		عَدُوٌّ قَوْمِيٌّ رَقْمُ ١
경쟁자, 라이벌	مُنَافَسَةٌ	مُنَافِسٌ/ ـون
정적(政敵), 적수, 라이벌	خُصُومَةٌ	خَصْمٌ/ خُصُومٌ
상대, 상대자(counterpart)		نَظِيرٌ/ نُظَرَاءُ
지지자	تَأْيِيدٌ	مُؤَيِّدٌ/ ـون
반대자	مُعَارَضَةٌ	مُعَارِضٌ/ ـون
동정론자, 동정하는	تَعَاطُفٌ	مُتَعَاطِفٌ/ ـون
활동가, 사회운동가	نَشَاطٌ	نَاشِطٌ/ ـون
거주자	اِسْتِيطَانٌ – مُسْتَوْطَنَةٌ	مُسْتَوْطِنٌ/ ـون
도우는 자, 조수	مُسَاعَدَةٌ	مُسَاعِدٌ/ ـون
낙관주의자	تَفَاؤُلٌ	مُتَفَائِلٌ/ ـون
비관주의자	تَشَاؤُمٌ	مُتَشَائِمٌ/ ـون
멤버, 구성원(member)	عُضْوِيَّةٌ	عُضْوٌ/ أَعْضَاءٌ
대변인	التَّحَدُّثُ بِاسْمِ	مُتَحَدِّثٌ بِاسْمِ ...، نَاطِقٌ بِاسْمِ ...(أَوْ بِلِسَانِ...)
개척자(pioneer)	رِيَادَةٌ	رَائِدٌ/ رُوَّادٌ
시위자	تَظَاهُرٌ	مُتَظَاهِرٌ/ ـون
연좌농성자, 점거농성자	اِعْتِصَامٌ	مُعْتَصِمٌ/ ـون
운집한 사람	اِحْتِشَادٌ	مُحْتَشِدٌ/ ـون (주로복수사용)
해설자, 분석자(analyzer)	تَحْلِيلٌ	مُحَلِّلٌ/ ـون
이민자	مُهَاجَرَةٌ، هِجْرَةٌ	مُهَاجِرٌ/ ـون
피난민	نُزُوحٌ	نَازِحٌ/ ـون
망명인, 난민	لُجُوءٌ	لاَجِئٌ/ لاَجِئُونَ

4-7 정치관련 동사

	동명사 (Verbal Noun)	동사(Verb)
..에 대해 합의하다	اِتِّفَاقٌ	اِتَّفَقَ/ يَتَّفِقُ عَلَى
..을 지지하다 (to support)	تَأْيِيدٌ	أَيَّدَ/ يُؤَيِّدُ هـ
약속하다	تَعَهُّدٌ	تَعَهَّدَ/ يَتَعَهَّدُ ه بِـ هـ
인정하다, 고백하다 (to confess)	إِقْرَارٌ	أَقَرَّ/ يُقِرُّ بِـ
..을 비준하다, 승인하다	أَقَرَّ/ يُقِرُّ (تَعْدِيلاَتٍ أَوْ تَقْرِيرًا أَوْ قَانُونًا ...)	
협정을 체결하다	إِبْرَامٌ	أَبْرَمَ/ يُبْرِمُ اِتِّفَاقًا
결정을 채택하다	تَبَنٍّ(التَّبَنِّي)	تَبَنَّى/ يَتَبَنَّى قَرَارًا
..에 대한 책임이 있다	تَبَنٍّ(التَّبَنِّي)	تَبَنَّى/ يَتَبَنَّى هـ
서명하다	تَوْقِيعٌ	وَقَّعَ/ يُوَقِّعُ عَلَى
분해하다, 해체하다	تَفْكِيكٌ	فَكَّكَ/ يُفَكِّكُ هـ
분해되다, 해체되다	تَفَكُّكٌ	تَفَكَّكَ/ يَتَفَكَّكُ
쪼개지다, 나눠지다(to split apart)	اِنْشِقَاقٌ	اِنْشَقَّ/ يَنْشَقُّ (عَنْ أَوْ إِلَى)
분리되다(to be divided)	اِنْقِسَامٌ	اِنْقَسَمَ/ يَنْقَسِمُ (إِلَى)
..을 끝내다	وَضْعُ حَدٍّ لِـ	وَضَعَ/ يَضَعُ حَدًّا لِـ ..
..을 끝내다	إِنْهَاءٌ	أَنْهَى/ يُنْهِي هـ
..이 끝나다	اِنْتِهَاءٌ	اِنْتَهَى/ يَنْتَهِي
..를 위해 자리를 비키다, 자리를 양보하다	إِفْسَاحُ مَكَانٍ لِـ	أَفْسَحَ/ يُفْسِحُ مَكَانًا أَوْ مَجَالاً لِـ
선택을 보류하다, 결정을 보류하다	إِبْقَاءُ الْخِيَارَاتِ مَفْتُوحَةً	أَبْقَى/ يُبْقِي خِيَارَاتِهِ مَفْتُوحَةً
(많은 선택의 옵션 가운데) 한 가지를 배제하다	إِسْقَاطُ خِيَارٍ	أَسْقَطَ/ يُسْقِطُ خِيَارًا
을 금지하다	حَظْرٌ	حَظَرَ/ يَحْظُرُ هـ
사임하다, 퇴임하다	اسْتِقَالَةٌ	اسْتَقَالَ/ يَسْتَقِيلُ من مَنْصِبِهِ
노력을 다하다	بَذْلُ جُهْدٍ	بَذَلَ/ يَبْذُلُ جُهْدًا أَوْ جُهُودًا

외교관계를 복원하다	أَعادَ/ يُعِيدُ الْعَلاَقَاتِ الدِّبْلُوماسِيَّةَ مَعَ	
외교관계를 단절하다	قَطعَ/ يَقْطَعُ الْعَلاَقَاتِ الدِّبْلُوماسِيَّةَ مَعَ	
...와 관련한 업무를(서류를) 책임지다	تَوَلِّي حَقِيبَةٍ	تَوَلَّى/ يَتَوَلَّى حَقِيبَةَ ...
정치적 망명을 요청하다		طَلَبَ/ يَطْلُبُ اللُّجُوءَ السِّيَاسِيَّ
..를 암살하다	اِغْتِيَالٌ	اِغْتَالَ/ يَغْتَالُ ه
암살당하다		اُغْتِيلَ/ يُغْتَالُ
..를 납치하다, 유괴하다	اِخْتِطَافٌ	اِخْتَطَفَ/ يَخْتَطِفُ ه أَوْ هـ
납치되다		اُخْتُطِفَ/ يُخْتَطَفُ
(정권 등을) 전복하다, 타도하다, 멸망시키다 (to overthrow)	إِطَاحَةٌ	أَطَاحَ/ يُطِيحُ ب هـ أو ه

5-1 선거(Election)

	형용사(Adjective)	명사(Noun)
선거	اِنْتِخَابِيٌّ	اِنْتِخَابٌ/ -اتٌ
총선거(general election)		اِنْتِخَابَاتٌ عَامَّةٌ
보궐선거		اِنْتِخَابَاتٌ فَرْعِيَّةٌ
조기선거		اِنْتِخَابَاتٌ مُبَكِّرَةٌ
재선거		إِعَادَةُ الاِنْتِخَابَاتِ
대통령 선거		اِنْتِخَابَاتٌ رِئَاسِيَّةٌ
국회의원 선거		اِنْتِخَابَاتٌ بَرْلَمَانِيَّةٌ، اِنْتِخَابَاتٌ نِيَابِيَّةٌ، انتِخَابَاتٌ تَشْرِيعِيَّةٌ
국민투표		اِسْتِفْتَاءُ (الشَّعْبِ أَوِ الْجُمْهُورِ أَوِ النَّاخِبِينَ)
여론조사		اِسْتِطْلَاعُ رَأْيٍ
비례대표제		نِظَامُ القَوَائِمِ النِّسْبِيَّةِ
개인후보제		نِظَامُ الْقَوَائِمِ الفَرْدِيَّةِ
투표		تَصْوِيتٌ
투표		اِقْتِرَاعٌ/ -اتٌ
투표		إِدْلَاءٌ بِالأَصْوَاتِ
신임투표		اِقْتِرَاعُ ثِقَةٍ
선거구		دَائِرَةٌ اِنْتِخَابِيَّةٌ/ دَوَائِرُ اِنْتِخَابِيَّةٌ
투표소		مَرْكَزُ الاِقْتِرَاعِ
한 표(vote)		صَوْتٌ/ أَصْوَاتٌ
투표함		صُنْدُوقُ الاِقْتِرَاعِ
추천, 지명	تَرْشِيحِيٌّ	تَرْشِيحٌ
입후보자, 출마자	تَرْشِيحِيٌّ	مُرَشَّحٌ/ -ونَ
무소속 입후보자		مُرَشَّحٌ مُسْتَقِلٌّ
선거인, 유권자		نَاخِبٌ/ -ونَ، مُنْتَخِبٌ/ -ونَ

기권자		غَيْرُ النَّاخِبِينَ
등록 유권자		مُسَجَّلُونَ فِي قَوَائِمِ الاقْتِرَاعِ
지지자(supporter)		نَاصِرٌ/ أَنْصَارٌ، نَصِيرٌ/ أَنْصَارٌ
선거 명부		قَوَائِمُ الاقْتِرَاعِ
의석		مَقْعَدٌ/ مَقَاعِدُ
선거운동		حَمْلَةٌ اِنْتِخَابِيَّةٌ
선거 사무실		مَكْتَبُ اِنْتِخَابَاتٍ
명성, 유명함(fame)	مَشْهُورٌ، مُشْتَهِرٌ	شُهْرَةٌ، اِشْتِهَارٌ
대중성(Popularity)	شَعْبِيٌّ	شَعْبِيَّةٌ
대중성의 후퇴		تَرَاجُعٌ فِي الشَّعْبِيَّةِ
선거 부정	تَزْوِيرِيٌّ	تَزْوِيرُ الانْتِخَابَاتِ
공정한 선거		اِنْتِخَابَاتٌ نَزِيهَةٌ
자유롭고 공정한 선거		اِنْتِخَابَاتٌ حُرَّةٌ وَنَزِيهَةٌ
자유롭고 깨끗한 선거		اِنْتِخَابَاتٌ حُرَّةٌ وَنَظِيفَةٌ
가장 세력이 펴져있는 정당		الْحِزْبُ الأَكْثَرُ اِتِّسَاعًا
가장 빨리 성장한 정당		الْحِزْبُ الأَسْرَعُ نُمُوًّا
겨루는 정당들		أَحْزَابٌ مُتَصَارِعَةٌ
선거관리 위원회		اللَّجْنَةُ الْمُشْرِفَةُ عَلَى الانْتِخَابَاتِ
선전(propaganda)		دِعَايَةٌ
선거운동 행진		مَسِيرَاتٌ لِلدِّعَايَةِ الانْتِخَابِيَّةِ
연설		خِطَابٌ/ -اتٌ
구호		شِعَارٌ/ -اتٌ
팜플렛, 전단		مَنْشُورٌ/ -اتٌ
포스터, 벽보, 부착물		مُلْصَقٌ/ -اتٌ
플래카드, 현수막 ; 간판		لافِتَةٌ/ لافِتَاتٌ أو لَوَافِتُ

اِنْتِصَارٌ/ -اتٌ	اِنْتِصَارِيٌّ	승리
انْتِصَارٌ سَاحِقٌ		압도적인 승리
فَوْزٌ كَاسِحٌ		압도적인 승리
خَسَارَةٌ فَادِحَةٌ		대패(큰 패배)
إِجْمَاعٌ		만장일치
بِالإِجْمَاعِ		만장일치로
أَغْلَبِيَّةٌ		다수
ثُلُثَانِ		2/3
أَقَلِّيَّةٌ		소수
اِمْتِنَاعٌ (عَنْ)		기권
إِحْصَاءُ الأَصْوَاتِ		표 통계
إِحْصَاءٌ/ -اتٌ		통계 ; 계산
إِحْصَائِيَّةٌ/ -اتٌ		통계자료, 통계숫자

5-2 선거관련 동사(Election)

	동명사(Verbal Noun)	동사(Verb)
연설하다		أَلْقَى/ يُلْقِي خِطَابًا أَوْ كَلِمَةً
투표하다	أَدْلَى/ يُدْلِي بِصَوْتِهِ، أَدْلَوْا/ يُدْلُونَ بِأَصْوَاتِهِمْ	
성명.담화를 발표하다	أَدْلَى/ يُدْلِي بِحَدِيثٍ أَوْ بِتَصْرِيحٍ	
..을 ..으로 선출하다, 뽑다	اِنْتِخَابٌ	اِنْتَخَبَ/ يَنْتَخِبُ ه هـ
선출되다, 뽑히다		أُنْتُخِبَ/ يُنْتَخَبُ
(입후보로) 추천하다, 지명하다	تَرْشِيحٌ	رَشَّحَ/ يُرَشِّحُ ه
추천되다, 입후보하다		رُشِّحَ/ يُرَشَّحُ
임명하다	تَعْيِينٌ	عَيَّنَ/ يُعَيِّنُ ه
임명되다		عُيِّنَ/ يُعَيَّنُ
지명하다	تَنْصِيبٌ	نَصَّبَ/ يُنَصِّبُ
투표하다	اِقْتِرَاعٌ	اِقْتَرَعَ/ يَقْتَرِعُ
투표하다	تَصْوِيتٌ	صَوَّتَ/ يُصَوِّتُ
출마하다		رَشَّحَ/ يُرَشِّحُ نَفْسَهُ
선거를 실시하다, 선거를 진행하다	إِجْرَاءُ الاِنْتِخَابَاتِ	أَجْرَى/ يُجْرِي اِنْتِخَابَاتٍ
선거를 연기하다	تَأْجِيلُ الاِنْتِخَابَاتِ	أَجَّلَ/ يُؤَجِّلُ اِنْتِخَابَاتٍ
선거를 취소하다	إِلْغَاءُ الاِنْتِخَابَاتِ	أَلْغَى/ يُلْغِي اِنْتِخَابَاتٍ
기권하다 ; 억제하다	اِمْتِنَاعٌ	اِمْتَنَعَ/ يَمْتَنِعُ عَنْ
기권하다 ; 억제하다	إِحْجَامٌ	أَحْجَمَ/ يُحْجِمُ عَنْ
얻다, 승리하다(선거 등에서)	فَوْزٌ	فَازَ/ يَفُوزُ فِي ... عَلَى فُلَانَ
압도적으로 승리하다	أَحْرَزَ/ يُحْرِزُ اِنْتِصَارًا سَاحِقًا – إِحْرَازُ اِنْتِصَارٍ	
압도적으로 득표하다	إِحْرَازُ أَغْلَبِيَّةٍ سَاحِقَةٍ	أَحْرَزَ/ يُحْرِزُ أَغْلَبِيَّةً سَاحِقَةً
집권하다	وُصُولٌ إِلَى السُّلْطَةِ	وَصَلَ/ يَصِلُ إِلَى السُّلْطَةِ

6-1 시위 & 폭동(Demonstration & Riot)

* 아래 단어들은 이집트 민주화 혁명이 시작되었던 2011 년 1 월 25 일 이후 4 월까지 언론에서 자주 사용된 단어들을 모은 것이다.

	형용사(Adjective)	명사(Noun)
시위	تَظَاهُرِيٌّ	مُظَاهَرَةٌ/ -اتٌ، تَظَاهُرٌ
많은 군중이 모인 시위, 대규모의 시위		مُظَاهَرَاتٌ حَاشِدَةٌ
평화적 시위	مُظَاهَرَاتٌ سِلْمِيَّةٌ، مُظَاهَرَاتٌ بِطَرِيقَةٍ سِلْمِيَّةٍ	
..를 반대하는 사람들의 시위		مُظَاهَرَةُ مُعَارِضِي فُلاَنٍ
..를 지지하는 사람들의 시위		مُظَاهَرَةُ مُؤَيِّدِي فُلاَنٍ
행진		مَسِيرَةٌ/ -اتٌ
평화행진		مَسِيرَاتٌ سِلْمِيَّةٌ
농성, 점거시위		اِعْتِصَامٌ/ -اتٌ
농성해제		فَضُّ اِعْتِصَامٍ
항의	اِحْتِجَاجِيٌّ	اِحْتِجَاجٌ/ -اتٌ
항의운동		حَرَكَةٌ اِحْتِجَاجِيَّةٌ
집단(이기주의)적 항의, 계층(이기주의)적 항의		اِحْتِجَاجَاتٌ فِئَوِيَّةٌ
파업	إِضْرَابٌ/ -اتٌ (عَنِ الْعَمَلِ)	
단식투쟁		إِضْرَابٌ عَنِ الطَّعَامِ
총파업		إِضْرَابٌ عَامٌّ
시민 불복종		عِصْيَانٌ مَدَنِيٌّ
떼지어 모임, 집결함		اِحْتِشَادٌ
직면 ; 대면 ; 충돌		مُوَاجَهَةٌ/ -اتٌ
충돌, 교전		اِشْتِبَاكٌ/ -اتٌ
침입, 돌진		اِقْتِحَامٌ/ -اتٌ
마찰	اِحْتِكَاكِيٌّ	اِحْتِكَاكٌ/ اِحْتِكَاكَاتٌ
소요 ; 혼란		اِضْطِرَابٌ/ -اتٌ

최루탄		قُنْبُلَةٌ مُسَيِّلَةٌ لِلدُّمُوعِ/ قَنَابِلُ مُسَيِّلَةٌ لِلدُّمُوعِ
최루가스		غَازٌ مُسَيِّلٌ لِلدُّمُوعِ
곤봉(cudgel)		هِرَاوَةٌ/ -اتٌ، هِرَاوَةُ الشُّرْطِيِّ
실탄		رَصَاصٌ حَيٌّ
화염병		قُنْبُلَةٌ حَارِقَةٌ/ قَنَابِلُ حَارِقَةٌ، زُجَاجَاتٌ حَارِقَةٌ، زُجَاجَاتٌ مُولُوتُوف
날 있는 무기(검, 칼 등)		أَسْلِحَةٌ بَيْضَاءُ
통행금지		حَظْرُ التَّجَوُّلِ
유린 ; 위반		اِنْتِهَاكٌ/ -اتٌ
인권유린		اِنْتِهَاكَاتُ حُقُوقِ الإِنْسَانِ
퇴진		رَحِيلٌ
퇴진		تَنَحٍّ (التَّنَحِّي)
퇴진하다		رَحَلَ/ يَرْحَلُ عَنْ
퇴진하다	مُتَنَحٍّ	تَنَحَّى/ يَتَنَحَّى عَنْ
퇴진시킴, 쫓아냄		تَرْحِيلٌ
정권을 떠남, 퇴진		تَرْكُ السُّلْطَةِ
권한		صَلاَحِيَّةٌ/ -اتٌ
권한	اِخْتِصَاصِيٌّ	اِخْتِصَاصٌ/ -اتٌ
대통령 권한		صَلاَحِيَّاتُ رَئِيسِ الْجُمْهُورِيَّةِ، اِخْتِصَاصَاتُ رَئِيسِ الْجُمْهُورِيَّةِ
권한 위임, 전권 위임		تَفْوِيضُ صَلاَحِيَّاتٍ
사임		اِسْتِقَالَةٌ
이양, 이동	اِنْتِقَالِيٌّ	اِنْتِقَالٌ
평화적인 이양	اِنْتِقَالِيٌّ سِلْمِيٌّ	اِنْتِقَالٌ سِلْمِيٌّ
과도정부(권력 이양을 위한)		حُكُومَةٌ اِنْتِقَالِيَّةٌ

과도위원회		الْمَجْلِسُ الانْتِقَالِيُّ
정권을 전복시킴		إِسْقَاطُ النِّظَامِ
정권붕괴		اِنْهِيَارُ النِّظَامِ، سُقُوطُ النِّظَامِ
폭동		شَغَبٌ
폭동이 발생함		حُدُوثُ شَغَبٍ
폭동 ; 분쟁		فِتْنَةٌ
종교분쟁		فِتْنَةٌ طَائِفِيَّةٌ
봉기		اِنْتِفَاضَةٌ
민중봉기		اِنْتِفَاضَةٌ شَعْبِيَّةٌ
쿠데타	اِنْقِلَابِيٌّ	اِنْقِلَابٌ
혁명	ثَوْرِيٌّ	ثَوْرَةٌ/ ثَوَرَاتٌ
민중혁명		ثَوْرَةٌ شَعْبِيَّةٌ
내전		حَرْبٌ أَهْلِيَّةٌ
내각사퇴		اِسْتِقَالَةُ الْحُكُومَةِ
국회해산	حَلُّ الْبَرْلَمَانِ، حَلُّ مَجْلِسِ الشَّعْبِ	
비상조치, 비상계엄		حَالَةُ الطَّوَارِئِ
비상조치를 끝냄		إِنْهَاءُ حَالَةِ الطَّوَارِئِ
비상조치법, 비상계엄법		قَانُونُ الطَّوَارِئِ
비상조치법 취소		إِلْغَاءُ قَانُونِ الطَّوَارِئِ
헌법적 공백		فَرَاغٌ دُسْتُورِيٌّ
헌법 개정		تَعْدِيلُ الدُّسْتُورِ
헌법 조항 개정		تَعْدِيلُ مَوَادِّ الدُّسْتُورِ
헌법 개정 위원회		لَجْنَةٌ لِتَعْدِيلِ الدُّسْتُورِ
헌법 효력 중지		تَعْطِيلُ الْعَمَلِ بِالدُّسْتُورِ
국민의 뜻		إِرَادَةُ الشَّعْبِ

시사 · 미디어 아랍어 소사전

전임 통치자를 재판함, 법적 심판함		مُحَاكَمَةُ الْحَاكِمِ السَّابِقِ
시나리오(미래에 일어날 수 있는 일들)		سِينَارْيُو
새로운 정부의 구성		تَشْكِيلُ حُكُومَةٍ جَدِيدَةٍ
체포		اِعْتِقَالٌ/ -اتٌ
가택 연금		إِقَامَةٌ جَبْرِيَّةٌ
암살		اِغْتِيَالٌ
암살시도		مُحَاوَلَةُ اِغْتِيَالٍ
폭탄차량		سَيَّارَةٌ مُفَخَّخَةٌ
부상		إِصَابَةٌ/ -اتٌ
상처		جُرْحٌ/ جُرُوحٌ أَوْ جِرَاحٌ
죽음, 살해		قَتْلٌ
음모		مُؤَامَرَةٌ/ -اتٌ
소문		إِشَاعَةٌ/ -اتٌ
긴장	مُتَوَتِّرٌ	تَوَتُّرٌ
치안과 안전을 방해함		مِسَاسٌ بِالأَمْنِ وَالسَّلَامَةِ
허튼소리		كَلَامٌ فَارِغٌ
신뢰가 없음		عَدَمُ ثِقَةٍ
방해, 침해(violation)		مِسَاسٌ بِـ
미행(보안 경찰 등의)		مُلَاحَقَةٌ أَمْنِيَّةٌ
부패	فَاسِدٌ	فَسَادٌ
실업	실직한 عَاطِلٌ	بَطَالَةٌ
물가상승	أَسْعَارٌ مُرْتَفِعَةٌ	اِرْتِفَاعُ الأَسْعَارِ
빈곤	فَقِيرٌ	فَقْرٌ
분노	غَاضِبٌ	غَضَبٌ
분노의 날		يَوْمُ الْغَضَبِ

약탈		سَلْبٌ، نَهْبٌ
방화		إِحْرَاقٌ
파괴(destruction)	تَخْرِيبِيٌّ	تَخْرِيبٌ
사보타주(sabotage)	أَعْمَالٌ تَخْرِيبِيَّةٌ	أَعْمَالُ التَّخْرِيبِ
폭력	عَنِيفٌ	عُنْفٌ
폭력행위		أَعْمَالُ عُنْفٍ
폭력행위를 범함		اِرْتِكَابُ أَعْمَالِ عُنْفٍ
혼잡, 정체		اِحْتِقَانٌ
혼란, 대혼란	فَوْضَوِيٌّ	فَوْضَى
복수, 보복	اِنْتِقَامِيٌّ	اِنْتِقَامٌ
유혈사태		إِرَاقَةُ دِمَاءٍ
살육, 학살		مَجْزَرَةٌ/ مَجَازِرُ
살육, 학살		مَذْبَحَةٌ/ مَذَابِحُ
전쟁범죄	جَرِيمَةُ الْحَرْبِ/ جَرَائِمُ الْحَرْبِ	
위기		أَزْمَةٌ/ أَزَمَاتٌ
긴박한 위기		أَزْمَةٌ مُشْتَعِلَةٌ
참사, 재난	كَارِثِيٌّ	كَارِثَةٌ/ كَوَارِثُ
대화	حِوَارِيٌّ	حِوَارٌ (مَعَ)
대화를 수용함		قُبُولُ الْحِوَارِ
비난, 비평		اِنْتِقَادٌ/ اِنْتِقَادَاتٌ
논쟁, 비평		نِقَاشٌ، مُنَاقَشَةٌ
정의(justice)	عَادِلٌ	عَدَالَةٌ، عَدْلٌ
불의(injustice)	ظُلْمٌ – ظَالِمٌ/ -ونَ 압제자; 부정한 مَظْلُومٌ 억압받는	
부정(injustice)을 제거함		رَفْعُ الظُّلْمِ
변화	تَغْيِيرِيٌّ	تَغْيِيرٌ

개혁	إِصْلاَحِيٌّ	إِصْلاَحٌ
포괄적인 개혁		إِصْلاَحَاتٌ شَامِلَةٌ
치안(security)		أَمْنٌ
치안 유지		حِفْظُ الأَمْنِ
안전(safety)	안전한 سَالِمٌ	سَلاَمَةٌ
안정(stability)	안정된 مُسْتَقِرٌّ	اِسْتِقْرَارٌ
해결		حَلٌّ/ حُلُولٌ
확성기		مُكَبِّرُ الصَّوْتِ
전단, 팜플렛		مَنْشُورٌ/ -اتٌ
구호		شِعَارٌ/ -اتٌ
광경		مَشْهَدٌ/ مَشَاهِدُ، مَنْظَرٌ/ مَنَاظِرُ
시위자들을 진압함		قَمْعُ الْمُتَظَاهِرِينَ
개인의 재산		مُمْتَلَكَاتٌ خَاصَّةٌ
공공의 재산		مُمْتَلَكَاتٌ عَامَّةٌ
반응		رَدُّ فِعْلٍ/ رُدُودُ أَفْعَالٍ
중대한 날, 결정적인 날		يَوْمٌ حَاسِمٌ
고요함, 조용함	هَادِئٌ	هُدُوءٌ
끝냄		إِنْهَاءٌ
보안절차, 보안심사		إِجْرَاءَاتٌ أَمْنِيَّةٌ
관광중단		قِطَاعُ السِّيَاحَةِ
국민들을 철수시킴(다른 나라들이 자국 국민을)		إِجْلاَءُ شَعْبٍ مِنْ
외국의 압력		ضُغُوطٌ أَجْنَبِيَّةٌ
외부의 지시, 외국의 지시		إِمْلاَءَاتٌ خَارِجِيَّةٌ
외부요소		عَنَاصِرُ خَارِجِيَّةٌ
군사동원	징집된, 동원된 مُجَنَّدٌ	تَجْنِيدٌ

지지자		مُؤَيِّدٌ، مُوَالٍ (الْمُوَالِي)
반대자		مُعَارِضٌ (لِـ)، مُنَاهِضٌ (لِـ)
항의자		مُحْتَجٌّ/ ـونَ
시위자		مُتَظَاهِرٌ/ ـونَ
점거농성자		مُعْتَصِمٌ/ ـونَ
불량배, 깡패, 폭력배		بَلْطَجِيٌّ/ بَلْطَجِيَّةٌ
불량배들의 폭력행위		بَلْطَجَةٌ
청년	شَابٌّ	شَبَابٌ
군중		حَشْدٌ/ حُشُودٌ
수많은 군중		حُشُودٌ ضَخْمَةٌ
운동가, 사회운동가		نَاشِطٌ/ ـونَ، نَشِيطٌ/ نُشَطَاءُ
해방자, 해방시킨 사람		مُحَرِّرٌ
혁명가 ; 봉기자	ثَوْرِيٌّ	ثَائِرٌ/ ثُوَّارٌ
부상자 ; 감염자		مُصَابٌ/ ـونَ
희생자 ; 피해자		ضَحِيَّةٌ/ ضَحَايَا
부상자	جَارِحٌ، مَجْرُوحٌ	جَرِيحٌ/ جَرْحَى
살해된 사람, 사망자		قَتِيلٌ/ قَتْلَى أَوْ قُتَلاَءُ
목격자		شَاهِدُ عِيَانٍ/ شُهُودُ عِيَانٍ
용병(mercenary)		مُرْتَزِقٌ/ ـونَ أَوْ مُرْتَزِقَةٌ
순교자	순교 شَهَادَةٌ، اِسْتِشْهَادٌ	شَهِيدٌ/ شُهَدَاءُ
혁명의 순교자		شُهَدَاءُ الثَّوْرَةِ
끝 ; 쪽(side), 편		طَرَفٌ/ أَطْرَافٌ
양쪽편(계약할 때 등)		طَرَفَانِ
분열, 분립(splitting)	اِنْشِقَاقِيٌّ	اِنْشِقَاقٌ

6-2 시위 & 폭동 관련 동사

	동명사(Verbal Noun)	동사(Verb)
선언하다, 밝히다 ; 광고하다	إِعْلاَنٌ	أَعْلَنَ/ يُعْلِنُ هـــ
시위하다, 시위를 벌이다		تَظَاهَرَ/ يَتَظَاهَرُ ...(اِحْتِجَاجًا أَوْ ضِدَّ) – تَظَاهُرٌ
요구하다, 촉구하다	مُطَالَبَةٌ	طَالَبَ/ يُطَالِبُ بِـــ
..에 항의하다	اِحْتِجَاجٌ	اِحْتَجَّ/ يَحْتَجُّ عَلَى ...
통행금지를 내리다		فَرَضَ/ يَفْرِضُ حَظْرَ التَّجَوُّلِ – فَرْضٌ
..에 대해서 ..의 책임이라고 말하다.		أَعْلَنَ/ يُعْلِنُ مَسْؤُولِيَّتَهُ عَنْ ...
파업을 호소하다	دَعْوَةٌ إِلَى الإِضْرَابِ	دَعَا/ يَدْعُو إِلَى إِضْرَابٍ
위협하다	تَهْدِيدٌ	هَدَّدَ/ يُهَدِّدُ ه بِـــ
위협하다	تَوَعُّدٌ	تَوَعَّدَ/ يَتَوَعَّدُ ه بِـــ
(폭동을) 진압하다	قَمْعٌ	قَمَعَ/ يَقْمَعُ (فِتْنَةً)
사직하다, 사퇴하다	اِسْتِقَالَةٌ	اِسْتَقَالَ/ يَسْتَقِيلُ مِنْ..
퇴임하다, 하야하다	تَنَحٍّ (التَّنَحِّي)	تَنَحَّى/ يَتَنَحَّى عَنْ ..
..와 맞서다, 맞서 싸우다, 직면하다	مُوَاجَهَةٌ	وَاجَهَ/ يُوَاجِهُ ه أَوْ هـــ
혁명을 일으키다, 봉기하다, 폭동을 일으키다	ثَوْرَةٌ	ثَارَ/ يَثُورُ عَلَى (ضِدَّ)
시위하다, 데모하다	تَظَاهُرٌ	تَظَاهَرَ/ يَتَظَاهَرُ
..에 반항.저항.대항하다	مُقَاوَمَةٌ	قَاوَمَ/ يُقَاوِمُ ه
..에 반대.반항.대항하다	مُعَارَضَةٌ	عَارَضَ/ يُعَارِضُ ه
싸우다(to fight) ; 전쟁하다	مُقَاتَلَةٌ	قَاتَلَ/ يُقَاتِلُ ه
씨름하다, 투쟁하다 ; 싸우다	مُصَارَعَةٌ	صَارَعَ/ يُصَارِعُ ه
말다툼하다(to quarrel with) ; 싸우다	مُنَازَعَةٌ	نَازَعَ/ يُنَازِعُ ه
투쟁하다(to struggle), 분투하다 ; 싸우다	مُكَافَحَةٌ	كَافَحَ/ يُكَافِحُ ه
투쟁하다 ; 싸우다	مُنَاضَلَةٌ	نَاضَلَ/ يُنَاضِلُ ه

..을 거절.부결.거부하다	رَفْضٌ	رَفَضَ/ يَرْفُضُ هـ
..이 ...을 하지 못하게 하다, 금지.저지.방해하다	مَنْعٌ	مَنَعَ/ يَمْنَعُ ه مِنْ ...
분쟁과 갈등의 씨를 뿌리다	بَذَرَ/ يَبْذُرُ بُذُورَ الْفِتْنَةِ وَالشِّقَاقِ - بَذْرٌ	
..와 경쟁하다, 겨루다	مُنَافَسَةٌ	نَافَسَ/ يُنَافِسُ ه (عَلَى)
무너지다, 붕괴되다	اِنْهِيَارٌ	اِنْهَارَ/ يَنْهَارُ
정권을 붕괴시키다	إِسْقَاطُ النِّظَامِ	أَسْقَطَ/ يُسْقِطُ النِّظَامَ
권력을 ..에게 이양하다	تَسْلِيمُ السُّلْطَةِ	سَلَّمَ/ يُسَلِّمُ السُّلْطَةَ لِـ...
권력을 ..에게 넘기다	نَقْلُ السُّلْطَةِ	نَقَلَ/ يَنْقُلُ السُّلْطَةَ إِلَى ...
민주주의를 회복시키다	إِعَادَةُ الدِّيمُقْرَاطِيَّةِ	أَعَادَ/ يُعِيدُ الدِّيمُقْرَاطِيَّةَ
통치자가 되다 ; 관리.지도.다스리다, 책임지다.	تَوَلٍّ (التَوَلِّي)	تَوَلَّى/ يَتَوَلَّى هـ
점령하다(재산 등을) ; (권력 등을) 장악하다	اِسْتِيلَاءٌ	اِسْتَوْلَى/ يَسْتَوْلِي عَلَى
점령하다(나라 등을), 강점하다	اِحْتِلَالٌ	اِحْتَلَّ/ يَحْتَلُّ هـ
(권력 등을) 장악하다 ; 지배하다, 통제하다	سَيْطَرَةٌ	سَيْطَرَ/ يُسَيْطِرُ عَلَى
지배하다, 통제하다	هَيْمَنَةٌ	هَيْمَنَ/ يُهَيْمِنُ عَلَى
(독재자로) 지배하다	طَغْيٌ، طُغْيَانٌ	طَغَى/ يَطْغَى عَلَى
진압하다(시위 등을) ; 탄압하다(백성 등을)	قَمْعٌ	قَمَعَ/ يَقْمَعُ هـ أَوْ ه
유예하다, 미해결로 남겨놓다	تَعْلِيقٌ	عَلَّقَ/ يُعَلِّقُ هـ
제거하다	إِزَالَةٌ	أَزَالَ/ يُزِيلُ هـ
..을 중요하지 않게 여기다, 외곽으로 돌리다	تَهْمِيشٌ	هَمَّشَ/ يُهَمِّشُ ه أَوْ هـ
..을 폐지하다, 철폐하다, 취소하다	إِلْغَاءٌ	أَلْغَى/ يُلْغِي هـ
..를 ..(직책)에서 해고.면직시키다	إِقَالَةٌ	أَقَالَ/ يُقِيلُ ه مِنْ ...
..를 ..(직책)에서 면직시키다, 해임시키다	عَزْلٌ	عَزَلَ/ يَعْزِلُ ه عَنْ ...
..(직책)에서 사퇴.사직하다	اِسْتِقَالَةٌ	اِسْتَقَالَ/ يَسْتَقِيلُ مِنْ ...

시사 · 미디어 아랍어 소사전

7-1 경제(Economics)

	형용사(Adjective)	명사(Noun)
경제	اِقْتِصَادِيٌّ	اِقْتِصَادٌ
상업, 교역	تِجَارِيٌّ	تِجَارَةٌ
상업의		تِجَارِيٌّ
회사		شَرِكَةٌ/ شَرِكَاتٌ
공업	صِنَاعِيٌّ	صِنَاعَةٌ/ صِنَاعَاتٌ
공업의		صِنَاعِيٌّ/ صِنَاعِيُّونَ
공장		مَصْنَعٌ/ مَصَانِعُ
생산	إِنْتَاجِيٌّ	إِنْتَاجٌ
생산품, 물품		مُنْتَجٌ/ -اتٌ، نِتَاجٌ
국산품		مُنْتَجَاتٌ مَحَلِّيَّةٌ
상품(goods)		بِضَاعَةٌ/ بَضَائِعُ
제품(industrial products)	مَصْنُوعٌ	مَصْنُوعَاتٌ
전자제품		جِهَازٌ/ أَجْهِزَةٌ
소비	اِسْتِهْلاَكِيٌّ	اِسْتِهْلاَكٌ
공급		الْعَرْضُ
수요		الطَّلَبُ
투자	اِسْتِثْمَارِيٌّ	اِسْتِثْمَارٌ/ -اتٌ
투자하다		اِسْتَثْمَرَ/ يَسْتَثْمِرُ
직업	وَظِيفِيٌّ	وَظِيفَةٌ/ وَظَائِفُ
직업	مِهَنِيٌّ	مِهْنَةٌ/ مِهَنٌ
일		عَمَلٌ/ أَعْمَالٌ
일		شُغْلٌ/ أَشْغَالٌ
일하다		عَمِلَ/ يَعْمَلُ هـ

일하다		اِشْتَغَلَ/ يَشْتَغِلُ هـ
봉급(salary)		رَاتِبٌ/ رَوَاتِبُ
봉급(salary)		أَجْرٌ/ أُجُورٌ
봉급, 월급		مُرَتَّبٌ/ مُرَتَّبَاتٌ
급여의 공평함	공평한 급여 رَوَاتِبُ عَادِلَةٌ	عَدَالَةُ الرَّوَاتِبِ
봉급인상		زِيَادَةُ الأُجُورِ
보너스		مُكَافَأَةٌ/ مُكَافَآتٌ
구입	شِرَائِيٌّ	شِرَاءٌ
구입하다		اِشْتَرَى/ يَشْتَرِي هـ
판매		بَيْعٌ
판매하다		بَاعَ/ يَبِيعُ هـ
수출		تَصْدِيرٌ
수출하다		صَدَّرَ/ يُصَدِّرُ هـ
수입		اِسْتِيرَادٌ
수입하다		اِسْتَوْرَدَ/ يَسْتَوْرِدُ هـ
수출품		صَادِرَاتٌ
수입품		وَارِدَاتٌ
화물(cargo)		شُحْنَةٌ/ -اتٌ
상품(goods)		بِضَاعَةٌ/ بَضَائِعُ
제품(industrial products)	مَصْنُوعٌ	مَصْنُوعَاتٌ
전자제품		جِهَازٌ/ أَجْهِزَةٌ
바겐세일		أُوكَازِيُون/ أُوكَازِيُونَات
공동시장		السُّوقُ الْمُشْتَرَكَةُ
암시장		سُوقٌ سَوْدَاءُ
자유시장(free market)		سُوقٌ حُرَّةٌ

금융시장(money market)		سُوقُ النَّقْدِ
환시장(exchange markets)		أَسْوَاقُ الصَّرْفِ
외환시장(foreign exchange markets)		أَسْوَاقُ الْعُمْلاَتِ الأَجْنَبِيَّةِ
외화보유고, 외화준비고		اِحْتِيَاطَاتُ النَّقْدِ الأَجْنَبِيِّ
증권시장		سُوقُ الْبُورْصَةِ
증권거래소(stock exchange)		بُورْصَةٌ/ بُورْصَاتٌ
주식(stock)		سَهْمٌ/ أَسْهُمٌ
거래마감 무렵에(주식 거래시)		لَدَى إِغْلاَقِ التَّدَاوُلِ
공공부문, 공기업(public sector)		قِطَاعٌ عَامٌّ
민간부문(private sector)		قِطَاعٌ خَاصٌّ
민영화(privatization)		خَصْخَصَةٌ، عَمَلِيَّةُ خَصْخَصَةٍ – مُخَصْخَصٌ
제조업 부문		قِطَاعَاتُ الصِّنَاعَاتِ
경제통합(economic integration)		تَكَامُلٌ اِقْتِصَادِيٌّ
무역량(volume of trade)		حَجْمُ التِّجَارَةِ
교역, 무역		تَبَادُلٌ تِجَارِيٌّ
수출입 금지, 금수(trade embargo)		حَظْرٌ تِجَارِيٌّ
경제적 제재(economic sanctions)		عُقُوبَاتٌ اِقْتِصَادِيَّةٌ
경화(hard currency)		عُمْلَةٌ صَعْبَةٌ
연화(soft currency)		عُمْلَةٌ سَهْلَةٌ
구매력(purchasing power)		قُوَّةُ الشِّرَاءِ
독점(monoploly)	اِحْتِكَارِيٌّ	اِحْتِكَارٌ/ –اتٌ
시장의 힘(market forces)		قُوَّاتُ السُّوقِ
경쟁(competition)	تَنَافُسِيٌّ	تَنَافُسٌ
경쟁력(competitiveness)		قُدْرَةٌ تَنَافُسِيَّةٌ

물가상승	أَسْعَارٌ مُرْتَفِعَةٌ 비싼 가격, 올라간 가격	إِرْتِفَاعُ الأَسْعَارِ
물가하락	أَسْعَارٌ مُنْخَفِضَةٌ 싼 가격	إِنْخِفَاضُ الأَسْعَارِ
물가가 원래대로 후퇴함	أَسْعَارٌ مُتَرَاجِعَةٌ 내린 가격	تَرَاجُعُ الأَسْعَارِ
물가통제, 물가조절	أَسْعَارٌ مُرَاقَبَةٌ	مُرَاقَبَةُ الأَسْعَارِ
물가안정	أَسْعَارٌ مُسْتَقِرَّةٌ 안정된 가격	إِسْتِقْرَارُ الأَسْعَارِ
불안정		عَدَمُ الاِسْتِقْرَارِ
변동, 오르내림	تَذَبْذُبِيٌّ	تَذَبْذُبٌ
돈 세탁(money laundering)		غَسِيلُ الأَمْوَالِ
파생금융상품 (derivatives)	مُشْتَقٌّ	مُشْتَقَّاتٌ
불경기, 불황, 경기침체	رَاكِدٌ	رُكُودٌ
추락, 몰락, 슬럼프, 급감	مُتَدَهْوِرٌ	تَدَهْوُرٌ
성장률		مُعَدَّلُ النُّمُوِّ
인플레이션, 통화팽창	مُتَضَخِّمٌ	تَضَخُّمٌ
인플레이션 증가		إِرْتِفَاعُ التَّضَخُّمِ
인플레이션 하락		إِنْخِفَاضُ التَّضَخُّمِ
인플레이션 비율		مُعَدَّلُ التَّضَخُّمِ
평가절하(devaluation)		تَخْفِيضُ الْقِيمَةِ
신용등급		تَصْنِيفٌ إِئْتِمَانِيٌّ
신용등급 강등		تَخْفِيضُ تَصْنِيفٍ إِئْتِمَانِيٍّ
파산(bankruptcy)		إِفْلاَسٌ
경제적 붕괴		إِنْهِيَارٌ إِقْتِصَادِيٌّ
생활수준		مُسْتَوَى الْمَعِيشَةِ
경제적인 상황의 개선		تَحْسِينُ الظُّرُوفِ الاِقْتِصَادِيَّةِ
국민소득(national income)		الدَّخْلُ الْقَوْمِيُّ

상품(goods)		سِلَعٌ
소비재(consumer goods)		سِلَعٌ اِسْتِهْلاَكِيَّةٌ
식료품		سِلَعٌ غِذَائِيَّةٌ، مَوَادٌّ غِذَائِيَّةٌ
생필품		سِلَعٌ أَسَاسِيَّةٌ
공산품		سِلَعٌ صِنَاعِيَّةٌ
...의 평균 소비량		مُعَدَّلُ اِسْتِهْلاَكِ + ...
평균 식료품 소비량		مُعَدَّلُ اِسْتِهْلاَكِ السِّلَعِ الْغِذَائِيَّةِ
세계무역기구(WTO)		مُنَظَّمَةُ التِّجَارَةِ الْعَالَمِيَّةُ
G8		مَجْمُوعَةُ الثَّمَانِي
G20		مَجْمُوعَةُ الْعِشْرِينَ
G20 정상회담		قِمَّةُ مَجْمُوعَةِ الْعِشْرِينَ
국제통화기금(IMF)		صُنْدُوقُ النَّقْدِ الدَّوْلِيُّ
세계 은행		الْبَنْكُ الدَّوْلِيُّ
대기업, 그룹		مَجْمُوعَةٌ/ -اتٌ
토요타 그룹		مَجْمُوعَةُ تُويُوتَا
회사		شَرِكَةٌ/ -اتٌ
동업(同業), 동업관계 (partnership)		شَرَاكَةٌ/ -اتٌ
동업		مُشَارَكَةٌ فِي التِّجَارَةِ
동업자(partner)		شَرِيكٌ/ شُرَكَاءُ
합병(merger)		اِنْدِمَاجٌ/ -اتٌ
구조, 골격(structure)	هَيْكَلِيٌّ	هَيْكَلٌ/ هَيَاكِلُ
공장(factory)		مَصْنَعٌ/ مَصَانِعُ
오일, 석유		بِتْرُولٌ
원유(crude oil)		نَفْطٌ خَامٌ
유정(oil well, 油井)		بِئْرٌ نَفْطِيَّةٌ/ آبَارٌ نَفْطِيَّةٌ

유정(oil well, 油井)		بِئْرُ الْبِتْرُولِ
정유공장, 정제공장		مَعْمَلُ تَكْرِيرٍ
정유하다		كَرَّرَ/ يُكَرِّرُ الْبِتْرُولَ
정제기		مِصْفَاةٌ/ مَصَافٍ
석유공급		مَعْرُوضٌ نَفْطِيٌّ
석유생산		إِنْتَاجُ النَّفْطِ
배럴(barrel)		بِرْمِيلٌ/ بَرَامِيلُ
연료(fuel)		وَقُودٌ
원자재, 원료(raw materials)		مَوَادٌّ خَامٌ
식품재료		مَوَادٌّ غِذَائِيَّةٌ
자원(resource)		مَوْرِدٌ/ مَوَارِدُ
천연자원(natural resources)		مَوَارِدُ طَبِيعِيَّةٌ
광물, 금속 ; 무기물, 미네랄	مَعْدِنِيٌّ	مَعْدِنٌ/ مَعَادِنُ
광산, 탄광		مَنْجَمٌ/ مَنَاجِمُ
인적자원		مَوَارِدُ بَشَرِيَّةٌ
인사(人事)		شُؤُونٌ إِنْسَانِيَّةٌ
실업	실직한 عَاطِلٌ	بَطَالَةٌ
파업	مُضْرِبٌ	إِضْرَابٌ/ ـاتٌ
노동조합	نِقَابِيٌّ	نِقَابَةٌ/ ـاتٌ، اِتِّحَادٌ نِقَابِيٌّ
사회기반시설		بِنْيَةٌ تَحْتِيَّةٌ
정부보조금		دَعْمٌ حُكُومِيٌّ
계약		عَقْدٌ/ عُقُودٌ
계약을 맺음	تَعَاقُدِيٌّ	تَعَاقُدٌ/ ـاتٌ
거래(transaction)		صَفْقَةٌ/ صَفَقَاتٌ
거래(transaction)	مُعَامَلَةٌ تِجَارِيَّةٌ/ مُعَامَلَاتٌ تِجَارِيَّةٌ	

규제, 조건		قَيْدٌ/ قُيُودٌ
법적규제		قُيُودٌ قَانُونِيَّةٌ
유연성		مُرُونَةٌ
경제제재		عُقُوبَاتٌ اِقْتِصَادِيَّةٌ
인터넷 홈페이지		مَوْقِعُ شَبَكَةِ الإِنْتَرْنِتِ
마켓팅	تَسْوِيقِيٌّ	تَسْوِيقٌ
마켓팅 캠페인	حَمْلَةٌ تَسْوِيقِيَّةٌ	حَمْلَةُ التَّسْوِيقِ
예상, 예측		تَكَهُّنٌ/ -اتٌ
주식투자, 투기 (speculation)		مُضَارَبَةٌ/ -اتٌ
주식투자자, 투기자 (speculator)		مُضَارِبٌ/ -ونَ
주주(shareholder)		مُسَاهِمٌ/ -ونَ
주식회사		شَرِكَةٌ مُسَاهِمَةٌ
생활환경 개선		تَحْسِينُ الأَحْوَالِ الْمَعِيشِيَّةِ
동산(movables)		الْمَنْقُولَةُ، مُمْتَلَكَاتٌ مَنْقُولَةٌ
부동산		أَمْوَالٌ غَيْرُ مَنْقُولَةٍ، مُمْتَلَكَاتٌ غَيْرُ مَنْقُولَةٍ
(모든) 노동자(the workforce)		الْيَدُ الْعَامِلَةُ، الْقُوَى الْعَامِلَةُ
일군, 노동자(worker)		عَامِلٌ/ عُمَّالٌ
직원, 종업원 ; 공무원		مُوَظَّفٌ/ -ونَ
회사 소유자, 사장		صَاحِبُ شَرِكَةٍ
이사, 책임자, 감독(director, manager)		مُدِيرٌ/ مُدَرَاءُ، -ونَ
총지배인, 총경영인(grneral manager)		مُدِيرٌ عَامٌّ
회사원, 사업가(businessman)		رَجُلُ أَعْمَالٍ/ رِجَالُ أَعْمَالٍ
세일즈맨		بَائِعٌ/ -ونَ، مُوَظَّفُ مَبِيعَاتٍ
상인(merchant)		تَاجِرٌ/ تُجَّارٌ

구매인(buyer)		مُشْتَرٍ (الْمُشْتَرِي)/ ـون
투자자(investor)		مُسْتَثْمِرٌ/ ـونَ
고객(customer)		عَمِيلٌ/ عُمَلاَءُ
실업자		عَاطِلٌ/ ـونَ
자본가		مُمَوِّلٌ/ ـونَ
경제학자		اِقْتِصَادِيٌّ/ ـونَ
상업학자, 무역학자		تِجَارِيٌّ/ ـونَ
생산자		مُنْتِجٌ/ ـونَ
소비자(consumer)		مُسْتَهْلِكٌ/ ـونَ
수입업자		مُسْتَوْرِدٌ/ ـونَ
수출업자		مُصَدِّرٌ/ ـون
교역 파트너	شَرِيكٌ تِجَارِيٌّ/ شُرَكَاءُ تِجَارِيُّونَ	
부동산 중개인		سِمْسَارٌ/ سَمَاسِرَةٌ
인맥(관공서의 아는 사람)	وَاسِطَةٌ/ وَسَائِطُ، مُحَابَاةٌ أَوْ مَحْسُوبِيَّةٌ	
임명인		مُعَيِّنٌ/ ـونَ
임명된(뽑힌)사람		مُعَيَّنٌ/ ـونَ
현장 조사관		مُعَايِنٌ/ ـونَ
검사관,감독관		مُفَتِّشٌ/ ـونَ
전문가, 경험 많은 사람		خَبِيرٌ/ خُبَرَاءُ
프로, 전문가	전문적인 اِحْتِرَافِيٌّ	مُحْتَرِفٌ/ ـونَ

시사 · 미디어 아랍어 소사전

7-2 재정관련(Finance)

	형용사(Adjective)	명사(Noun)
자본(capital)	رَأْسُمَالِيٌّ	رَأْسُ مَالٍ/ رُؤُوسُ أَمْوَالٍ، رَأْسُمَال
돈, 재정(money)	مَالِيٌّ	مَالٌ/ أَمْوَالٌ، نُقُودٌ، (ع) فِلُوس
가격(price)		سِعْرٌ/ أَسْعَارٌ
수입(income) ; 소득		دَخْلٌ/ دُخُولٌ
지출(expenses)		مَصْرُوفَاتٌ، نَفَقَاتٌ
수익(revenue) ; 이익 (profit)		إِيرَادٌ/ -اتٌ
이익(profit), 이득		مَكْسَبٌ/ مَكَاسِبُ
이익(profit)	مُرْبِحٌ	رِبْحٌ/ أَرْبَاحٌ
이자 ; 수익, 이익		عَائِدَةٌ/ عَائِدَاتٌ أَوْ عَوَائِدُ
비용 총계, 지불할 돈		حِسَابٌ/ حِسَابَاتٌ
합계(total) ; 결과(result)		حَصِيلَةٌ/ حَصَائِلُ
수입 합계		حَصِيلَةُ دَخْلٍ
총액(amount)		مَبْلَغٌ/ مَبَالِغُ
합계(total)		إِجْمَالِيٌّ
순 (순 수입 등); 끝 단위의 작은 수를 제외한 큰 숫자		صَافٍ (الصَّافِي)
순 수익		صَافِي الإِيرَادِ، رِبْحٌ صَافٍ/ أَرْبَاحٌ صَافِيَةٌ
손해(loss)	خَاسِرٌ	خَسَارَةٌ/ خَسَائِرُ
손상, 피해(damage)	ضَارٌّ	ضَرَرٌ/ أَضْرَارٌ
소매가격(retail price)		سِعْرُ الْبَيْعِ
비용(costs)		تَكْلِفَةٌ/ تَكَالِيفُ

생산비		تَكَالِيفُ الإِنْتَاجِ
생활비		تَكَالِيفُ الْمَعِيشَةِ
외환시세, 환율(exchange rate)		سِعْرُ الصَّرْفِ
달러화에 대한 유로화의 가격		سِعْرُ الْيُورُو مُقَابِلَ الدُّولاَرِ
세금	ضَرِيبِيٌّ	ضَرِيبَةٌ/ ضَرَائِبُ
소득세(income tax)		ضَرِيبَةُ الدَّخْلِ
소비세(consumption tax)		ضَرِيبَةُ الاسْتِهْلاَكِ
부가가치세(VAT)		ضَرِيبَةُ الْقِيمَةِ الْمُضَافَةِ
자본이득세(capital gains tax)		ضَرِيبَةُ الأَرْبَاحِ الرَّأْسِمَالِيَّةِ
상속세(inheritance tax)		ضَرِيبَةُ التَّرِكَاتِ
자산(asset)		أَصْلٌ/ أُصُولٌ
세관(customhouse)	جُمْرُكِيٌّ	جُمْرُكٌ/ جَمَارِكُ
관세(customs duties)	رُسُومٌ جُمْرُكِيَّةٌ، جُمْرُكٌ/ جَمَارِكُ	
관세장벽		الْحَوَاجِزُ الْجُمْرُكِيَّةُ
퍼센트		بِالْمِائَةِ أَوْ بِالْمِئَةِ
은행계좌		حِسَابٌ/ –اتٌ
잔고(구좌의 balance)		رَصِيدٌ/ أَرْصِدَةٌ
현금 잔고		الأَرْصِدَةُ النَّقْدِيَّةُ السَّائِلَةُ
계좌동결		تَجْمِيدُ الْحِسَابَاتِ
은행 계좌동결		تَجْمِيدُ الْحِسَابَاتِ بِالْبُنُوكِ
잔고동결		تَجْمِيدُ الأَرْصِدَةِ
적금(deposit)		وَدِيعَةٌ/ وَدَائِعُ
보통예금		وَدَائِعُ جَارِيَةٌ
대출, 은행대출(loan)		قَرْضٌ/ قُرُوضٌ
담보(mortgage), 저당		رَهْنٌ/ رُهُونٌ أَوْ رِهَانٌ

부동산 담보		رَهْنٌ عَقَارِيٌّ
채권(bond)		سَنَدٌ/ -اتٌ
신용카드		بِطَاقَةُ الائْتِمَانِ
이자(interest)		فَائِدَةٌ/ فَوَائِدُ
금리, 이율(interest rate)		سِعْرُ الْفَائِدَةِ
유예기간(grace period)		فَتْرَةُ سَمَاحٍ
예산(budget)		مِيزَانِيَّةٌ/ -اتٌ
흑자(surplus)		فَائِضٌ/ فَوَائِضُ
적자(deficit)		عَجْزٌ، نَقْصٌ
흑자액		قِيمَةُ الْفَائِضِ
무역수지 흑자		فَائِضٌ تِجَارِيٌّ
적자액		قِيمَةُ الْعَجْزِ
무역수지 적자		عَجْزٌ تِجَارِيٌّ
국가 재정 적자		عَجْزٌ فِي مِيزَانِيَّةِ الدَّوْلَةِ
유동성	سَائِلٌ	سُيُولَةٌ
유동성 위기		أَزْمَةُ سُيُولَةٍ
규모의 경제(economy of scale)		اِقْتِصَادُ الْحَجْمِ
회계년도		الْعَامُ الْمَالِيُّ، السَّنَةُ الْمَالِيَّةُ
최고기록		رَقْمٌ قِيَاسِيٌّ
통계		إِحْصَائِيَّاتٌ
지수, 지표		مُؤَشِّرٌ/ -اتٌ
소비자 물가 지수		مُؤَشِّرُ الأَسْعَارِ الاسْتِهْلاَكِيَّةِ
생계비 지수		مُؤَشِّرُ كُلْفَةِ الْمَعِيشَةِ
물가 지수, 물가 지표		مُؤَشِّرُ أَسْعَارٍ
성장률		مُعَدَّلُ النُّمُوِّ

교통 요금		أُجْرَةٌ
임대료, 대여료	إِيجَارِيٌّ	إِيجَارٌ
팁		بَقْشِيشٌ
수고비 (변호사, 의사 등)		أَتْعَابٌ
수리비, 공예품 제조위한 수고비		مُقَابِلُ الْجُهْدِ
임금		أَجْرٌ/ أُجُورٌ
월급		مُرَتَّبٌ/ مُرَتَّبَاتٌ
보너스, 일을 잘 했다고 더 받는 것		مُكَافَأَةٌ/ مُكَافَآتٌ
대가, 수고한 댓가로 받는 것		مُقَابِلٌ
수수료, 입장료 등의 적은 요금		رَسْمٌ/ رُسُومٌ
회비 (membership fee)		رَسْمُ اِشْتِرَاكٍ
클럽이나 도서관 등의 회원 회비		رَسْمُ عُضْوِيَّةٍ
벌금		غَرَامَةٌ/ غَرَامَاتٌ
커미션		عُمُولَةٌ/ -اتٌ
보험(insurance) ; 보증금(전세 보증금 등)	تَأْمِينِيٌّ	تَأْمِينٌ/ -اتٌ
선금 (advance payment)		مُقَدَّمٌ
선금(down payment)	미리 지급하는 적은 액수. 나중에 돌려받지 못함	عُرْبُونٌ/ عَرَابِينُ
뇌물		رَشْوَةٌ/ رَشَاوَى أَوْ رُشًى
외상		(ع) شُكُك
결혼지참금		مَهْرٌ/ مُهُورٌ
지출 ; 비용, 경비		مَصْرُوفَاتٌ، مَصَارِيفُ
교육비, 수업료		مَصَارِيفُ الْمَدْرَسَةِ
교육비, 수업료		مَصَارِيفُ الدِّرَاسَةِ

용돈(자녀에게) (pocket money)		مَصْرُوفٌ، مَصْرُوفُ الْجَيْبِ
가계비		مَصْرُوفُ الْبَيْتِ
남은 돈(계산하고 난 뒤 등)		الْبَاقِي
빚(debt)		دَيْنٌ/ دُيُونٌ
부채, 채무(indebtedness)		مَدْيُونِيَّةٌ
대외채무, 외국으로부터의 채무		مَدْيُونِيَّةٌ خَارِجِيَّةٌ
빌려준		مُدَاينٌ/ ـونَ
빚진		مَدْيُونٌ/ ـونَ
만기가 된 빚		دَيْنٌ مُسْتَحَقٌّ
부채탕감		إِلْغَاءُ الدُّيُونِ، إِعْفَاءُ فُلاَنٍ مِنَ الدُّيُونِ

7-3 경제관련 동사

	동명사(Verbal Noun)	동사(Verb)
자금을 주다, 재정을 지원하다	تَمْوِيلٌ	مَوَّلَ/ يُمَوِّلُ ه أَوْ هـ
자본을 투자하다	تَشْغِيلُ رَأْسِ الْمَالِ	شَغَّلَ/ يُشَغِّلُ رَأْسَ مَالٍ
재정을 쓰다	إِنْفَاقُ الْمَالِ	أَنْفَقَ/ يُنْفِقُ مَالاً
잃다, 손실을 보다(to lose)	خَسَارَةٌ إِضَاعَةٌ	خَسِرَ/ يَخْسَرُ هـ أَضَاعَ/ يُضِيعُ هـ
낭비하다(to waste)	تَبْدِيدٌ إِضَاعَةٌ	بَدَّدَ/ يُبَدِّدُ هـ، أَضَاعَ/ يُضِيعُ هـ
…에게.. 비용이 들어가게 하다(주어가 사물)	تَكْلِيفٌ	كَلَّفَ/ يُكَلِّفُ ه هـ
(돈을, 비용을) 쓰다	تَكَلُّفٌ	تَكَلَّفَ/ يَتَكَلَّفُ هـ
..에 대한 보험에 가입하다	تَأْمِينٌ	أَمَّنَ/ يُؤَمِّنُ عَلَى هـ أَوْ ه
세금을 인상하다	رَفْعُ الضَّرَائِب	رَفَعَ/ يَرْفَعُ الضَّرَائِبَ
세금을 인하하다	خَفْضُ الضَّرَائِبِ، تَخْفِيضُ الضَّرَائِب	خَفَّضَ/ يُخَفِّضُ الضَّرَائِبَ
재정적자를 줄이다	خَفَّفَ/ يُخَفِّفُ الْعَجْزَ فِي الْمِيزَانِيَّةِ	
시행되다, 발효되다	دُخُولُ حَيِّزِ التَّنْفِيذِ	دَخَلَ/ يَدْخُلُ حَيِّزَ التَّنْفِيذِ
경기를 부양시키다	تَنْشِيطُ الاقْتِصَادِ	نَشَّطَ/ يُنَشِّطُ الاقْتِصَادَ
빚을 갚다	تَسْدِيدُ الدَّيْنِ، سَدُّ الدَّيْنِ	سَدَّ/ يَسُدُّ دَيْنًا
(채무) 만기가 되다	اِسْتِحْقَاقُ الدَّفْعِ	اِسْتَحَقَّ/ يَسْتَحِقُّ الدَّفْعَ
파산하다	إِفْلاَسٌ	أَفْلَسَ/ يُفْلِسُ
판매하다	بَيْعٌ	بَاعَ/ يَبِيعُ هـ
투자하다	اِسْتِثْمَارٌ	اِسْتَثْمَرَ/ يَسْتَثْمِرُ
수출하다	تَصْدِيرٌ	صَدَّرَ/ يُصَدِّرُ هـ

수입하다	اِسْتِيرَادٌ	اِسْتَوْرَدَ/ يَسْتَوْرِدُ هـ،
수출하다, 수입하다	تَوْرِيدٌ	وَرَّدَ/ يُوَرِّدُ هـ
분배하다, 유통시키다	تَوْزِيعٌ	وَزَّعَ/ يُوَزِّعُ هـ
공급하다, 제공하다	تَزْوِيدٌ	زَوَّدَ/ يُزَوِّدُ هـ
고용하다	تَوْظِيفٌ تَشْغِيلٌ	وَظَّفَ/ يُوَظِّفُ ه فِي شَغَّلَ/ يُشَغِّلُ ه فِي
해고하다	إِقَالَةٌ	أَقَالَ/ يُقِيلُ (مِن مَنْصِبٍ)
사직하다, 사퇴하다	اِسْتِقَالَةٌ	اِسْتَقَالَ/ يَسْتَقِيلُ مِنْ..
정부규제를 철폐하다	رَفْعُ الْقُيُودِ الْحُكُومِيَّةِ	رَفَعَ/ يَرْفَعُ الْقُيُودَ الْحُكُومِيَّةَ
민영화하다	خَصْخَصَةٌ	خَصْخَصَ/ يُخَصْخِصُ هـ
..와 거래하다	تَعَامُلٌ	تَعَامَلَ/ يَتَعَامَلُ مَعَ
..를 후원하다	رَعْيٌ، رِعَايَةٌ	رَعَى/ يَرْعَى ه
경제제재를 실행하다	تَنْفِيذُ عُقُوبَاتٍ اِقْتِصَادِيَّةٍ	نَفَّذَ/ يُنَفِّذُ عُقُوبَاتٍ اِقْتِصَادِيَّةً
배상하다, 보상하다	تَعْوِيضٌ	عَوَّضَ/ يُعَوِّضُ ه عَنْ ...
경영하다, 관리하다, 운영하다	إِدَارَةٌ	أَدَارَ/ يُدِيرُ هـ
증가시키다	زِيَادَةٌ	زَادَ/ يَزِيدُ هـ عَلَى
증가되다	اِزْدِيَادٌ	اِزْدَادَ/ يَزْدَادُ، زَادَ/ يَزِيدُ
지나치다, 초과하다	زِيَادَةٌ	زَادَ/ يَزِيدُ عَنْ أَوْ عَلَى
(가격 등이) ...사이를 왔다 갔다 하다. ...오르내리다		تَرَاوَحَ/ يَتَرَاوَحُ بَيْنَ ...
환율을 달러에 고정시키다(고정환율)	رَبْطُ الْعُمْلَةِ بِالدُّولَارِ	رَبَطَ/ يَرْبُطُ الْعُمْلَةَ بِالدُّولَارِ
채무상환 기간을 조정하다	إِعَادَةُ جَدْوَلَةِ دَيْنٍ	أَعَادَ/ يُعِيدُ جَدْوَلَةَ دَيْنٍ
부채를 탕감하다	إِعْفَاءٌ مِنْ دَيْنٍ	أَعْفَى/ يُعْفِي ه مِنْ دَيْنٍ
동결하다	تَجْمِيدٌ	جَمَّدَ/ يُجَمِّدُ هـ
부채를 동결하다	تَجْمِيدُ دَيْنٍ	جَمَّدَ/ يُجَمِّدُ دَيْنًا
잔고(계좌)를 동결하다		جَمَّدَ/ يُجَمِّدُ أَرْصِدَةً

주제별 사전

8-1 법과 질서(Law & Order)

	형용사(Adjective)	명사(Noun)
법	قَانُونِيٌّ	قَانُونٌ/ قَوَانِينُ
헌법	دُسْتُورِيٌّ	دُسْتُورٌ
헌법재판소		الْمَحْكَمَةُ الدُّسْتُورِيَّةُ
헌법개정위원회		لَجْنَةٌ لِتَعْدِيلِ الدُّسْتُورِ
합법성, 적법성	شَرْعِيٌّ، مَشْرُوعٌ	شَرْعِيَّةٌ، مَشْرُوعِيَّةٌ
합법적인	شَرْعِيٌّ، مَشْرُوعٌ	
불법적인	غَيْرُ شَرْعِيٍّ	
조항	مَادَّةٌ/ مَوَادٌّ أَوْ مَادَّاتٌ، بَنْدٌ/ بُنُودٌ	
문건, 문서(document)	وَثَائِقِيٌّ	وَثِيقَةٌ/ وَثَائِقُ
칙령(decree)		مَرْسُومٌ/ مَرَاسِيمُ
권리		حَقٌّ/ حُقُوقٌ
인권	حُقُوقِيٌّ	حُقُوقُ الإِنْسَانِ
판사		قَاضٍ(الْقَاضِي)/ قُضَاةٌ
변호사		مُحَامٍ(الْمُحَامِي)/ -ونَ
검사(prosecutor)		وَكِيلُ نِيَابَةٍ، مُدَّعٍ(الْمُدَّعِي)
검찰총장	النَّائِبُ الْعَامُّ، الْمُدَّعِي الْعَامُّ، الادِّعَاءُ الْعَامُّ	
소송		قَضِيَّةٌ/ قَضَايَا
소송	دَعْوَى/ دَعَاوَى أَوْ دَعَاوٍ، دَعْوَى قَضَائِيَّةٌ	
법원		مَحْكَمَةٌ/ مَحَاكِمُ
형사법원		مَحْكَمَةُ الْجِنَايَاتِ
행정법원	الْمَحْكَمَةُ الإِدَارِيَّةُ، مَحْكَمَةُ الْقَضَاءِ الإِدَارِيِّ	
민사법원		الْمَحْكَمَةُ الْمَدَنِيَّةُ
가정법원		مَحْكَمَةُ الأُسْرَةِ

군사법원		الْمَحْكَمَةُ الْعَسْكَرِيَّةُ
대법원(Supreme Court)		الْمَحْكَمَةُ الْعُلْيَا
최고법원, 파기원		مَحْكَمَةُ النَّقْضِ وَالإِبْرَامِ
국제사법재판소		مَحْكَمَةُ الْعَدْلِ الدَّوْلِيَّةُ
검찰청		النِّيَابَةُ الْعَامَّةُ
체포		اِعْتِقَالٌ
구금		حَبْسٌ
구금, 억류		اِحْتِجَازٌ
조사(경찰이나 검사의), 수사, 심문		تَحْقِيقٌ/ تَحْقِيقَاتٌ
범죄수사		تَحْقِيقٌ جِنَائِيٌّ/ تَحْقِيقَاتٌ جِنَائِيَّةٌ
조사.수사를 하기 위해		عَلَى ذِمَّةِ التَّحْقِيقِ
기소, 고발	مُتَّهِمٌ 기소자، مُتَّهَمٌ	اِتِّهَامٌ/ اِتِّهَامَاتٌ
기소, 고발	مُدَّعٍ(الْمُدَّعِي) 기소자	اِدِّعَاءٌ
고발, 통보		بَلاَغٌ/ –اتٌ
혐의(accusation)		تُهْمَةٌ/ تُهَمٌ
피고, 혐의자 ; 기소된,고발된		مُتَّهَمٌ/ –ونَ
용의자(suspicious)		مُشْتَبَهٌ بِهِ أو فِيهِ، مَشْبُوهٌ
전과자		ذُو سَوَابِقَ
가해자		ظَالِمٌ/ ظَلَمَةٌ
피해자		مَظْلُومٌ/ مَظْلُومُونَ
죄를범한 ; 범죄자		مُجْرِمٌ/ -ونَ
무죄의, 결백의		بَرِيءٌ/ أَبْرِيَاءُ
목격자(eyewitness)	شَهَادَةُ عِيَانٍ	شَاهِدُ عِيَانٍ/ شُهُودُ عِيَانٍ
재판		مُحَاكَمَةٌ/ مُحَاكَمَاتٌ
한번의 공판		جَلْسَةٌ/ جَلَسَاتٌ

공판심리, 재판심리		جَلْسَةُ الْمَحْكَمَةِ
판결		حُكْمٌ/ أَحْكَامٌ
허락, 허가	مُرَخَّصٌ	تَرْخِيصٌ/ تَرَاخِيصُ
허가증		رُخْصَةٌ/ رُخَصٌ، رُخْصَاتٌ
법적 권한을 모두 가진 (사람)		كَامِلُ الأَهْلِيَّةِ
법적 권한이 없는 (사람)		عَدِيمُ الأَهْلِيَّةِ
법적 구속력이 없는 의견		رَأْيٌ يُعَدُّ غَيْرَ مُلْزِمٍ
법적 구속력이 없는 계약		عَقْدٌ يُعَدُّ غَيْرَ مُلْزِمٍ
범칙금,벌금		غَرَامَةٌ/غَرَامَاتٌ
사고		حَادِثَةٌ/ حَوَادِثُ
위반	مُخَالِفٌ	مُخَالَفَةٌ/ مُخَالَفَاتٌ
보험	تَأْمِينِيٌّ	تَأْمِينٌ/ ـاتٌ
생명보험		تَأْمِينٌ عَلَى الْحَيَاةِ
강제보험		تَأْمِينٌ إِجْبَارِيٌّ
소환		اِسْتِدْعَاءٌ
조사(경찰이나 검사의), 수사, 심문		تَحْقِيقٌ/ ـاتٌ
범죄 현장 조사		مُعَايَنَةٌ/ مُعَايَنَاتٌ
조서, 사고진술서		مَحْضَرٌ/ مَحَاضِرُ
범죄신고		بَلاَغٌ/ بَلاَغَاتٌ
항소, 상고		طَعْنٌ/ طُعُونٌ
항소, 상고	اِسْتِئْنَافِيٌّ	اِسْتِئْنَافٌ
묵비권		حَقُّ الصَّمْتِ
.. 혐의로, ..죄로	بِتُهَمِ ...	
..형을 선고받은, ..형에 처해진	مَحْكُومٌ عَلَيْهِ بِـــ ...	
..죄를 유죄선고받은	مُدَانٌ بِـــ ...	

법제정, 입법	تَشْرِيعِيٌّ	تَشْرِيعٌ/ -اتٌ أَوْ تَشَارِيعُ
사면(Amnesty for)		عَفْوٌ عَنْ
면제(세금, 군대 등)		إِعْفَاءٌ (مِنْ)

8-2 범죄(Crime)

	형용사(Adjective)	명사(Noun)
범죄, 중한 범죄(살인 등 crime)		جَرِيمَةٌ/ جَرَائِمُ
범죄, 중한 범죄	جِنَائِيٌّ	جِنَايَةٌ/ -اتٌ
범죄(criminality)	إِجْرَامِيٌّ	إِجْرَامٌ
경범죄		جُنْحَةٌ/ جُنَحٌ
죄(법정에서, sin)		ذَنْبٌ/ ذُنُوبٌ
범인(살인 등)		مُجْرِمٌ/ -ونَ
유죄의(guilty)		مُذْنِبٌ/ -ونَ
무죄의(innocent)		بَرِيءٌ/ أَبْرِيَاءُ
범죄의(criminal)		جِنَائِيٌّ، إِجْرَامِيٌّ
형벌, 처벌	عِقَابِيٌّ	عُقُوبَةٌ/ -اتٌ، عِقَابٌ، مُعَاقَبَةٌ
형벌의, 처벌의		عِقَابِيٌّ
수감자, 죄수		سَجِينٌ/ سُجَنَاءُ، مَسْجُونٌ/ مَسَاجِينُ
체포된 ; 죄수, 수감자		مُعْتَقَلٌ/ -ونَ
정치범		سَجِينٌ سِيَاسِيٌّ
감옥		سِجْنٌ/ سُجُونٌ
무장한 사람		مُسَلَّحٌ/ -ونَ

갱단(gang)	عِصَابِيٌّ	عِصَابَةٌ/ -اتٌ
인질, 볼모		رَهِينَةٌ/ رَهَائِنُ
해적	قَرْصَنَةٌ	قُرْصَانٌ/ قَرَاصِنَةٌ
네트워크 ; 망	شَبَكِيٌّ	شَبَكَةٌ/ -اتٌ
범죄망		شَبَكَةٌ إِجْرَامِيَّةٌ
유린 ; 위반		اِنْتِهَاكٌ/ -اتٌ
인권유린		اِنْتِهَاكَاتُ حُقُوقِ الإِنْسَانِ
가혹함	قَاسٍ	قَسْوَةٌ
성희롱	مُتَحَرِّشٌ جِنْسِيٌّ	تَحَرُّشٌ جِنْسِيٌّ
성폭력		اِعْتِدَاءٌ جِنْسِيٌّ
강간	مُغْتَصِبٌ، مُغْتَصَبٌ	اِغْتِصَابٌ
성관계		مُمَارَسَةٌ جِنْسِيَّةٌ
폭력 ; 강간 ; 침략		اِعْتِدَاءٌ/ -اتٌ
강간미수		مُحَاوَلَةُ اغْتِصَابٍ
살인		قَتْلٌ
과실치사		قَتْلُ الْخَطَأ
고의살인		الْقَتْلُ الْعَمْدُ
총격에 의한 사망		مَقْتَلٌ بِالرَّصَاصِ
암살		اِغْتِيَالٌ
암살미수		مُحَاوَلَةُ اغْتِيَالٍ
방화		إِحْرَاقٌ
약탈		سَلْبٌ، نَهْبٌ
사기		اِحْتِيَالٌ
고문(torture)	تَعْذِيبِيٌّ	تَعْذِيبٌ/ تَعْذِيبَاتٌ
가혹행위		مُعَامَلَةٌ قَاسِيَةٌ

절도, 도둑질		سَرِقَةٌ أَوْ سِرْقَةٌ/ -اتٌ
도둑		حَرَامِيٌّ/ حَرَامِيَّةٌ
강도		لِصٌّ/ لُصُوصٌ
뇌물수수	رَشْوَةٌ/ رَشَاوَى أو رُشًى 뇌물	اِرْتِشَاءٌ
부정이익(직권남용 등에 따른, illicit gain)		كَسْبٌ غَيْرُ مَشْرُوعٍ
부정이익(직권남용 등에 따른, illicit gain)		تَرَبُّحٌ
권력남용	مُسِيءٌ	إِسَاءَةُ اسْتِعْمَالِ السُّلْطَةِ
권력남용		اِسْتِغْلَالُ النُّفُوذِ
사생활 침해	مُسَبِّبٌ لِلإِزْعَاجِ	تَسَبُّبٌ فِي إِزْعَاجِ فُلَانٍ
반정부 활동		نَشَاطٌ مُخَالِفٌ لِلْحُكُومَةِ
테러	إِرْهَابِيٌّ	إِرْهَابٌ
테러리스트		إِرْهَابِيٌّ
밀수	تَهْرِيبِيٌّ	تَهْرِيبٌ
밀수범		مُهَرِّبٌ/ -ونَ
쿠데타 미수		مُحَاوَلَةٌ اِنْقِلَابِيَّةٌ
협박	تَهْدِيدِيٌّ	تَهْدِيدٌ/ -اتٌ
마약	تَخْدِيرٌ N	مُخَدِّرَاتٌ
마약밀수		تَهْرِيبُ مُخَدِّرَاتٍ
도난당한 물건		مَسْرُوقَاتٌ
탈선, 일탈	اِنْحِرَافِيٌّ	اِنْحِرَافٌ/ -اتٌ
도덕적 탈선, 도덕적 일탈		اِنْحِرَافٌ أَخْلَاقِيٌّ

8-3 형벌(Punishment)

	형용사(Adjective)	명사(Noun)
벌, 형벌	عِقَابِيٌّ	عُقُوبَةٌ/ -اتٌ، عِقَابٌ
구금		حَبْسٌ
태형		جَلْدٌ
징역		سَجْنٌ
중노동		أَشْغَالٌ شَاقَّةٌ
경노동(예: 5년 징역에 경노동)		مَعَ الشُّغْلِ (السَّجْنُ خَمْسُ سَنَوَاتٍ مَعَ الشُّغْلِ)
무기징역, 종신형 (이집트에서는 25년)		السَّجْنُ الْمُؤَبَّدِ
무기 중노동형 (이집트에서는 25년)		أَشْغَالٌ شَاقَّةٌ مُؤَبَّدَةٌ
종신형		سَجْنٌ مَدَى الْحَيَاةِ
사형		إِعْدَامٌ
교수형		الإِعْدَامُ شَنْقًا
총살형		الإِعْدَامُ رَمْيًا بِالرَّصَاصِ
투석형		الإِعْدَامُ رَجْمًا
유배형		نَفْيٌ
유배지		مَنْفًى/ مَنَافٍ
징역 선고		حُكْمٌ بِالسَّجْنِ
집행유예		تَعْلِيقُ الْعُقُوبَةِ الصَّادِرَةِ
보석(bail)		الإِفْرَاجُ بِكَفَالَةٍ

시사 · 미디어 아랍어 소사전

8-4 법관련 동사

	동명사(Verbal Noun)	동사(Verb)
범하다, 저지르다	اِرْتِكَابٌ	اِرْتَكَبَ/ يَرْتَكِبُ هـ
범행을 저지르다		اِرْتَكَبَ/ يَرْتَكِبُ الْجَرِيمَةَ
..를 ..로 고발하다, 고소하다, 기소하다	اِتِّهَامٌ	اِتَّهَمَ/ يَتَّهِمُ ه بِـ ...
..라고 고백하다, 자백하다	اِعْتِرَافٌ	اِعْتَرَفَ/ يَعْتَرِفُ بِـ ...
..에 대항하여 고소하다	تَوْجِيهُ اِتِّهَامَاتٍ	وَجَّهَ/ يُوَجِّهُ اِتِّهَامَاتٍ ضِدَّ ..
심문하다	تَحْقِيقٌ	حَقَّقَ/ يُحَقِّقُ مَعَ ه
심문하다	اِسْتِجْوَابٌ	اِسْتَجْوَبَ/ يَسْتَجْوِبُ ه
법정에 서다		مَثَلَ/ يَمْثُلُ أَمَامَ الْمَحْكَمَةِ
..을 ..에 대한 유죄로 인정하다	إِدَانَةٌ	أَدَانَ/ يُدِينُ ه بِـ ...
(형벌 등을) 선고하다, 최종 판결하다	قَضَاءٌ	قَضَى/ يَقْضِي بِـ
판결을 내리다, 선고하다	إِصْدَارُ حُكْمٍ	أَصْدَرَ/ يُصْدِرُ حُكْمًا
판결하다, 선고하다	حُكْمٌ	حَكَمَ/ يَحْكُمُ عَلَى ه بِـ
...(형벌을)를 선고받다		حُكِمَ/ يُحْكَمُ بِـ
..을(..에대해) 변호하다	مُدَافَعَةٌ	دَافَعَ/ يُدَافِعُ عَنْ
증언하다	إِدْلاءُ بِشَهَادَةٍ	أَدْلَى/ يُدْلِي بِشَهَادَتِهِ
공판이 끝나다	رَفْعُ الْجَلْسَةِ	رُفِعَتِ/ تُرْفَعُ الْجَلْسَةُ
..을 ..으로 이송하다, 이관하다, 회부하다	إِحَالَةٌ	أَحَالَ/ يُحِيلُ هـ أَوْ ه إِلَى
..을 받아들이다, 수락하다 (항소심에 대해)	قَبِلَ/ يَقْبَلُ هـ (طَعْنًا أَوِ اِسْتِئْنَافًا) - قُبُولٌ	
..을 명령하다	أَمْرٌ	أَمَرَ/ يَأْمُرُ بِـ
..을 허락하다	سَمَاحٌ	سَمَحَ/ يَسْمَحُ بِـ
..이 ..를 하지 못하도록 하다	مَنْعٌ	مَنَعَ/ يَمْنَعُ ه مِنْ
..금지하다, 못하게하다	حَظْرٌ	حَظَرَ/ يَحْظُرُ هـ

상소하다, 항고하다	طَعْنٌ	طَعَنَ/ يَطْعَنُ فِي الْحُكْمِ
틀렸다고 항의하다	طَعَنَ/ يَطْعَنُ فِي صِحَّةِ شَيْءٍ - طَعْنٌ فِي صِحَّةِ شَيْءٍ	
..를 소환하다, 호출하다, 소집하다	اِسْتِدْعَاءٌ	اِسْتَدْعَى/ يَسْتَدْعِي ه
석방하다	إِطْلَاقُ سَرَاحٍ	أَطْلَقَ/ يُطْلِقُ سَرَاحَهُ
석방하다	إِفْرَاجٌ	أَفْرَجَ/ يُفْرِجُ عَنْ ه
..에 대해 사형판결을 내리다	حُكْمٌ بِالإِعْدَامِ	حَكَمَ/ يَحْكُمُ عَلَيْهِ بِالإِعْدَامِ
종신형을 내리다	حَكَمَ/ يَحْكُمُ عَلَيْهِ بِالسَّجْنِ مَدَى الْحَيَاةِ - حُكْمٌ بِالسَّجْنِ مَدَى الْحَيَاةِ	
종신형을 내리다(이집트에서는 25년)	حَكَمَ/ يَحْكُمُ عَلَيْهِ بِالسَّجْنِ الْمُؤَبَّدِ - حُكْمٌ بِالسَّجْنِ الْمُؤَبَّدِ	
처형하다, 사형시키다	إِعْدَامٌ	أَعْدَمَ/ يُعْدِمُ ه
교수형에 처하다	إِعْدَامٌ شَنْقًا	أَعْدَمَ/ يُعْدِمُ ه شَنْقًا
체포하다	اِعْتِقَالٌ	اِعْتَقَلَ/ يَعْتَقِلُ ه
체포하다	قَبْضٌ عَلَى ه	قَبَضَ/ يَقْبِضُ عَلَى ه
체포하다		أَلْقَى/ يُلْقِي الْقَبْضَ عَلَى ه
체포하다		ضَبَطَ/ يَضْبُطُ ه
체포되다	إِلْقَاءُ الْقَبْضِ عَلَى	أُلْقِيَ/ يُلْقَى الْقَبْضُ عَلَى ه
판결을 기다리다(사형이나 징역 등)	إِيقَافُ تَنْفِيذِ الْحُكْمِ	أَوْقَفَ/ يُوقِفُ تَنْفِيذَ الْحُكْمِ
판결을 기다리다(사형이나 징역 등)	إِيقَافُ تَنْفِيذِ الْقَرَارِ	أَوْقَفَ/ يُوقِفُ تَنْفِيذَ الْقَرَارِ
..의 사형을 집행하다	تَمَّ/ يَتِمُّ تَنْفِيذُ حُكْمِ الإِعْدَامِ فِي فُلَانٍ	
사형집행을 유예하다		عَلَّقَ/ يُعَلِّقُ تَنْفِيذَ الإِعْدَامِ
구박하다, 학대하다	إِسَاءَةُ الْمُعَامَلَةِ	أَسَاءَ/ يُسِيءُ مُعَامَلَةَ ه
구박하다, 학대하다		عَامَلَ/ يُعَامِلُ ه بِقَسْوَةٍ
학대하다	إِذْلَالٌ	أَذَلَّ/ يُذِلُّ ه
..을 멀리하다 ; 추방하다 ; 해고하다 ; 제거하다	إِبْعَادٌ	أَبْعَدَ/ يُبْعِدُ هـ أَوْ ه
내쫓다 ; 해고하다	طَرْدٌ	طَرَدَ/ يَطْرُدُ ه

نَفَى/ يَنْفِي هـ أَوْ ه	نَفْيٌ	부인하다 ; 추방하다
عَاشَ/ يَعِيشُ فِي الْمَنْفَى	الْعَيْشُ فِي الْمَنْفَى	유배생활하다
نَظَّمَ/ يُنَظِّمُ هـ	تَنْظِيمٌ	조직하다
تَوَرَّطَ/ يَتَوَرَّطُ فِي ...	تَوَرُّطٌ	연루되다
رَفَعَ/ يَرْفَعُ قَضِيَّةً عَلَى ه	رَفْعُ قَضِيَّةٍ عَلَى	소송을 걸다
فَرَضَ/ يَفْرِضُ عُقُوبَاتٍ	فَرْضُ عُقُوبَاتٍ	형벌을 부과하다
رَفَعَ/ يَرْفَعُ عُقُوبَاتٍ	رَفْعُ عُقُوبَاتٍ	형벌을 제거하다
تَحَرَّشَ/ يَتَحَرَّشُ بِـ	تَحَرُّشٌ	..에 대항하다, 도발하다, 싸움을 걸다, 괴롭히다
تَحَرَّشَ/ يَتَحَرَّشُ جِنْسِيًّا بِفُلَانَةٍ - تَحَرُّشٌ جِنْسِيٌّ		성희롱하다, 성추행하다
اِرْتَشَى/ يَرْتَشِي	اِرْتِشَاءٌ	뇌물을 수수하다
سَبَّبَ/ يُسَبِّبُ إِزْعَاجًا لِـ	تَسَبُّبٌ فِي إِزْعَاجِ ...	..의 사생활을 침해하다

9-1 군사 & 전쟁(Military & War)

군대종류		
	형용사(Adjective)	명사(Noun)
군대(the military)		الْمُؤَسَّسَةُ الْعَسْكَرِيَّةُ
군대(army)		جَيْشٌ/ جُيُوشٌ
군대(armed forces)		الْقُوَّاتُ الْمُسَلَّحَةُ
군대(the troops)		الْقُوَّاتُ
공군(air force)		قُوَّاتٌ جَوِّيَّةٌ
지상부대, 육군(ground forces)		قُوَّاتٌ بَرِّيَّةٌ
해군		قُوَّاتٌ بَحْرِيَّةٌ
특공대		قُوَّاتٌ خَاصَّةٌ
예비군		قُوَّاتٌ اِحْتِيَاطِيَّةٌ
평화유지군		قُوَّاتُ حِفْظِ السَّلَامِ
동맹군		قُوَّاتُ التَّحَالُفِ
저항군		قُوَّاتُ الْمُعَارِضَةِ
경찰, 경찰력		قُوَّاتُ الشُّرْطَةِ، قُوَّاتُ الأَمْنِ
보안대		أَمْنُ الدَّوْلَةِ
군사력		الْقُوَّةُ الْعَسْكَرِيَّةُ
방어력		قُوَّةٌ دِفَاعِيَّةٌ
공격력		قُوَّةٌ هُجُومِيَّةٌ ضَارِبَةٌ
억지력, 전쟁억지력(deterrent force)		قُوَّةُ رَدْعٍ
전투병력(combat troops)		قِطَاعَاتٌ قِتَالِيَّةٌ
부대 등의 단위(unit)		وَحْدَةٌ/ وَحَدَاتٌ
소대, 분대(cell, squad)		فَصِيلَةٌ/ فَصَائِلُ
처형 집행대		فَصِيلَةُ الإِعْدَامِ

대대, 연대, 부대 (battalion)		كَتِيبَةٌ/ كَتَائِبُ
비행중대, 비행대		سِرْبٌ/ أَسْرَابٌ
군인종류		
군인(soldier)		جُنْدِيٌّ/ جُنُودٌ
병사, 군인		عَسْكَرِيٌّ/ ـونَ
민간인(civilian)		مَدَنِيٌّ/ ـونَ
징집된 군인	징집 تَجْنِيدٌ	مُجَنَّدٌ/ ـونَ
보병		الْمُشَاةُ
해군사병, 수병 ; 선원	بَحْرِيٌّ	بَحَّارٌ/ ـونَ أَوْ بَحَّارَةٌ
해병(marine)		جُنْدِيٌّ مُشَاةِ الْبَحْرِيَّةِ
공군사병, 조종사		طَيَّارٌ/ ـونَ
낙하산 부대원		مِظَلِّيٌّ/ ـونَ
저격수		قَنَّاصٌ/ ـونَ، قَنَّاصَةٌ
잠수부		غَوَّاصٌ/ ـونَ
보초, 경비원		حَارِسٌ/ حُرَّاسٌ
영웅(hero)		بَطَلٌ/ أَبْطَالٌ
동맹자		حَلِيفٌ/ حُلَفَاءُ
소장(장군, general) ; 깃발		لِوَاءٌ/ أَلْوِيَةٌ
참모		رُكْنٌ/ أَرْكَانٌ
참모장		رَئِيسُ الأَرْكَانِ
계급(rank)		رُتْبَةٌ/ رُتَبٌ
무기종류		
무기		سِلَاحٌ/ أَسْلِحَةٌ
날 있는 무기(검, 칼 등)		أَسْلِحَةٌ بَيْضَاءُ
소형화기(firearms)		أَسْلِحَةٌ نَارِيَّةٌ

검		سَيْفٌ/ سُيُوفٌ
창(spear)		حَرْبَةٌ/ حِرَابٌ
화살		سَهْمٌ/ سِهَامٌ
방패(shield)		تُرْسٌ/ تُرُوسٌ أَوْ أَتْرَاسٌ
방패 ; 갑옷		دِرْعٌ/ دُرُوعٌ
인간방패		دِرْعٌ بَشَرِيٌّ
소화기(small arms)		أَسْلِحَةٌ خَفِيفَةٌ أَوْ صَغِيرَةٌ
낙하산		مِظَلَّةٌ/ -اتٌ، مِظَلَّةُ هُبُوطٍ
무기고		تَرْسَانَةٌ/ -اتٌ
핵무기		أَسْلِحَةٌ نَوَوِيَّةٌ
첨단무기(smart weapons)		أَسْلِحَةٌ ذَكِيَّةٌ
대량살상무기(WMD)		أَسْلِحَةُ الدَّمَارِ الشَّامِلِ
미사일	صَارُوخِيٌّ	صَارُوخٌ/ صَوَارِيخُ
대공 미사일		صَارُوخٌ مُضَادٌّ لِلطَّائِرَاتِ
유도미사일(guided missile)		صَارُوخٌ مُوَجَّهٌ، قَذِيفَةٌ مُوَجَّهَةٌ
속이는 미사일, 유도하는 미사일		صَارُوخٌ تَمْوِيهِيٌّ
크루즈 미사일		صَارُوخٌ طَوَّافٌ
지대공 미사일		صَارُوخٌ أَرْضٍ – جَوٌّ
장거리 미사일		صَارُوخٌ بَعِيدُ الْمَدَى
단거리 미사일		صَارُوخٌ قَصِيرُ الْمَدَى
중거리 미사일		صَارُوخٌ مُتَوَسِّطُ الْمَدَى
탄도미사일(Ballistic missile)		صَارُوخٌ بَالِيسْتِيٌّ، صَارُوخٌ ذَاتِيٌّ الدَّفْعِ

대륙간 탄도 미사일		صَارُوخٌ عَابِرٌ لِلْقَارَّاتِ، قَذِيفَةٌ عَابِرَةٌ لِلْقَارَّاتِ
미사일 발사대		قَاذِفَةُ الصَّوَارِيخِ
폭발물(explosives)	مُتَفَجِّرٌ	مُتَفَجِّرَاتٌ
폭발장치		أَدَاةُ تَفْجِيرٍ
폭탄		قُنْبُلَةٌ/ قَنَابِلُ
수류탄		قُنْبُلَةٌ يَدَوِيَّةٌ
시한폭탄		قُنْبُلَةٌ مَوْقُوتَةٌ
핵폭탄(nuclear bomb)		قُنْبُلَةٌ نَوَوِيَّةٌ
원자폭탄(atomic bomb)		قُنْبُلَةٌ ذَرِّيَّةٌ
클러스터 폭탄(cluster bomb)		قُنْبُلَةٌ عُنْقُودِيَّةٌ
소이탄(incendiary bomb)		قُنْبُلَةٌ حَارِقَةٌ
포탄 ; 미사일		قَذِيفَةٌ/ قَذَائِفُ
대포		مِدْفَعٌ/ مَدَافِعُ
박격포		مِدْفَعٌ هَاوُن، قَذِيفَةٌ هَاوُن
기관총		مِدْفَعٌ رَشَّاشٌ
기관단총		رَشَّاشٌ قَصِيرٌ
소총(rifle)		بُنْدُقِيَّةٌ/ بَنَادِقُ
자동소총		بُنْدُقِيَّةٌ آلِيَّةٌ
권총(pistol)		مُسَدَّسٌ/ مُسَدَّسَاتٌ
지뢰, 기뢰		لَغَمٌ أَوْ لُغْمٌ/ أَلْغَامٌ
총알(bullet)		رَصَاصَةٌ/ -اتٌ أَوْ رَصَاصٌ
탄약, 포탄 등의 총칭(ammunition)		ذَخِيرَةٌ/ ذَخَائِرُ
실탄(총알)		رَصَاصٌ حَيٌّ

실탄약, 실포탄		ذَخِيرَةٌ حَيَّةٌ
발사, 발포(shot)		عِيَارٌ نَارِيٌّ/ أَعْيِرَةٌ نَارِيَّةٌ
탄도 무기(ballistic weapon)		سِلَاحٌ بَالِيسْتِيٌّ
탱크		دَبَّابَةٌ/ -اتٌ
장갑차(Armored vehicles)		مُدَرَّعَةٌ/ -اتٌ
장갑차(Armored vehicles)		الْعَرَبَاتُ الْمُصَفَّحَةُ
병사수송차량		نَاقِلَةُ جُنُودٍ مُدَرَّعَةٌ
불도저		جَرَّافَةٌ/ -اتٌ
헬리콥터	طَائِرَةٌ عَمُودِيَّةٌ، هِلِيكُوبْتَر ، طَائِرَةٌ مِرْوَحِيَّةٌ	
잠수함		غَوَّاصَةٌ/ -اتٌ
대항공기 잠수함		غَوَّاصَةٌ مُضَادَّةٌ لِلطَّائِرَاتِ
항공모함(aircraft carrier)		حَامِلَةُ طَائِرَاتٍ
전투기		طَائِرَةٌ مُقَاتِلَةٌ
구축함(destroyer)		مُدَمِّرَةٌ/ -اتٌ
군함, 전함	سَفِينَةٌ حَرْبِيَّةٌ/ سُفُنٌ حَرْبِيَّةٌ، بَارِجَةٌ/ بَوَارِجُ	
포함(gunboat)	زَوْرَقٌ حَرْبِيٌّ/ زَوَارِقُ حَرْبِيَّةٌ	
어뢰정, 수뢰정(torpedo boat)		نَسَّافَةٌ/ -اتٌ
함대(fleet)		أُسْطُولٌ/ أَسَاطِيلُ
군대의 장소		
군기지(military base)	قَاعِدَةٌ عَسْكَرِيَّةٌ/ قَوَاعِدُ عَسْكَرِيَّةٌ	
병영지, 군부대		مُعَسْكَرٌ/ -اتٌ
군부대(military unit)		وَحْدَةٌ عَسْكَرِيَّةٌ
본부		مَقَرٌّ/ مَقَارٌّ أَوْ مَقَرَّاتٌ
전략적 요충지	مَوْقِعٌ اِسْتِرَاتِيجِيٌّ/ مَوَاقِعُ اِسْتِرَاتِيجِيَّةٌ	

전투지대, 작전지대 (combat zone)		مِنْطَقَةُ الْقِتَالِ/ مَنَاطِقُ الْقِتَالِ
비무장지대(free zone)		مِنْطَقَةٌ خَالِيَةٌ مِنَ الأَسْلِحَةِ
비핵무장지대		مِنْطَقَةٌ خَالِيَةٌ مِنَ الأَسْلِحَةِ النَّوَوِيَّةِ
비행금지구역		مِنْطَقَةُ حَظْرٍ جَوِّيٌّ
비행금지구역설정		فَرْضُ مِنْطَقَةِ حَظْرٍ جَوِّيٍّ
전쟁터(theatre of war)		مَسْرَحُ الْحَرْبِ
전장, 격전지		مَيْدَانُ الْمَعْرَكَةِ
작전지역(field of operations)		مَيْدَانُ الْعَمَلِيَّاتِ
군사 행위들		
군사작전, 군사행위		عَمَلِيَّةٌ عَسْكَرِيَّةٌ
전쟁		حَرْبٌ/ حُرُوبٌ .f
내전		حَرْبٌ أَهْلِيَّةٌ
게릴라전		حَرْبُ عِصَابَاتٍ
전쟁 상태		فِي حَالَةِ الْحَرْبِ
전투, 싸움		قِتَالٌ، مُقَاتَلَةٌ
전투, 싸움		مَعْرَكَةٌ/ مَعَارِكُ
군사기동훈련	مُنَاوِرٌ	مُنَاوَرَةٌ/ -اتٌ
정찰	اِسْتِكْشَافِيٌّ، اِسْتِطْلاَعِيٌّ	اِسْتِكْشَافٌ، اِسْتِطْلاَعٌ مَسْحُ الأَرَاضِي
퍼레이드	اِسْتِعْرَاضِيٌّ	اِسْتِعْرَاضٌ، عَرْضٌ
전투(battle)		مَعْرَكَةٌ/ مَعَارِكُ
군사개입		تَدَخُّلٌ عَسْكَرِيٌّ
정전, 휴전		وَقْفُ إِطْلاَقِ النَّارِ، هُدْنَةٌ، وَقْفُ الْقِتَالِ
무장해제		تَجْرِيدٌ مِنَ السِّلاَحِ
군축협상		مُفَاوَضَةُ التَّجْرِيدِ

대포 폭격		قَصْفٌ مِدْفَعِيٌّ
미사일 폭격		قَصْفٌ صَارُوخِيٌّ
파편		شَظِيَّةٌ/ شَظَايَا
폭발	اِنْفِجَارِيٌّ، تَفْجِيرِيٌّ	اِنْفِجَارٌ/ -اتٌ، تَفْجِيرٌ/ -اتٌ
폭발 이후의 후폭풍		عَصْفٌ
포격		قَصْفٌ
정밀포격		قَصْفٌ دَقِيقٌ
선제공격		ضَرْبَةٌ وِقَائِيَّةٌ
엄호	غِطَائِيٌّ	غِطَاءٌ
공중엄호		غِطَاءٌ جَوِّيٌّ
기습(surprise attack, raid)	مُبَاغِتٌ	مُبَاغَتَةٌ/ -اتٌ
공격(attack)	هُجُومِيٌّ	هُجُومٌ (عَلَى)
공격(attack)		هَجْمَةٌ/ هَجَمَاتٌ
침략(aggression)		اِعْتِدَاءَاتٌ (عَلَى)
육상공격		هُجُومٌ بَرِّيٌّ
수륙양용의		هُجُومٌ بَرْمَائِيٌّ
테러공격		هُجُومٌ إِرْهَابِيٌّ
무장공격		هُجُومٌ مُسَلَّحٌ
반격, 역습		هُجُومٌ مُضَادٌّ
보복공격		هُجُومٌ انْتِقَامِيٌّ، هَجَمَاتٌ انْتِقَامِيَّةٌ
방어(defense)	دِفَاعِيٌّ	دِفَاعٌ (عَنْ)
매복(ambush)		كَمِينٌ/ كَمَائِنُ
순찰(patrol)	دَوْرِيٌّ	دَوْرِيَّةٌ/ -اتٌ
전술	تَكْتِيكِيٌّ	تَكْتِيكَاتٌ
복수(revenge), 보복	اِنْتِقَامِيٌّ	اِنْتِقَامٌ

보복, 앙갚음(retaliation)		رَدٌّ اِنْتِقَامِيٌّ (عَلَى)
자살폭탄테러행위		عَمَلِيَّةٌ اِنْتِحَارِيَّةٌ
자살폭탄테러행위자		مُنَفِّذُ عَمَلِيَّةٍ اِنْتِحَارِيَّةٍ
폭탄차량		سَيَّارَةٌ مُفَخَّخَةٌ
대학살(massacre)	مَذْبُوحٌ	مَذْبَحَةٌ/ مَذَابِحُ
대학살(massacre)		مَجْزَرَةٌ/ مَجَازِرُ
집단학살(genocide)		إِبَادَةٌ جَمَاعِيَّةٌ
죽음(death) ; 전쟁터		مَصْرَعٌ/ مَصَارِعُ
죽음(death) ; 살인(killing)		مَقْتَلٌ
참수(beheading)		قَطْعُ الرَّأْسِ
부상(injury)		إِصَابَةٌ/ -اتٌ
부상자 ; 감염자		مُصَابٌ/ -ونَ
상처	جَارِحٌ، مَجْرُوحٌ، جَرِيحٌ	جُرْحٌ/ جُرُوحٌ أَوْ جِرَاحٌ
부상자		جَرِيحٌ/ جَرْحَى
포로		أَسِيرٌ/ أَسْرَى
억류된자, 구금된자		مُحْتَجَزٌ/ -ونَ
희생자 ; 피해자		ضَحِيَّةٌ/ ضَحَايَا
장례	جَنَائِزِيٌّ	جَنَازَةٌ/ -اتٌ أَوْ جَنَائِزُ
보안	أَمْنِيٌّ	أَمْنٌ
위험	خَطِرٌ، خَطِيرٌ	خَطَرٌ/ أَخْطَارٌ، مَخَاطِرُ
적색경계상태		حَالَةُ تَأَهُّبٍ قُصْوَى

9-2 군사 & 전쟁 관련 동사(Military & War)

	동명사(Verbal Noun)	동사(Verb)
군대를 동원하다, 징집하다	تَعْبِئَةُ جَيْشٍ	عَبَّأَ/ يُعَبِّئُ جَيْشًا
군대를 동원하다, 징집하다	الْقِيَامُ بِتَعْبِئَةٍ	قَامَ/ يَقُومُ بِتَعْبِئَةٍ
(군대를) 동원하다 ;(사람을) 모으다, 집결시키다	حَشْدٌ	حَشَدَ/ يَحْشُدُ ه أَوْ هـ
징집하다, 모병하다 ; (군대를) 동원하다	تَجْنِيدٌ	جَنَّدَ/ يُجَنِّدُ ه
입대하다 ; 동원되다	تَجَنُّدٌ	تَجَنَّدَ/ يَتَجَنَّدُ
소환하다, 소집하다 ; 호출하다	اِسْتِدْعَاءٌ	اِسْتَدْعَى/ يَسْتَدْعِي ه
군사력을 증강하다	تَعْزِيزُ الْقُوَّاتِ	عَزَّزَ/ يُعَزِّزُ الْقُوَّاتِ
(군사 등을) 배치하다	نَشْرٌ	نَشَرَ/ يَنْشُرُ (الْجُنُودَ إِلَخ)
검열하다, 시찰하다	تَفْتِيشٌ	فَتَّشَ/ يُفَتِّشُ هـ
검열하다, 시찰하다, 점검하다	تَفَقُّدٌ	تَفَقَّدَ/ يَتَفَقَّدُ هـ
..을 폭파하다, 터뜨리다	تَفْجِيرٌ	فَجَّرَ/ يُفَجِّرُ هـ
..이 폭발하다	اِنْفِجَارٌ، تَفَجُّرٌ	اِنْفَجَرَ/ يَنْفَجِرُ، تَفَجَّرَ/ يَتَفَجَّرُ
..을 파괴하다, 파멸시키다, 부수다	تَدْمِيرٌ	دَمَّرَ/ يُدَمِّرُ هـ
..을 파괴하다, 허물다, 부수다	هَدْمٌ	هَدَمَ/ يَهْدِمُ هـ
소탕.근절.박멸.전멸시키다	إِبَادَةٌ	أَبَادَ/ يُبِيدُ ه أَوْ هـ
소탕.근절.박멸.전멸시키다	إِفْنَاءٌ	أَفْنَى/ يُفْنِي ه أَوْ هـ
사격전을 벌이다, 교전하다	تَبَادُلُ إِطْلَاقِ النَّارِ	تَبَادَلَ/ يَتَبَادَلُ إِطْلَاقَ النَّارِ
경고사격을 하다	أَطْلَقَ/ يُطْلِقُ عِيَارَاتٍ تَحْذِيرِيَّةً	
경고포탄을 쏘다	أَطْلَقَ/ يُطْلِقُ عِيَارًا تَحْذِيرِيًّا فَارِغًا فِي الْهَوَاءِ	
(..의) 생명을 빼앗다, 죽이다		أَوْدَى/ يُودِي بِهِ أَوْ بِحَيَاتِهِ

순교하다, 순국하다	اِسْتِشْهَادٌ	اُسْتُشْهِدَ/ يُسْتَشْهَدُ
심각한 부상을 입다	أُصِيبَ/ يُصَابُ بِجُرُوحٍ خَطِيرَةٍ	
경미한 부상을 입다	أُصِيبَ/ يُصَابُ بِجُرُوحٍ طَفِيفَةٍ	
공격하다, 침략하다	هُجُومٌ	هَجَمَ/ يَهْجُمُ عَلَى
방어하다(to defend)	مُدَافَعَةٌ، دِفَاعٌ	دَافَعَ/ يُدَافِعُ عَنْ
보호하다(to protect)	حِمَايَةٌ	حَمَى/ يَحْمِي هـــ أَوْ ه مِنْ
..를 쏘다	ضَرْبٌ بِالنَّارِ	ضَرَبَ/ يَضْرِبُ ه بِالنَّارِ
포격하다	ضَرْبٌ بَالْمَدَافِعِ	ضَرَبَ/ يَضْرِبُ هـــ بِالْمَدَافِعِ
..을 침략.침입.침공하다	غَزْوٌ	غَزَا/ يَغْزُو
공격하다	شَنُّ هُجُومٍ	شَنَّ/ يَشُنُّ هُجُومًا عَلَى
급습하다, 습격하다	شَنُّ غَارَةٍ	شَنَّ/ يَشُنُّ غَارَةً عَلَى
전쟁을 벌이다	شَنُّ حَرْبٍ	شَنَّ/ يَشُنُّ حَرْبًا عَلَى
작전을 벌이다	شَنَّ/ يَشُنُّ حَمْلَةً أَوْ عَمَلِيَّةً عَلَى - شَنُّ حَمْلَةٍ	
총을 쏘다	فَتْحُ النَّارِ	فَتَحَ/ يَفْتَحُ النَّارَ عَلَى
총을 쏘다	أَطْلَقَ/ يُطْلِقُ الرَّصَاصَ أَوِ النَّارَ عَلَى - إِطْلَاقُ النَّارِ	
미사일을 발사하다	إِطْلَاقُ الصَّارُوخِ	أَطْلَقَ/ يُطْلِقُ الصَّارُوخَ
폭격하다(대포 등으로)	قَصْفٌ	قَصَفَ/ يَقْصِفُ هـــ
침입하다, 돌진.돌격하다, 뚫고 들어가다	اِقْتِحَامٌ	اِقْتَحَمَ/ يَقْتَحِمُ هـــ
충돌하다, 교전하다	اِشْتِبَاكٌ	اِشْتَبَكَ/ يَشْتَبِكُ
전투에 돌입하다, 전투하다	خَوْضُ الْمَعْرَكَةِ	خَاضَ/ يَخُوضُ الْمَعْرَكَةَ
전쟁에 돌입하다, 전쟁하다	خَوْضُ الْحَرْبِ	خَاضَ/ يَخُوضُ الْحَرْبَ
..에서 철수하다, 퇴각하다	اِنْسِحَابٌ	اِنْسَحَبَ/ يَنْسَحِبُ مِنْ أَوْ عَنْ
후퇴하다 ; 퇴보하다, 떨어지다	تَرَاجُعٌ	تَرَاجَعَ/ يَتَرَاجَعُ (إِلَى أَوْ لِـــ)
..를 암살하다	اِغْتِيَالٌ	اِغْتَالَ/ يَغْتَالُ ه
암살당하다		اُغْتِيلَ/ يُغْتَالُ

..를 납치하다	اِخْتِطَافٌ، خَطْفٌ	اِخْتَطَفَ/ يَخْتَطِفُ ه أَوْ هـ
납치되다		اُخْتُطِفَ/ يُخْتَطَفُ
전쟁이 일어나다	اِنْدِلاَعُ الْحَرْبِ	اِنْدَلَعَتْ/ تَنْدَلِعُ الْحَرْبُ
폭동이 일어나다	اِنْدِلاَعُ الشَّغَبِ	اِنْدَلَعَ/ يَنْدَلِعُ الشَّغَبُ
교전이 일어나다	اِنْدِلاَعُ الاشْتِبَاكَاتِ	اِنْدَلَعَتْ/ تَنْدَلِعُ الاشْتِبَاكَاتُ
전투가 발생하다	اِنْدِلاَعُ الْقِتَالِ	اِنْدَلَعَ/ يَنْدَلِعُ الْقِتَالُ
잠입하다, 비밀리에 침투하다	تَسَلُّلٌ	تَسَلَّلَ/ يَتَسَلَّلُ إِلَى
뚫다, 관통하다 ; (전선을) 돌파하다, 침투하다	اِخْتِرَاقٌ	اِخْتَرَقَ/ يَخْتَرِقُ هـ
전선을 돌파하다	اِخْتِرَاقُ الْحُدُودِ	اِخْتَرَقَ/ يَخْتَرِقُ الْحُدُودَ
..에 깊숙히 침투.침입하다	تَوَغُّلٌ	تَوَغَّلَ/ يَتَوَغَّلُ فِي
둘러싸다, 에워싸다, 포위하다 ; 봉쇄하다	مُحَاصَرَةٌ، حِصَارٌ	حَاصَرَ/ يُحَاصِرُ هـ
..을 포위하다, 둘러싸다, 봉쇄하다	إِحَاطَةٌ	أَحَاطَ/ يُحِيطُ بِـ ه أو هـ
억류하다, 감금.구금하다 ; 봉쇄하다	اِحْتِجَازٌ	اِحْتَجَزَ/ يَحْتَجِزُ ه أَوْ هـ
떠나다, 철수하다, 대피하다	جَلاَءٌ	جَلاَ/ يَجْلُو عَنْ هـ
철수시키다, 대피시키다	إِجْلاَءٌ	أَجْلَى/ يُجْلِي ه عَنْ هـ
패배하다	اِنْهِزَامٌ	اِنْهَزَمَ/ يَنْهَزِمُ (فِي)
패배하다		غُلِبَ/ يُغْلَبُ (فِي)
패배하다		هُزِمَ/ يُهْزَمُ (فِي)
(원수 등에) 항복하다	اِسْتِسْلاَمٌ	اِسْتَسْلَمَ/ يَسْتَسْلِمُ (لِلْعَدُوِّ إِلَخ)
..를 풀어주다 ; 석방하다	إِفْرَاجٌ	أَفْرَجَ/ يُفْرِجُ عَنْ ه
..를 석방하다	إِطْلاَقُ سَرَاحِهِ	أَطْلَقَ/ يُطْلِقُ سَرَاحَهُ
..를 가게하다 ; 석방하다	إِخْلاَءُ سَبِيلِهِ	أَخْلَى/ يُخْلِي سَبِيلَهُ
전투가 재개되다	اِسْتِئْنَافُ الْقِتَالِ	اِسْتَأْنَفَ/ يَسْتَأْنِفُ الْقِتَالَ
..에 반항.저항.대항하다 ; 맞서 대적하다	مُقَاوَمَةٌ	قَاوَمَ/ يُقَاوِمُ ه أَوْ هـ

..을 계획하다	تَخْطِيطٌ	خَطَّطَ/ يُخَطِّطُ هـ، لِـ
음모를 꾸미다	تَآمُرٌ، مُؤَامَرَةٌ	تَآمَرَ/ يَتَآمَرُ (عَلَى)
..을 목표로하다, 겨냥하다(정확하게, 특별히)		اِسْتَهْدَفَ/ يَسْتَهْدِفُ هـ (تَحْدِيدًا) - اِسْتِهْدَافٌ
길 위에 장애물(바리케이트)을 설치하다		نَصَبَ/ يَنْصُبُ حَوَاجِزَ عَلَى الطُّرُق
포위선을 만들다, 저지선을 만들다, 봉쇄하다	فَرْضُ حِصَارٍ	فَرَضَ/ يَفْرِضُ حِصَارًا عَلَى
..을 점령하다, 강점하다	اِحْتِلَالٌ	اِحْتَلَّ/ يَحْتَلُّ هـ
교체하다		أَحَلَّ/ يُحِلُّ ه أو هـ مَحَلَّهُ
군사력을 평가하다, 예측하다		قَدَّرَ/ يُقَدِّرُ حَجْمَ الْقُوَّاتِ بِـ
정보를 수집하다		اِسْتَخْلَصَ/ يَسْتَخْلِصُ الْمَعْلُومَاتِ
승리하다	اِنْتِصَارٌ	اِنْتَصَرَ/ يَنْتَصِرُ عَلَى
승리하다	غَلَبٌ، غَلَبَةٌ	غَلَبَ/ يَغْلِبُ ه أَوْ هـ
적색경보를 내리다		وَضَعَ/ يَضَعُ فِي حَالَةِ تَأَهُّبٍ قُصْوَى

10-1 재난 & 구호(Disaster & Aid)

	형용사(Adjective)	명사(Noun)
위기		أَزْمَةٌ/ أَزَمَاتٌ
재난(자연의, disaster), 참사	كَارِثِيٌّ	كَارِثَةٌ/ كَوَارِثُ
자연재난		كَوَارِثُ طَبِيعِيَّةٌ
인재(人災)		كَارِثَةٌ إِنْسَانِيَّةٌ
재앙, 참사(calamity)		مُصِيبَةٌ/ مَصَائِبُ
재앙, 참사(calamity)		نَكْبَةٌ/ نَكَبَاتٌ
비극	مَأْسَاوِيٌّ، مَأْسَوِيٌّ	مَأْسَاةٌ/ مَآسٍ
비상의	طَارِئٌ	طَارِئَةٌ/ طَوَارِئُ
비상상태, 비상상황		حَالَةُ الطَّوَارِئِ
구호, 원조(aid)		إِسْعَافٌ، إِغَاثَةٌ
응급처치(first aid)		إِسْعَافٌ أَوَّلِيٌّ/ إِسْعَافَاتٌ أَوَّلِيَّةٌ
구호활동		أَنْشِطَةُ الإِغَاثَةِ
구조, 구출		إِنْقَاذٌ
구조됨		نَجَاةٌ
도움(help) ; 원조(aid)		مُسَاعَدَةٌ/ -اتٌ
도움(help) ; 원조(aid)		إِعَانَةٌ/ -اتٌ
도움(help) ; 원조(aid)		مَعُونَةٌ/ -اتٌ
원조, 지원(support) ; 원조비, 지원비		دَعْمٌ
보조금(grant)		مِنْحَةٌ/ مِنَحٌ
장학제도(scholarship)		مِنْحَةٌ دِرَاسِيَّةٌ
국제연합 난민 구제 사업국(UNRWA)	وَكَالَةُ إِغَاثَةِ اللاَّجِئِينَ لِلأُمَمِ الْمُتَّحِدَةِ	
선물		عَطَاءٌ/ أَعْطِيَةٌ أو -اتٌ
식량원조		مُسَاعَدَاتٌ غِذَائِيَّةٌ

기술원조		مُسَاعَدَاتٌ فَنِّيَّةٌ
재정원조		مُسَاعَدَاتٌ مَالِيَّةٌ
자원봉사자	تَطَوُّعٌ 자원함 تَطَوُّعِيٌّ 자원하는	مُتَطَوِّعٌ/ -ونَ
국제 구호원		عَامِلُ الإِغَاثَةِ/ عُمَّالُ الإِغَاثَةِ
구호 단체		هَيْئَةُ الْمَعُونَةِ
자원봉사 단체		مُنَظَّمَةٌ طَوْعِيَّةٌ
자선단체		مُنَظَّمَةٌ خَيْرِيَّةٌ
지진		زِلْزَالٌ/ زَلَازِلُ
약한 지진		هَزَّةٌ أَرْضِيَّةٌ/ -اتٌ أَرْضِيَّةٌ
리히터 규모로		بِمِقْيَاسِ رِيخْتَر
홍수		فَيَضَانٌ/ -اتٌ
많은 비		مَطَرٌ غَزِيرٌ
폭우, 폭우로 인한 홍수		سَيْلٌ/ سُيُولٌ
허리케인, 태풍		إِعْصَارٌ/ أَعَاصِيرُ
쓰나미		تِسُونَامِي
이류(泥流: 산사태 때 걷잡을 수 없이 흘러내리는 진흙 더미, mudslide)		اِنْهِيَارٌ طِينِيٌّ/ -اتٌ طِينِيَّةٌ
화산폭발		بُرْكَانٌ/ بَرَاكِينُ
화재		حَرِيقٌ/ حَرَائِقُ
파괴		دَمَارٌ
붕괴		اِنْهِيَارٌ
침몰		غَرَقٌ
기근, 기아(famine)		مَجَاعَةٌ/ -اتٌ
가뭄(drought)	جَافٌّ	جَفَافٌ
영양실조		سُوءُ التَّغْذِيَةِ

음식 호송대		قَافِلَةُ الأَغْذِيَةِ
트럭		شَاحِنَةٌ/ -اتٌ
텐트		خَيْمَةٌ/ -اتٌ أَوْ خِيَامٌ
재정착		إِعَادَةُ الإِسْكَانِ
재건축		إِعَادَةُ الإِعْمَارِ
난민 ; 망명자	망명, 난민을 감 لُجُوءٌ	لاَجِئٌ/ -ونَ
망명 신청자		طَالِبُ اللُّجُوءِ
굶주린, 굶주린 사람	굶주림 جُوعٌ	جَائِعٌ/ -ونَ، جِيَاعٌ، جَوْعَى
노숙자(homeless)	집없이 발랑 تَشَرُّدٌ	مُتَشَرِّدٌ/ -ونَ
타격, 충격		صَدْمَةٌ/ صَدَمَاتٌ

10-2 재난 & 구호관련 동사(Disaster & Aid)

	동사(Verbs)	
	동명사(Verbal Noun)	동사(Verb)
..에서 ..로 옮기다, 이동하다	تَنَقُّلٌ	تَنَقَّلَ/ يَتَنَقَّلُ مِنْ .. إِلَى ..
이민가다, 이민하다	مُهَاجَرَةٌ، هِجْرَةٌ	هَاجَرَ/ يُهَاجِرُ إِلَى ...
(물 등이) 쏟아지다, 솟구치다	تَدَفُّقٌ	تَدَفَّقَ/ يَتَدَفَّقُ
도망하다	هُرُوبٌ، فِرَارٌ	هَرَبَ/ يَهْرُبُ (مِنْ)، فَرَّ/ يَفِرُّ (مِنْ)
..에 노출되다, 부과되다	تَعَرُّضٌ	تَعَرَّضَ/ يَتَعَرَّضُ لِـ ...
그르치다, 망치다(일 등을)	إِتْلَافٌ إِفْسَادٌ	أَتْلَفَ/ يُتْلِفُ هـ، أَفْسَدَ/ يُفْسِدُ هـ،
어떤 지역을 재해 지역으로 선포하다		أَعْلَنَ/ يُعْلِنُ هـ مِنْطَقَةً مُتَضَرِّرَةً أَوْ مَنْكُوبَةً

11 핵(Nuclear)

	형용사(Adjective)	명사(Noun)
핵의(nuclear)	نَوَوِيٌّ	
원자의(atomic)	ذَرِّيٌّ	
원자핵		نَوَاةٌ ذَرِّيَّةٌ
핵에너지		طَاقَةٌ نَوَوِيَّةٌ
핵융합	V اِنْصَهَرَ/ يَنْصَهِرُ	اِنْصِهَارٌ نَوَوِيٌّ
원자로		مُفَاعِلٌ نَوَوِيٌّ/ مُفَاعِلَاتٌ نَوَوِيَّةٌ
원심분리기		جِهَازُ طَرْدٍ مَرْكَزِيٌّ
우라늄 농축	V خَصَّبَ، أَخْصَبَ	تَخْصِيبُ الْيُورَانْيُوم
냉각 시스템		نِظَامُ التَّبْرِيدِ
연료봉		قُضْبَانُ الْوَقُودِ
연료봉이 녹음	V اِنْصَهَرَ/ يَنْصَهِرُ	اِنْصِهَارُ قُضْبَانِ الْوَقُودِ
방사선(radiation)	إِشْعَاعِيٌّ	إِشْعَاعٌ/ -اتٌ
핵방사		إِشْعَاعٌ نَوَوِيٌّ
방사선이 새어나옴, 방사선 누출	V تَسَرَّبَ/ يَتَسَرَّبُ	تَسَرُّبٌ إِشْعَاعِيٌّ
방사선이 흘러나옴	V اِنْبَعَثَ/ يَنْبَعِثُ	اِنْبِعَاثُ إِشْعَاعَاتٍ
방사선이 공기중에 흘러나옴		اِنْبِعَاثُ إِشْعَاعَاتٍ فِي الْجَوِّ
핵발전		تَوْلِيدُ الطَّاقَةِ النَّوَوِيَّةِ
핵발전소		مَحَطَّاتُ الْقُوَى النَّوَوِيَّةِ، مَعَامِلُ لِتَوْلِيدِ الطَّاقَةِ النَّوَوِيَّةِ
원자폭탄(atomic bomb)		قُنْبُلَةٌ ذَرِّيَّةٌ
핵무기		أَسْلِحَةٌ نَوَوِيَّةٌ
핵전쟁		حَرْبٌ نَوَوِيَّةٌ
핵확산(nuclear proliferation)		اِنْتِشَارُ الْأَسْلِحَةِ النَّوَوِيَّةِ
핵회담		مُحَادَثَاتٌ نَوَوِيَّةٌ

시사 · 미디어 아랍어 소사전

국제원자력기구(IAEA)		الْوَكَالَةُ الدَّوْلِيَّةُ للطَّاقَةِ الذَّرِّيَّةِ
방사선 누출을 감시함		رَصْدُ تَسَرُّبٍ إِشْعَاعِيٍّ

12-1 스포츠

	형용사(Adjective)	명사(Noun)
골, 스코어 ; 목표		هَدَفٌ/ أَهْدَافٌ
경기		مُبَارَاةٌ/ مُبَارَيَاتٌ
팀(team)		فَرِيقٌ/ فِرَقٌ
뽑힌 팀		مُنْتَخَبٌ/ –اتٌ
국가 대표팀		الْفَرِيقُ الْوَطَنِيُّ
상대, 상대자(counterpart)		نَظِيرٌ/ نُظَرَاءُ
등수, 순위 ; 센터		مَرْكَزٌ/ مَرَاكِزُ
순위 ; 분류		تَصْنِيفٌ/ –اتٌ
챔피언		بَطَلٌ/ أَبْطَالٌ
조(grougp), 그룹		مَجْمُوعَةٌ/ –اتٌ
2조, B조		الْمَجْمُوعَةُ الثَّانِيَةُ
월드컵		كَأْسُ الْعَالَمِ لِكُرَةِ الْقَدَمِ، مُونْدِيَال
아세안컵		الْكَأْسُ الآسْيَوِيُّ لِكُرَةِ الْقَدَمِ
아프리칸 네이션스 컵		كَأْسُ الأُمَمِ الإِفْرِيقِيَّةِ لِكُرَةِ الْقَدَمِ
유럽 챔피언스 리그 컵		كَأْسُ دَوْرِيِّ أَبْطَالِ أُورُوبَّا
세계선수권대회		بُطُولَةُ الْعَالَمِ
올림픽 경기		الأَلْعَابُ الأُولِمْبِيَّةُ
체육, 스포츠		الأَلْعَابُ الرِّيَاضِيَّةُ
육상경기		أَلْعَابُ الْقُوَى
육상선수		عَدَّاءٌ/ –ونَ

경마		سِبَاقُ الْخَيْلِ
자동차 경주		سِبَاقُ السَّيَّارَاتِ
(권투 등의) 회전, ..회		جَوْلَةٌ/ جَوْلَاتٌ
리그(league)		دَوْرِيٌّ
토너먼트		دَوْرٌ، دَوْرَةٌ
16강		دَوْرُ الـــ ١٦
8강		الدَّوْرُ رُبْعُ النِّهَائِيِّ، الْمُبَارَاةُ رُبْعُ النِّهَائِيَّةِ
4강		الدَّوْرُ نِصْفُ النِّهَائِيِّ، الْمُبَارَاةُ نِصْفُ النِّهَائِيَّةِ
결승전		الدَّوْرُ النِّهَائِيُّ، الْمُبَارَاةُ النِّهَائِيَّةُ
플레이오프(palyoff)		الْمُبَارَاةُ الْفَاصِلَةُ
출전자격 획득을 위한 경기		الْمُبَارَاةُ الْمُؤَهِّلَةُ لِـــ
예선		تَصْفِيَةٌ/ ـاتٌ
본선		نِهَائِيَّةٌ/ ـاتٌ
월드컵 1차 예선 경기		الْمُبَارَاةُ الْمُؤَهِّلَةُ لِتَصْفِيَاتِ كَأْسِ الْعَالَمِ
월드컵 최종 예선 경기들		مُبَارَيَاتُ تَصْفِيَاتِ كَأْسِ الْعَالَمِ، الْمُبَارَيَاتُ الْمُؤَهِّلَةُ لِنِهَائِيَّاتِ كَأْسِ الْعَالَمِ
월드컵 본선 경기들		مُبَارَيَاتُ نِهَائِيَّاتِ كَأْسِ الْعَالَمِ
0-0		تَعَادُلٌ نَظِيفٌ، تَعَادُلٌ بِلَا أَهْدَافٍ
1-0		فَوْزٌ بِهَدَفٍ دُونَ مُقَابِلٍ، فَوْزٌ بِهَدَفٍ مُقَابِلَ لَا شَيْءٍ، فَوْزٌ بِهَدَفٍ دُونَ رَدٍّ
1-1		تَعَادُلٌ بِهَدَفٍ مُقَابِلَ هَدَفٍ، تَعَادُلٌ بِهَدَفٍ لِمِثْلِهِ
2-0		فَوْزٌ بِهَدَفَيْنِ دُونَ مُقَابِلٍ، فَوْزٌ بِهَدَفَيْنِ مُقَابِلَ لَا شَيْءٍ، فَوْزٌ بِهَدَفَيْنِ دُونَ رَدٍّ
점수, 승점		نُقْطَةٌ/ نُقَطٌ أَوْ نِقَاطٌ
세계기록		رَقْمٌ قِيَاسِيٌّ عَالَمِيٌّ

<table>
<tr><td>승부차기</td><td colspan="2">ضَرَبَاتُ الْجَزَاءِ التَّرْجِيحِيَّةُ، ضَرَبَاتُ الْجَزَاءِ،
الضَّرَبَاتُ التَّرْجِيحِيَّةُ</td></tr>
<tr><td>추가시간</td><td></td><td>الْوَقْتُ الإِضَافِيُّ</td></tr>
<tr><td>압도적인 승리</td><td></td><td>فَوْزٌ كَاسِحٌ</td></tr>
</table>

12-2 스포츠 관련 동사

<table>
<tr><th></th><th>동명사(Verbal Noun)</th><th>동사(Verb)</th></tr>
<tr><td>승리하다</td><td>فَوْزٌ</td><td>فَازَ/ يَفُوزُ عَلَى</td></tr>
<tr><td>승리하다</td><td>هَزْمٌ، هَزِيمَةٌ</td><td>هَزَمَ/ يَهْزِمُ ه أو هـــ</td></tr>
<tr><td>승리하다</td><td colspan="2">اِنْتَصَرَ/ يَنْتَصِرُ عَلَى ه أو هـــ - اِنْتِصَارٌ</td></tr>
<tr><td>수상하다, 우승하다, 획득하다, 차지하다</td><td>فَوْزٌ</td><td>فَازَ/ يَفُوزُ بِـــ</td></tr>
<tr><td>차지하다, 획득하다</td><td>إِحْرَازٌ</td><td>أَحْرَزَ/ يُحْرِزُ هـــ</td></tr>
<tr><td>자격을 갖추다, 오르다, 나가다</td><td>تَأَهُّلٌ</td><td>تَأَهَّلَ/ يَتَأَهَّلُ لِـــ (أَوْ إِلَى)</td></tr>
<tr><td>..에 도달하다, 다다르다, 오르다</td><td>بُلُوغٌ</td><td>بَلَغَ/ يَبْلُغُ هـــ</td></tr>
<tr><td>(자리, 등수 등을) 차지하다</td><td colspan="2">اِحْتَلَّ/ يَحْتَلُّ مَنْصِبًا أَوْ مَرْكَزًا إِلَخ - اِحْتِلَالٌ</td></tr>
<tr><td>오르다(스포츠 경기에서)</td><td>صُعُودٌ</td><td>صَعِدَ/ يَصْعَدُ لِـــ (أَوْ إِلَى)</td></tr>
<tr><td>(등수 등을) 차지하다</td><td>اِرْتِقَاءٌ</td><td>اِرْتَقَى إِلَى الْمَرْتَبَةِ ...</td></tr>
<tr><td>1위를 차지하다</td><td>اِرْتِقَاءٌ</td><td>اِرْتَقَى إِلَى الْمَرْتَبَةِ الأُولَى</td></tr>
<tr><td>국면에 돌입하다(스포츠의 격전 등에)</td><td>خَوْضٌ</td><td>خَاضَ/ يَخُوضُ مُوَاجَهَةً</td></tr>
<tr><td>기록을 깨다, 기록을 갱신하다</td><td>تَحْطِيمٌ</td><td>حَطَّمَ/ يُحَطِّمُ الرَّقْمَ الْقِيَاسِيَّ</td></tr>
<tr><td>승리하다, 승리를 거두다</td><td>تَحْقِيقٌ</td><td>حَقَّقَ/ يُحَقِّقُ فَوْزًا</td></tr>
<tr><td>성취를 이루다, 성과를 거두다</td><td>تَحْقِيقٌ</td><td>حَقَّقَ/ يُحَقِّقُ إِنْجَازًا</td></tr>
<tr><td>기록을 세우다</td><td>تَحْقِيقٌ</td><td>حَقَّقَ/ يُحَقِّقُ رَقْمًا قِيَاسِيًّا</td></tr>
<tr><td>명성을 얻다</td><td>تَحْقِيقٌ</td><td>حَقَّقَ/ يُحَقِّقُ شُهْرَةً</td></tr>
</table>

13-1 사건 & 사고(Happening & Accident)

	형용사(Adjective)	명사(Noun)
사건(happening)		حَدَثٌ/ أَحْدَاثٌ
사고(accident)		حَادِثٌ أَوْ حَادِثَةٌ/ حَوَادِثُ
교통사고	حَادِثَةٌ مُرُورِيَّةٌ	حَادِثُ سَيْرٍ، حَادِثَةُ مُرُورٍ
죽임, 살인	قَاتِلٌ، مَقْتُولٌ	قَتْلٌ
실종	فَاقِدٌ، مَفْقُودٌ	فُقْدَانٌ أَوْ فِقْدَانٌ
심장마비		أَزْمَةٌ قَلْبِيَّةٌ، نَوْبَةٌ قَلْبِيَّةٌ
화재		حَرِيقٌ/ حَرَائِقُ
파괴		دَمَارٌ
붕괴		اِنْهِيَارٌ
침몰		غَرَقٌ
추락		سُقُوطٌ
폭발		تَفْجِيرٌ/ -اتٌ، اِنْفِجَارٌ/ -اتٌ
죽음, 사망(주로 살인에 의해)		مَقْتَلٌ
죽음, 사망(주로 사고에 의해)		مَصْرَعٌ/ مَصَارِعُ
부상 ; 감염		إِصَابَةٌ/ -اتٌ
부상자 ; 부상을 입은 ; 병에 걸린		مُصَابٌ/ -ونَ
화상을 입은		مُصَابٌ بِحُرُوقٍ
다친		مُصَابٌ بِجُرُوحٍ
부러진		مُصَابٌ بِكَسْرٍ أَوْ بِكُسُورٍ
멍든, 타박상을 입은		مُصَابٌ بِكَدَمَاتٍ
암에 걸린		مُصَابٌ بِالسَّرَطَانِ
독감에 걸린		مُصَابٌ بِإِنْفِلُونْزَا

* 8-2 의 '범죄' 부분에서 범죄와 관련된 사건&사고 단어들을 참고하라.

13-2 사건 & 사고 관련 동사

	동명사(Verbal Noun)	동사(Verb)
죽이다, 살해하다	قَتْلٌ	قَتَلَ/ يَقْتُلُ هـ
죽다, 사망하다		قُتِلَ/ يُقْتَلُ
죽다, 사망하다		لَقِيَ/ يَلْقَى حَتْفَهُ أَوْ مَصْرَعَهُ
죽다, 사망하다	وَفَاةٌ	تُوُفِّيَ/ يُتَوَفَّى
죽다, 사망하다		قَضَى/ يَقْضِي نَحْبَهُ
부상당하다	إِصَابَةٌ	أُصِيبَ/ يُصَابُ بِـ ...
실종되다	فَقْدٌ، فُقْدَانٌ	فُقِدَ/ يُفْقَدُ
추락하다	سُقُوطٌ	سَقَطَ/ يَسْقُطُ
침몰하다	غَرَقٌ	غَرِقَ/ يَغْرَقُ
폭발하다	اِنْفِجَارٌ	اِنْفَجَرَ/ يَنْفَجِرُ
폭발하게 하다	تَفْجِيرٌ	فَجَّرَ/ يُفَجِّرُ هـ
폭발되다	تَفَجُّرٌ	تَفَجَّرَ/ يَتَفَجَّرُ
화재가 발생하다	اِنْدِلاَعُ حَرِيقٍ	اِنْدَلَعَ/ يَنْدَلِعُ حَرِيقٌ
붕괴되다, 허물어지다 ; 실패하다	اِنْهِيَارٌ	اِنْهَارَ/ يَنْهَارُ
화상을 입다		أُصِيبَ/ يُصَابُ بِحُرُوقٍ
다치다		أُصِيبَ/ يُصَابُ بِجُرُوحٍ
부러지다		أُصِيبَ/ يُصَابُ بِكَسْرٍ أَوْ بِكُسُورٍ
멍들다, 타박상을 입다		أُصِيبَ/ يُصَابُ بِكَدَمَاتٍ
암에 걸리다		أُصِيبَ/ يُصَابُ بِالسَّرَطَانِ
독감에 걸리다		أُصِيبَ/ يُصَابُ بِإِنْفِلُوَنْزَا

주제별 사전

시사·미디어 아랍어 소사전

시사. 미디어 아랍어 - 한국어 소사전

다음은 필자가 저술한 "아랍어 신문, 당신도
읽을 수 있다"(문예림)의 각주에 기록된
단어들을 아랍어 알파벳 순으로 정리한 것이다.

시사·미디어 아랍어 소사전

아랍어 - 한국어 소사전

알파벳 목차

أ	151
ب	183
ت	187
ث	204
ج	205
ح	211
خ	220
د	224
ذ	228
ر	230
ز	235
س	237
ش	243
ص	247
ض	251
ط	253
ظ	256
ع	257
غ	266
ف	268
ق	272
ك	279
ل	282
م	285
ن	311
ه	318
و	321
ي	326

시사 · 미디어 아랍어 소사전

(أ)

اِئْتِلاَفٌ	..와 친함 ; 연합, 조화
اِئْتَلَفَ/ يَأْتَلِفُ ب – اِئْتِلاَفٌ	..와 친하다 ; 연합하다, 조화를 이루다
اِئْتِمَانٌ	신용
أَزْمَةُ الائْتِمَانِ	신용위기
بِطَاقَةُ الائْتِمَانِ	신용카드
اِئْتَمَنَ/ يَأْتَمِنُ ه – اِئْتِمَانٌ = وَثِقَ بـ	..를 신뢰하다, 신용을 가지다
آخَرُ	다른(another), 또다른
آلِيٌّ	기계로 작동되는 ; 자동의
بُنْدُقِيَّةٌ آلِيَّةٌ	자동소총
سِلاَحٌ آلِيٌّ	자동무기
أَبٌ/ آبَاءٌ	아버지, 부친
أَبَادَ/ يُبِيدُ ه أَوْ هـ – إِبَادَةٌ	소멸시키다, 소탕.근절.박멸시키다
إِبَادَةٌ	소멸, 소탕, 근절, 박멸
إِبَادَةٌ جَمَاعِيَّةٌ	대량학살(genocide)
اِبْتِدَاءٌ	시작, 착수
اِبْتِدَاءً مِنْ ..	.. 부터(strating from …)
اِبْتَدَأَ/ يَبْتَدِئُ هـ أَوْ بِـ هـ – اِبْتِدَاءٌ	..을 시작하다, 착수하다 ; (자동사) 시작되다
اِبْتِلاَعٌ	삼킴, 꿀꺽 삼킴
اِبْتَلَعَ/ يَبْتَلِعُ هـ – اِبْتِلاَعٌ	..을 삼키다, 꿀꺽 넘기다
إِبْحَارٌ	항해, 출항
أَبْحَرَ/ يُبْحِرُ – إِبْحَارٌ	항해하다, 출항하다
إِبْدَاءٌ	..을 나타냄, 보임, 표시함, 표명
أَبْدَى/ يُبْدِي هـ – إِبْدَاءٌ	..을 나타내다, 보이다, 표시하다, 표명하다

أَبْدَى أَسَفَهُ	유감을 표명하다
أَبْرَأَ/ يُبْرِئُ ه مِنْ ..	..를 무죄로 인정하다
إِبْرَامٌ	비준, 협정을 체결
أَبْرَمَ/ يُبْرِمُ هـ - إِبْرَامٌ	..을 꼬다, 돌리다 ; 비준하다, (협정을) 체결하다
إِبْعَادٌ	제거, 없애버림, 격리, 추방
أَبْعَدَ/ يُبْعِدُ ه أو هـ - إِبْعَادٌ	..을 제거하다, 없애버리다, 격리하다, 추방하다
إِبْلاَغٌ	알림, 통지
أَبْلَغَ/ يُبْلِغُ ه عَنْ(ب) ... - إِبْلاَغٌ	..에게 ..을 알리다, 통지하다
اِبْنٌ/ أَبْنَاءٌ أو بَنُونَ	아들
أَبَّنَ/ يُؤَبِّنُ الْمَيِّتَ - تَأْبِينٌ	(고인을) 추도하다, 애도하다, 추모하다
أَتَاحَ/ يُتِيحُ هـ ل ه - إِتَاحَةٌ - مُتَاحٌ	..에게 ..을 주다, 부여하다, ..에게 허락하다
إِتَاحَةٌ	줌, 부여, 허락함
اِتِّبَاعٌ	뒤따름 ; 실시 ; 준수
اِتَّبَعَ/ يَتَّبِعُ ه أو هـ - اِتِّبَاعٌ	..을 뒤따르다 ; 실시하다 ; 준수하다
اِتِّجَاهٌ = تَوَجُّهٌ	방향 ; 경향, 추세 ; 노선
بِاتِّجَاهِ ...	..를 향하여(towards)
اِتَّجَهَ/ يَتَّجِهُ إِلَى أو نَحْوَ - اِتِّجَاهٌ	..로 돌아서다, 얼굴을 돌리다 ; ..로 향하다
اِتِّحَادٌ/ -اتٌ	일치, 단결 ; 연합, 연방, 연맹, 동맹, 협회
مُنَظَّمَةُ الاتِّحَادِ الأُورُبِّيِّ	유럽연합(EU)
الاتِّحَادُ الآسْيَوِيُّ لِكُرَةِ الْقَدَمِ	아시아 축구연맹
الاتِّحَادُ الإِفْرِيقِيُّ	아프리카 연맹
اِتَّحَدَ/ يَتَّحِدُ - اِتِّحَادٌ	연합하다 ; 일치하다
اِتَّحَدَ/ يَتَّحِدُ - اِتِّحَادٌ	하나가 되다 ; 합동.합병되다 ; 단합.단결되다, 일치.합의되다
اِتِّخَاذٌ	취함, 채택 ; 고름, 선택
اِتَّخَذَ/ يَتَّخِذُ هـ - اِتِّخَاذٌ	취하다, 채택하다 ; 고르다, 선택하다
اِتَّخَذَ إِجْرَاءَاتٍ أَوْ تَدَابِيرَ لِـ ...	조치를 취하다

اِتَّخَذَ الْخَطَوَاتِ	조치를 취하다
اِتِّسَامٌ	특징지워짐
اِتَّسَمَ/ يَتَّسِمُ بـ ... – اِتِّسَامٌ	..으로 구별되다, 특징지워지다
اِتِّصَالٌ	연결 ; 접촉, 관계를 갖음
اِتِّصَالٌ هَاتِفِيٌّ	전화연락, 전화연결
اِتَّصَلَ/ يَتَّصِلُ بِـ – اِتِّصَالٌ	연결되다 ; 접촉하다, 관계를 갖다 ; 전화하다
اِتِّفَاقٌ	합의, 동의
اِتِّفَاقُ سَلاَمٍ	평화 합의
اِتِّفَاقِيَّةٌ/ –اتٌ	협정, 조약
الاتِّفَاقِيَّةُ الأَمْنِيَّةُ	보안협정
اِتَّفَقَ/ يَتَّفِقُ (مَعَ فُلاَنٍ) عَلَى أَوْ فِي – اِتِّفَاقٌ	..와 ..에 대해 합의하다,..와 ..에 동의하다
اِتِّهَامٌ	혐의를 둠, 기소, 고소, 고발
اِتَّهَمَ/ يَتَّهِمُ ه ب هـ – اِتِّهَامٌ	..를 ..으로 기소하다, 고소하다, 고발하다 ; 비난하다
اِتَّهَمَ/ يَتَّهِمُ ه – اِتِّهَامٌ	의심하다, 혐의를 두다
أَثَارَ/ يُثِيرُ ه أَوْ هـ – إِثَارَةٌ	..를 흥분.자극.선동.고무하다
	어떤 감정을 일으키다, 비난.논쟁 등을 일으키다, 야기하다
إِثَارَةٌ	자극, 선동, 어떤 감정을 일으킴
إِثْبَاتٌ	확립, 확증, (사실임을) 증명함
أَثْبَتَ/ يُثْبِتُ هـ – إِثْبَاتٌ	..을 확립.확증하다 , (사실임을) 증명하다
أَثَرٌ/ آثَارٌ	흔적, 자취 ; 유물, 유적, 고적
عَالِمُ آثَارٍ/ عُلَمَاءُ آثَارٍ	고고학자
إِثْرَ = عَلَى أَثَرِ كَذَا = فِي أَثَرِ ذَلِكَ	..로 인해, ..한 결과로 ; ..한 직후에
أَثَرِيٌّ	고고학의 ; 고적의, 유적의 ; 아주 오래된, 골동품의
أَثْنَاءَ ...	..하는 동안에(during)
فِي أَثْنَاءِ ذَلِكَ	그 사이에, 그러는 동안에
الاِثْنَيْ عَشَرَ	십이지장

إِجْبَارٌ	강요함, 강제함,
أَجْبَرَ/ يُجْبِرُ ه عَلَى هـ - إِجْبَارٌ	..에게 ..을 강요.강제하다, 억지로시키다, 의무화하다
اِجْتَاحَ/ يَجْتَاحُ ه أَوْ هـ - اِجْتِيَاحٌ	침공.침범하다 ; 전멸시키다, 휩쓸다, 쓸어버리다
اِجْتِمَاعٌ/ -اتٌ	모임, 회의, 집회 ; 만남
اِجْتِمَاعٌ تَشَاوُرِيٌّ	협의모임
الاجْتِمَاعُ الدَّوْرِيُّ	정기모임
اِجْتِمَاعٌ طَارِئٌ	비상회의
اِجْتَمَعَ/ يَجْتَمِعُ - اِجْتِمَاعٌ	모이다, 모여들다
اِجْتَمَعَ/ يَجْتَمِعُ ب(أو مَعَ) - اِجْتِمَاعٌ	..와 만나다
اِجْتِيَاحٌ	침공, 침범 ; 전멸시킴, 휩씀
أَجَّلَ/ يُؤَجِّلُ هـ - تَأْجِيلٌ	..을 미루다, 연기하다 ; 지체시키다
أَجْرٌ/ أُجُورٌ	임금, 보수 ; 요금
زِيَادَةُ الأُجُورِ	임금인상
إِجْرَاءٌ/ إِجْرَاءَاتٌ	수행, 이행 ; 절차
إِجْرَامٌ	죄를 지음, 범죄함
إِجْرَامِيٌّ	범죄의, 범죄적인
الأَعْمَالُ الإِجْرَامِيَّةُ	범죄행위
أَجْرَمَ/ يُجْرِمُ هـ - إِجْرَامٌ	죄를 짓다, 범죄하다
أَجْرَى/ يُجْرِي هـ - إِجْرَاءٌ = قامَ بِـ، نَفَّذَ	..을 수행.실행.진행하다
أَجْرَى/ يُجْرِي التَّجَارِبَ	시험하다, 실험하다
إِجْمَاعٌ	만장일치로 동의함
بِالإِجْمَاعِ	만장일치로
إِجْمَالِيٌّ	총괄적인, 개괄적인 ; 총계의, 합계의
إِجْمَالِيُّ الْمَبِيعَاتِ	총매출
أَجْمَعَ/ يُجْمِعُ عَلَى ... - إِجْمَاعٌ	..에 한결같이 동의하다, 만장일치하다

أَجْنَبِيٌّ/ أَجَانِبُ	외국의, 외국인의 ; 외국인
أَحَاطَ/ يُحِيطُ ه بِـ هـ - إِحَاطَةٌ	..을 포위하다, 둘러싸다, 봉쇄하다
إِحَاطَةٌ	포위, 둘러쌈, 봉쇄
اِحْتَاطَ/ يَحْتَاطُ بِـ - اِحْتِيَاطٌ	..을 포위하다 ; 보호하다 ; 예방.예비하다
اِحْتَالَ/ يَحْتَالُ عَلَى ... - اِحْتِيَالٌ	..에게 꾀를 부리다, 협잡하다, 속이다, 사기치다
اِحْتِجَاجٌ	항의 ; 이의제기, 반박
اِحْتَجَّ/ يَحْتَجُّ عَلَى .. - اِحْتِجَاجٌ	..을 항의하다 ; 반박하다, 이의를 제기하다
اِحْتِجَازٌ	억류, 감금, 구금
اِحْتَجَزَ/ يَحْتَجِزُ ه أَوْ هـ - اِحْتِجَازٌ = حَجَزَ/ يَحْجُزُ أَوْ يَحْجِزُ ه أَوْ هـ	억류.감금.구금하다 ; 봉쇄.차단하다
اِحْتِرَامٌ	존경, 존중
اِحْتَرَمَ/ يَحْتَرِمُ ه أَوْ هـ - اِحْتِرَامٌ	..을 존경.존중하다
اِحْتِفَالٌ/ -اتٌ = مَهْرَجَانٌ	경축, 기념 ; 축제, 페스티벌
اِحْتَفَلَ/ يَحْتَفِلُ ب ... - اِحْتِفَالٌ	..을 경축하다, 잔치.축제를 열다
اِحْتَفَلَ/ يَحْتَفِلُ (بِذِكْرَى أَوْ بِشَخْصٍ) - اِحْتِفَالٌ	..을 축하하다, 경축하다
اِحْتِفَالِيٌّ	의식의, 의식적인 ; 축하하는, 축제의
اِحْتِفَاظٌ	간직, 유지, 보존
اِحْتَفَظَ/ يَحْتَفِظُ بِـ ... - اِحْتِفَاظٌ	..을 간직하다 ; 유지.지키다.보존하다 ; 방어하다(스포츠)
اِحْتِلَالٌ	점령, 강점
اِحْتَلَّ/ يَحْتَلُّ هـ - اِحْتِلَالٌ	..을 점령하다, 강점하다
اِحْتَلَّ الْمَرْتَبَةَ الأُولَى	일등을 하다
اِحْتِمَالٌ/ اِحْتِمَالاتٌ	참는 것 ; 가능성
اِحْتَمَلَ/ يَحْتَمِلُ هـ - اِحْتِمَالٌ	지니다, 운반하다 ; 참다, 견디다 ; 가능하다, ..일 것 같다
اِحْتِوَاءٌ	포함함
اِحْتَوَى/ يَحْتَوِي (عَلَى) هـ - اِحْتِوَاءٌ = ضَمَّ/ يَضُمُّ	포함하다

اِحْتِيَاطٌ/ ـاتٌ	예방, 예방책 ; 예비 ; 조심, 경계
جُنُودُ الاِحْتِيَاطِ	예비군
اِحْتِيَالٌ	사기, 속임수
قَضِيَّةُ اِحْتِيَالٍ	사기 소송
إِحْرَاقٌ	불사름, 소각
أَحْرَقَ/ يُحْرِقُ هـ - إِحْرَاقٌ	..을 불사르다, 태워버리다, 소각하다
إِحْصَاءٌ/ ـاتٌ	통계 ; 계산
إِحْصَائِيَّةٌ/ ـاتٌ	통계자료, 통계숫자
أَحْصَى/ يُحْصِي هـ - إِحْصَاءٌ	세다, 계산하다, 계수하다 ; 통계를 내다
إِحْلاَلٌ	설치, 배치 ; 정착시킴, 거주시킴
أَحَلَّ/ يُحِلُّ هـ - إِحْلاَلٌ	..을 설치.배치하다 ; 정착시키다, 거주시키다 ; 교체하다
أَحْيَا/ يُحْيِي ه أو هـ - إِحْيَاءٌ	..을 살리다, 재생시키다 ; 생명을 주다
أَحْيَا/ يُحْيِي ذِكْرَى ه	..를 기념하다
إِحْيَاءٌ	살림, 재생시킴 ; 기념함
إِحْيَاءُ ذِكْرَى ..	..를 기념하여
أَخٌ/ إِخْوَانٌ	형제
جَمَاعَةُ الإِخْوَانِ الْمُسْلِمِينَ	무슬림 형제단
إِخْبَارٌ	전함, 알림, 통지
إِخْبَارِيٌّ	보도의, 뉴스의
أَخْبَرَ/ يُخْبِرُ ه هـ، ه بـ هـ - إِخْبَارٌ	..에게 ..을 전하다, 알리다, 통지하다
اِخْتَارَ/ يَخْتَارُ ه أو هـ - اِخْتِيَارٌ	..을 고르다, 선택하다
اِخْتِبَارٌ/ ـاتٌ	시험, 실험 ; 경험
اِخْتَبَرَ/ يَخْتَبِرُ ه أو هـ - اِخْتِبَارٌ	..을 해보다, 경험하다 ; 실험.시험하다
اِخْتِرَاقٌ	관통, 뚫음 ; 돌파
اِخْتَرَقَ/ يَخْتَرِقُ هـ - اِخْتِرَاقٌ	뚫다, 관통하다 ; (전선을) 돌파하다, 침투하다
اِخْتِطَافٌ/ ـاتٌ	납치

سِلْسِلَةُ اِخْتِطَافَاتٍ	연쇄납치
اِخْتَطَفَ/ يَخْتَطِفُ ه أو هـ - اِخْتِطَافٌ	..을 납치하다 ; 채가다, 빼앗다
اِخْتِفَاءٌ	사라짐
اِخْتَفَى/ يَخْتَفِي - اِخْتِفَاءٌ	사라지다(to disappear), 숨다
اِخْتِلَافٌ	차이, 다름, 구별됨
اِخْتَلَفَ/ يَخْتَلِفُ عَنْ ... - اِخْتِلَافٌ	..와 차이나다, 다르다, 구별되다
اِخْتِيَارٌ = خِيَارٌ	선택, 선정
أَخْذٌ	취함, 가짐
أَخَذَ/ يَأْخُذُ هـ - أَخْذٌ	..취하다, 가지다
أَخَّرَ/ يُؤَخِّرُ هـ - تَأْخِيرٌ	..을 미루다, 지연시키다, 늦추다
إِخْلَاءٌ	비움, 철거, 철수시킴
أَخْلَاقٌ	도덕, 윤리
إِخْلَالٌ = مِسَاسٌ بِـ	방해, 침해(violation)
أَخْلَى/ يُخْلِي هـ - إِخْلَاءٌ	비우다, 철거시키다, 철수시키다
أَخِيرٌ	마지막의(last)
أَدَارَ/ يُدِيرُ هـ - إِدَارَةٌ	관리.운영하다 ; 작동시키다
إِدَارَةٌ/ إِدَارَاتٌ	운영, 관리, 경영 ; 행정
مَجْلِسُ الإِدَارَةِ	이사회
مَكْتَبُ الإِدَارَةِ	행정 사무실
الْقَضَاءُ وَالإِدَارَةُ	사법과 행정
إِدَارَةُ شُؤُونِ الْبِلَادِ	국정운영
إِدَارِيٌّ	행정의, 관리의, 경영의
مَحْكَمَةُ الْقَضَاءِ الإِدَارِيِّ	행정재판소, 행정재판
الْقَضَاءُ الإِدَارِيُّ = مَحْكَمَةُ الْقَضَاءِ الإِدَارِيِّ	행정법원, 행정법원 재판소
أَدَانَ/ يَدِينُ ه بِـ ...- إِدَانَةٌ	(재판소에 넘겨)유죄를 판결하다 ; 비난하다, 규탄하다
إِدَانَةٌ/ -اتٌ	비난, 규탄

إِدْخَالٌ	들어가게함, 포함시킴
أَدْخَلَ/ يُدْخِلُ هـــ أو ه – إِدْخَالٌ	들어가게 하다 ; 넣다, 포함시키다
أَدَّبَ/ يُؤَدِّبُ ه – تَأْدِيبٌ	..를 교양하다 ; 훈계.훈육하다, 고쳐주다 ; 징벌.징계하다
اِدِّعَاءٌ/ –اتٌ	자칭, 자처 ; 증거없는 주장 ; 소송, 기소
اِدَّعَى/ يَدَّعِي هـــ – اِدِّعَاءٌ	(증거없이, 거짓으로) 주장하다, 사칭하다
اِدَّعَى/ يَدَّعِي عَلَى ه ب ...	..를 ..죄로 소송.기소하다
أَدْلَى/ يُدْلِي بِصَوْتِهِ – إِدْلَاءٌ = اِقْتَرَعَ = صَوَّتَ	투표하다
أَدْلَى/ يُدْلِي بِحَدِيثٍ أو بِتَصْرِيحٍ أو بِبَيَانٍ – إِدْلَاءٌ	성명.담화를 발표하다
أَدْلَى/ يُدْلِي بِشَهَادَتِهِ – إِدْلَاءٌ	증언하다
أَدْلَى/ يُدْلِي إِلَى(ل) ه ب ... – إِدْلَاءٌ	..에게 ..을 증명하다 ; 진술하다
أَدَّى/ يُؤَدِّي إِلَى (لـــ) – تَأْدِيَةٌ	..로 통한다, 이끌어 가다, ..결과를 낳다
أَدَّى/ يُؤَدِّي هـــ – تَأْدِيَةٌ = قَامَ بـــ	..을 수행하다, 실행하다
أَدَّى/ يُؤَدِّي صَلَاةً	기도하다
أَذَاعَ/ يُذِيعُ هـــ – إِذَاعَةٌ – مُذِيعٌ	방송하다, (방송을) 전파하다
إِذَاعَةٌ/ –اتٌ	방송
إِذَاعَةٌ تِلِفِزْيُونِيَّةٌ	텔레비전 방송
إِذَاعَةُ رَادْيُو	라디오 방송
هَيْئَةُ الإِذَاعَةِ	방송위원회
آذَى/ يُؤْذِي ه – إِيْذَاءٌ = أَصَابَهُ الأَذَى	..를 괴롭히다 ; 해를 끼치다, 상해하다
أَذًى	손해, 손실 ; 아픔, 고통
اِرْتَاحَ/ يَرْتَاحُ إِلَى – اِرْتِيَاحٌ	기뻐하다, 만족해하다
اِرْتَاحَ/ يَرْتَاحَ مِن = اِسْتَرَاحَ	쉬다, 휴식하다
اِرْتَادَ/ يَرْتَادُ هـــ – اِرْتِيَادٌ	탐구하다, 탐사하다, 탐색하다 ; 방문하다
اِرْتِدَاءٌ	(옷을) 입음
اِرْتَدَى/ يَرْتَدِي هـــ – اِرْتِدَاءٌ	(옷을) 입다
اِرْتِطَامٌ = اِصْطِدَامٌ	충돌

اِرْتَطَمَ/ يَرْتَطِمُ (بِـ) – اِرْتِطَامٌ	충돌하다
اِرْتِفَاعٌ	오름, 높아짐 ; 높이
اِرْتَفَعَ/ يَرْتَفِعُ – اِرْتِفَاعٌ	오르다(가격 등이), 높아지다 ; 늘어나다
اِرْتِقَابٌ	기대함, 고대함
اِرْتَقَبَ/ يَرْتَقِبُ هـ – اِرْتِقَابٌ = تَرَقَّبَ هـ	..을 기다리다, 고대하다, 기대하다
اِرْتِكَابٌ	(죄 또는 과오를) 저지름, 범함
اِرْتِكَابُ الْوَاقِعَةِ	사고를 저지름
اِرْتَكَبَ/ يَرْتَكِبُ هـ – اِرْتِكَابٌ = اِقْتَرَفَ	(죄 또는 과오를) 저지르다, 범하다
اِرْتَكَبَ/ يَرْتَكِبُ جَرَائِمَ	범죄를 저지르다
اِرْتَكَبَ/ يَرْتَكِبُ جَرَائِمَ حَرْبٍ	전쟁범죄를 저지르다
اِرْتِيَاحٌ	만족 ; 쉼, 휴식
أَرْثُوذُكْسِيٌّ	정교의(orthodox)
إِرْسَالٌ	보냄, 파견 ; 발송
أَرْسَلَ/ يُرْسِلُ هـ أو ه – إِرْسَالٌ	..을 보내다, 파견하다 ; 발송하다
أَرْسَلَهُ مَنْفِيًّا إِلَى ..	...를 ..로 유배보내다
أَرْضٌ/ أَرَاضٍ	땅 ; 지구
أَرْضِيٌّ	땅의, 지구의, 육지의
هَزَّةٌ أَرْضِيَّةٌ	지진(earthquake)
أَرْمَلَةٌ/ أَرَامِلُ	과부
إِرْهَابٌ	테러, 테러리즘
إِرْهَابِيٌّ	테러의 ; 테러분자
مَجْمُوعَاتٌ إِرْهَابِيَّةٌ	테러리스트 그룹, 테러리스트 단체
عَمَلِيَّاتٌ إِرْهَابِيَّةٌ	테러행위
أَرْهَبَ/ يُرْهِبُ ه – إِرْهَابٌ	..를 무섭게 하다 ; 테러를 하다
إِزَاءَ	<전치사> ..의 맞은편에 ; 앞에 ; ..에 대하여
أَزَالَ/ يُزِيلُ هـ – إِزَالَةٌ	..을 없애버리다, 제거하다, 삭제하다

إِزَالَةٌ	제거, 삭제
اِزْدِحَامٌ/ -اتٌ	붐빔, 빼곡함, 만원
اِزْدَحَمَ/ يَزْدَحِمُ بِـــ .. - اِزْدِحَامٌ	..으로 가득차다, 빼곡하다
اِزْدِهَارٌ	번영, 번창, 번성
اِزْدَهَرَ/ يَزْدَهِرُ - اِزْدِهَارٌ	번영.번창.번성하다 ; 꽃피다 ; 빛나다
أَزْمَةٌ/ أَزَمَاتٌ	위기(crisis) ; 위급한 상태
أَزْمَةٌ حَادَّةٌ	심각한 위기
الأَزْمَةُ الاقْتِصَادِيَّةُ	경제 위기
الأَزْمَةُ السِّيَاسِيَّةُ	정치적 위기
الأَزْمَةُ الْمَالِيَّةُ الْعَالَمِيَّةُ	세계재정위기
أَزْمَةُ الْطَّاقَةِ	에너지 위기
أَزْمَةٌ قَلْبِيَّةٌ	심장마비
أَزْمَةُ الائْتِمَانِ	신용위기
أَسَاءَ/ يُسِيءُ هـــ - إِسَاءَةٌ	..를 해치다, 못쓰게 만들다
أَسَاءَ/ يُسِيءُ إِلَى ...	..를 나쁘게 대하다, 악행을 저지르다
إِسَاءَةٌ	해를 끼치는 것 ; 모욕, 모독
إِسَاءَةٌ عُنْصُرِيَّةٌ	인종주의적 모독, 인종주의적 해를 끼침
أَسْبَقُ	더 이전의
أُسْبُوعٌ/ أَسَابِيعُ	주(week)
اِسْتَاءَ/ يَسْتَاءُ مِنْ - اِسْتِيَاءٌ	분하게 여기다, 분개하다, 분노하다
اِسْتَادٌ	스타디움, 경기장
اِسْتِئْصَالٌ	근절, 뿌리뽑음, 제거
اِسْتِئْصَالُ الْمَرَارَةِ = اسْتِئْصَالُ الْحَوْصَلَةِ الْمَرَارِيَّةِ	담낭절제술
اِسْتَأْصَلَ/ يَسْتَأْصِلُ هـــ - اِسْتِئْصَالٌ	..을 뿌리뽑다, 근절하다 ; 제거하다, 뽑다
اِسْتِئْنَافٌ	재개, 다시 시작
اِسْتَأْنَفَ/ يَسْتَأْنِفُ هـــ - اِسْتِئْنَافٌ	..을 다시 시작하다, 다시하다, 재개하다

اِسْتَأْنَفَ/ يَسْتَأْنِفُ الْحُكْمَ أو الدَّعْوَى	상소.항고하다
اِسْتِبْعَادٌ	배제함, 제쳐놓음 ; 제거함
اِسْتَبْعَدَ/ يَسْتَبْعِدُ ه أو هـ – اِسْتِبْعَادٌ	..을 멀다고 여기다 ; 떼어놓다, 배제.제쳐놓다 ; 제거하다, 지워버리다, 생략하다
اِسْتِثْمَارٌ	투자 ; 이용
اِسْتَثْمَرَ/ يَسْتَثْمِرُ هـ – اِسْتِثْمَارٌ	투자하다 ; 이용하다
اِسْتَجَابَ/ يَسْتَجِيبُ ه أَوْ لِـ ه – اِسْتِجَابَةٌ	(부름에) 대답하다, 호응하다
اِسْتِجَابَةٌ	대답함
اِسْتِجْوَابٌ	심문
اِسْتَجْوَبَ/ يَسْتَجْوِبُ ه – اِسْتِجْوَابٌ	(경찰 등이) 심문하다, 따져 묻다
اِسْتِحْدَاثٌ	새로 만들어 냄, 고안, 창안
اِسْتَحْدَثَ/ يَسْتَحْدِثُ هـ – اِسْتِحْدَاثٌ	새로 만들어내다, 새로 도입하다, 갱신하다 ; 고안.창안하다
اِسْتِخْبَارٌ/ اِسْتِخْبَارَاتٌ	탐지, 정탐, 정보수집
دَائِرَةُ الاسْتِخْبَارَاتِ الْمَرْكَزِيَّةِ	중앙정보국
اِسْتَخْبَرَ/ يَسْتَخْبِرُ ه – اِسْتِخْبَارٌ	..에게 물어보다, 정보를 수집하다
اِسْتِخْدَامٌ	사용, 이용
اِسْتَخْدَمَ/ يَسْتَخْدِمُ ه أو هـ – اِسْتِخْدَامٌ	..를 사용.이용하다 ; 고용하다, 취직시키다
اِسْتِذْكَارٌ	회고, 회상
اِسْتَذْكَرَ/ يَسْتَذْكِرُ هـ – اِسْتِذْكَارٌ	..을 회고하다, 회상하다
اِسْتَشَارَ/ يَسْتَشِيرُ ه فِي .. – اِسْتِشَارَةٌ	..에게 ..에 대해 충고.조언.상담을 구하다
اِسْتِشَارَةٌ	충고, 상담
اِسْتَضَافَ/ يَسْتَضِيفُ ه أو هـ – اِسْتِضَافَةٌ	..를 손님으로 초대하다, 손님으로 접대하다
اِسْتِضَافَةٌ	손님접대
اِسْتَطَاعَ/ يَسْتَطِيعُ هـ أَوْ أَنْ ... – اِسْتِطَاعَةٌ	..을 할 수 있다, ..하는 것이 가능하다
اِسْتِطَاعَةٌ	능력, 가능함
اِسْتِطْلَاعٌ/ –اتٌ	탐사, 조사

시사 · 미디어 아랍어 소사전

여론조사	اِسْتِطْلَاعُ الرَّأْي (الْعَامّ) = اِسْتِطْلَاعٌ لِلرَّأْي
..을 알아내려 하다, 탐지하다, 탐사하다 ; 의견을 묻다	اِسْتَطْلَعَ/ يَسْتَطْلِعُ هــ – اِسْتِطْلَاعٌ
..에게 ..에 대해 도움을 청하다	اِسْتَعَانَ/ يَسْتَعِينُ ب ه عَلَى هــ – اِسْتِعَانَةٌ
도움을 요청함	اِسْتِعَانَةٌ
준비	اِسْتِعْدَادٌ/ -اتٌ
..할 준비가 되다, 준비되다	اِسْتَعَدَّ/ يَسْتَعِدُّ لــ ... – اِسْتِعْدَادٌ
살펴봄 ; 열병 ; 공연	اِسْتِعْرَاضٌ/ -اتٌ
공연가	رَجُلُ اسْتِعْرَاضٍ
	اِسْتَعْرَضَ/ يَسْتَعْرِضُ هــ – اِسْتِعْرَاضٌ
살펴보다, 검토하다 ; 회상.회고.고찰하다 ; 열병.사열하다 ; 공연하다	
식민지화	اِسْتِعْمَارٌ
식민지로 만들다, 이주. 거주시키다	اِسْتَعْمَرَ/ يَسْتَعْمِرُ هــ – اِسْتِعْمَارٌ
(시간을) 요함, (시간이) 걸림	اِسْتِغْرَاقٌ
(시간을) 요하다, (시간이) 걸리다	اِسْتَغْرَقَ/ يَسْتَغْرِقُ هــ – اِسْتِغْرَاقٌ
..로 부터 이익을 얻다	اِسْتَفَادَ/ يَسْتَفِيدُ مِنْ – اِسْتِفَادَةٌ
..을 이용하다, 사용하다	اِسْتَفَادَ/ يَسْتَفِيدُ هــ
이로움, 이익을 얻음 ; 사용, 이용	اِسْتِفَادَةٌ = إِفَادَةٌ
법적 의견을 묻는 것	اِسْتِفْتَاءٌ
국민투표	الاِسْتِفْتَاءُ الْعَامُّ = اِسْتِفْتَاءُ الشَّعْبِ
..에 대하여 ..에게 법적견해.의견을 묻다	اِسْتَفْتَى/ يَسْتَفْتِي ه فِي(ب) ... – اِسْتِفْتَاءٌ
..의 (직책에서) 사퇴.사직.사임하다	اِسْتَقَالَ/ يَسْتَقِيلُ مِنْ ... – اِسْتِقَالَةٌ
사퇴, 사직	اِسْتِقَالَةٌ
영접, 맞이함	اِسْتِقْبَالٌ
..을 맞이하다, 영접.접견하다 ; 받다, 수신하다	اِسْتَقْبَلَ/ يَسْتَقْبِلُ ه أو هــ – اِسْتِقْبَالٌ
안정	اِسْتِقْرَارٌ
..에 거주하다, ..에 살다 ; 안정되다	اِسْتَقَرَّ/ يَسْتَقِرُّ فِي أو ب – اِسْتِقْرَارٌ

아랍어 - 한국어 소사전

| 독립, 자립 ; 적다고 여김, 경시함 | اِسْتِقْلَالٌ |

اِسْتَقَلَّ/ يَسْتَقِلُّ هـ أَوْ ه - اِسْتِقْلَالٌ

(타) ..을 적다고 여기다, 경시하다, 깔보다 ; 승선.승차하다, 항해하다, 떠나다

(자) 독립하다, 자립하다	اِسْتَقَلَّ/ يَسْتَقِلُّ - اِسْتِقْلَالٌ
받음, 수령	اِسْتِلَامٌ
..을 받다, 수신하다, 수령하다	اِسْتَلَمَ/ يَسْتَلِمُ هـ - اِسْتِلَامٌ
들음, 청취	اِسْتِمَاعٌ
계속됨, 지속됨	اِسْتِمْرَارٌ
계속되다, 지속되다, 연속되다	اِسْتَمَرَّ/ يَسْتَمِرُّ - اِسْتِمْرَارٌ
..을 듣다, 청취하다	اِسْتَمَعَ/ يَسْتَمِعُ إِلَى (لـ) - اِسْتِمَاعٌ
계몽되다 ; 빛을 구하다 ; 비쳐지다	اِسْتَنَارَ/ يَسْتَنِيرُ - اِسْتِنَارَةٌ
계몽	اِسْتِنَارَةٌ
비난, 규탄	اِسْتِنْكَارٌ
..을 비난하다 ; 규탄하다	اِسْتَنْكَرَ/ يَسْتَنْكِرُ هـ أَوْ ه - اِسْتِنْكَارٌ
목표로 함, 겨눔, 겨냥	اِسْتِهْدَافٌ
..을 목표로하다, ..을 겨누다, 겨냥하다	اِسْتَهْدَفَ/ يَسْتَهْدِفُ هـ أَوْ ه - اِسْتِهْدَافٌ
미사일이 비행기를 겨냥하다	اِسْتَهْدَفَ الصَّارُوخُ الطَّائِرَةَ
소모적인	اِسْتِهْلَاكِيٌّ
소모품	سِلَعٌ اِسْتِهْلَاكِيَّةٌ
(연주, 회의 등을) 시작함	اِسْتِهْلَالٌ
(연주,회의 등을)시작하다, 개시하다	اِسْتَهَلَّ/ يَسْتَهِلُّ هـ - اِسْتِهْلَالٌ
	اِسْتَوْطَنَ/ يَسْتَوْطِنُ هـ - اِسْتِيطَانٌ

거주지를 정하다 ; 정착하여 살다, 정착촌을 만들다

분하게 여김, 분노	اِسْتِيَاءٌ
거주지를 정함, 정착함	اِسْتِيطَانٌ
사로잡음, 매료시킴 ; 포로로 함	أَسْرٌ
..을 사로잡다, 매료시키다 ; 포로로하다	أَسَرَ/ يَأْسِرُ ه - أَسْرٌ

إِسْرَاعٌ	서두름
أَسْرَعَ/ يُسْرِعُ إِلَى أو فِي – إِسْرَاعٌ	서두르다, 바삐가다 ; 촉진하다
أَسَّسَ/ يُؤَسِّسُ هـ – تَأْسِيسٌ	..을 세우다, 창건.수립.설립.창설하다 ; 기초를 닦다
أُسْطُوَانَةٌ/ -اتٌ	원통, 원주, (여기서는 가스통)
إِسْفَارٌ	노출시킴, 드러냄, 밝힘
أَسْفَرَ/ يُسْفِرُ عَنْ ... – إِسْفَارٌ	..을 노출시키다, 드러내다, 밝히다 ; ..로 끝나다, 결과로서 ..을 초래하다, 귀착하다
مِمَّا أَسْفَرَ عَنْ = مِمَّا أَدَّى إِلَى	그로인해 ..하게 되었다. 그 결과 ..하였다.
إِسْقَاطٌ	떨어뜨림 ; 뽑음
أَسْقَطَ/ يُسْقِطُ هـ أَوْ ه – إِسْقَاطٌ	떨어뜨리다 ; ..을 떨구다, 뽑다, 빼다
أُسْقُفٌ/ أَسَاقِفَةٌ	주교(bishop)
إِسْكَانٌ	거주시킴, 살게함
وَزِيرُ الإِسْكَانِ	주택부 장관
أَسْكَنَ/ يُسْكِنُ ه فِي ... – إِسْكَانٌ	거주시키다, 살게하다
أَسْلَمَ/ يُسْلِمُ – إِسْلَامٌ	(자동사) 무슬림이 되다
أُسْلُوبٌ/ أَسَالِيبُ	방법, 방식, 양식 ; 형태, 형식
أَسْمَرُ/ (f) سَمْرَاءُ	갈색의
أَسْمَى/ يُسْمِي ه هـ = سَمَّى/ يُسَمِّي ه هـ	..을 ..라고 부르다, 명명하다
مَا أَسْمَاهُ بِ .. = كَمَا يُسَمُّونَهُ بِـ .. = مَا يُسَمَّى بِـ .. = مَا يُعْرَفُ بِـ	소위, 이른바
أَسْهَمَ/ يُسْهِمُ لِـ ه فِي هـ	..에 자기 몫을 들여 놓다, 한몫하다, 기여하다
أَسْوَدُ/ (f) سَوْدَاءُ	검은
أَشَادَ/ يُشِيدُ بِـ ...– إِشَادَةٌ	칭찬하다, 높이 평가하다
إِشَادَةٌ	지적. 지시 ; 나타냄
أَشَارَ/ يُشِيرُ إِلَى – إِشَارَةٌ	지적.지시하다(to indicate), ..에게 가리키다 ; 나타내다, 보여주다(to show) ; ..언급하다(to mention)
إِشَارَةٌ/ -اتٌ	지시, 지적 ; 기호, 신호

إِشَارَةُ الْيَدِ 수신호

اِشْتِبَاهٌ 서로 닮음, 비슷함

اِشْتِبَاكٌ/ -اتٌ 충돌, 싸움, 교전

اِشْتَبَكَ/ يَشْتَبِكُ – اِشْتِبَاكٌ 서로 충돌하다, 다투다

اِشْتَبَكَ الْجَيْشَانِ فِي الْقِتَالِ 두 군대가 서로 교전하다

اِشْتَبَهَ/ يَشْتَبِهُ = تَشَابَهَ 서로 닮다, 서로 비슷하다

اِشْتَبَهَ/ يَشْتَبِهُ فِي .. – اِشْتِبَاهٌ ..에 의문의 여지가 있다, 혐의가 있다, 혐의를 가지다

بِمَا يُشْتَبَهُ أَنَّ ... ...로 여겨지는 것으로 인해

اِشْتِرَاكٌ 가입함, 참가함

اِشْتَرَكَ/ يَشْتَرِكُ فِي ..에 가입하다, 참가하다

اِشْتَرَكَ/ يَشْتَرِكُ مَعَ ه فِي هـ – اِشْتِرَاكٌ ..와 ..일에 협력.참여하다

اِشْتَرَى/ يَشْتَرِي هـ ..을 사다

اِشْتِعَالٌ 불탐, 불붙음

اِشْتَعَلَ/ يَشْتَعِلُ – اِشْتِعَالٌ 불타다, 불붙다

اِشْتِكَاء 불평함

اِشْتَكَى/ يَشْتَكِي ه – اِشْتِكَاءٌ = شَكَا/ يَشْكُو – شَكْوَى

..에게 불평하다, 불만을 이야기하다

إِشْرَافٌ 관리, 감독

أَشْرَفَ/ يُشْرِفُ عَلَى ... – إِشْرَافٌ ..을 관리.감독하다

إِشْعَالٌ 불지름, 점화

أَشْعَلَ/ يُشْعِلُ هـ – إِشْعَالٌ ..에 불지르다, 불을 붙이다, 점화하다

أَشْعَلَ النيرانَ 불을 지르다

اِشْمَأَزَّ/ يَشْمَئِزُّ (مِنْ) – اِشْمِئْزَازٌ 싫증나다, 역겹다, 혐오감을 느끼다

اِشْمِئْزَازٌ 싫증, 혐오감

أَصَابَ/ يُصِيبُ ه بِـ – إِصَابَةٌ

부상을 입히다, 피해를 주다 ; 감염시키다, 걸리게 하다 ; (불행이) ..에게 생기다

إِصَابَةٌ/ -اتٌ 병에 걸림 ; 부상

إِصَابَةُ الْعَمَلِ	산업재해
إِصَابَةٌ بِسَرَطَانٍ	암에 걸리게 함
إِصَابَةٌ بِشَلَلٍ	중풍에 걸리다, 마비되다
أَصْبَحَ/ يُصْبِحُ = صَارَ	..이 되다
إِصْبَعٌ/ أَصَابِعُ	손가락
بَصْمَةُ الإِصْبَعِ	지장, 지문
إِصْدَارٌ	출판, 발간, 발행
أَصْدَرَ/ يُصْدِرُ هـ - إِصْدَارٌ	..을 출판.발간.발행하다 ; (법령을) 발령하다
أَصْدَرَ/ يُصْدِرُ قَرَارًا	결정하다
أَصْدَرَ/ يُصْدِرُ بَيَانًا	성명서를 발표하다
إِصْرَارٌ	고집, 끝까지 주장함
أَصَرَّ/ يُصِرُّ عَلَى ... - إِصْرَارٌ	..을 우기다, 고집하다, 끝까지 주장하다
اِصْطِدَامٌ	충돌(주로 사물의)
اِصْطَدَمَ/ يَصْطَدِمُ ب .. = صَدَمَ/ يَصْدِمُ ه أو هـ	충돌하다, 부딪치다(주로 사물이)
اِصْطِنَاعِيٌّ = صِنَاعِيٌّ	인공의, 인조의 ; 인위적인
تَلْقِيحٌ اِصْطِنَاعِيٌّ	인공수정
جِلْدٌ اِصْطِنَاعِيٌّ	인조가죽
قَمَرٌ اصْطِنَاعِيٌّ = قَمَرٌ صِنَاعِيٌّ	인공위성
أَصْلٌ/ أُصُولٌ	뿌리 ; 근본, 근원 ; 태생, 출신 ; 원문, 원본
إِصْلاَحٌ	개혁
إِصْلاَحُ الرِّعَايَةِ الصِّحِّيَّةِ	건강보호개혁(health care reformation)
إِصْلاَحَاتٌ دِيمُقْرَاطِيَّةٌ	민주주의의 개혁
أَصْلَحَ/ يُصْلِحُ هـ - إِصْلاَحٌ	..을 개혁하다 ; 조정하다
أَصْلِيٌّ	뿌리의 ; 근본적인, 기본적인 ; 본래의, 고유한, 원래의
سَاكِنٌ أَصْلِيٌّ/ سُكَّانٌ أَصْلِيُّونَ	원주민, 토착민
أُصِيبَ/ يُصَابُ ب ..	..을 앓다, ..병에 걸리다 ; 부상당하다

أُصِيبَ بِجِرَاحٍ	부상당하다
أَضَاعَ/ يُضِيعُ هـ	..을 잃다
إِضَاعَةٌ	잃음
أَضَافَ/ يُضِيفُ هـ إِلَى ..- إِضَافَةٌ	..에 ..을 첨가.첨부.보충하다
إِضَافَةٌ	첨가, 더함
بِالإِضَافَةِ إِلَى (ذَلِكَ)	..에 더하여, 게다가 (in addition to)
إِضَافِيٌّ	보충적인, 추가의
الْوَقْتُ الإِضَافِيُّ	추가시간
إِضْرَابٌ/ -اتٌ	파업
إِضْرَابٌ عَنْ الْعَمَلِ	파업
إِضْرَارٌ	해를 끼침, 손실
أَضْرَبَ/ يُضْرِبُ عَنْ ... - إِضْرَابٌ	..을 버리다, 그만두다 ; 파업하다
أَضَرَّ/ يُضِرُّ ه أو هـ، ب ه أو هـ - إِضْرَارٌ	..에게 해를 끼치다, 손실을 가져오다
اِضْطِرَابٌ/ -اتٌ	동란, 소요 ; 혼란
اِضْطَرَبَ/ يَضْطَرِبُ - اِضْطِرَابٌ	흔들리다 ; 혼란되다 ; 불안해지다
اِضْطِهَادٌ	억압, 핍박
اِضْطَهَدَ/ يَضْطَهِدُ ه - اِضْطِهَادٌ	..를 억압하다, 핍박하다
إِطَارٌ/ أُطُرٌ أَوْ إِطَارَاتٌ	틀, 테 ; 주변, 주위
إِطَارُ السَّيَّارَةِ	자동차 타이어
إِطَارُ الصُّورَةِ	액자
إِطَارُ النَّظَّارَةِ	안경테
فِي إِطَارِ ..	..의 일환으로, ..의 틀에서, 테두리 안에서, 범주 안에서
إِطَاقَةٌ = ذَرْعٌ	인내, 참을성
إِطِّلاَعٌ	지식, 정보, 앎
اِطَّلَعَ/ يَطَّلِعُ عَلَى - اِطِّلاَعٌ	알다, 알아내다, 알게되다 ; 정보를 받다 ; 보다 ; 조사하다
أَطْفَأَ/ يُطْفِئُ هـ - إِطْفَاءٌ	(불을) 끄다, 진화하다 ; (전기 불을) 끄다

إِطْفاءٌ 진화, 불을 끔

رَجُلُ الإِطْفاءِ 소방관

سَيَّارَةُ الإِطْفاءِ 소방차

إِطْلاَقٌ 석방, 해방 ; 발사

إِطْلاَقُ سَرَاحٍ = إِفْرَاجٌ 석방

وَقْفُ إِطْلاَقِ النَارِ 휴전, 정전

أَطْلَعَ/ يُطْلِعُ عَلَى - إِطْلاَعٌ ..에게 ..을 알리다, 통지.통보하다

أَطْلَقَ/ يُطْلِقُ سَرَاحَهُ - إِطْلاَقٌ ..를 석방하다, 해방시키다

أَطْلَقَ/ يُطْلِقُ هـ - إِطْلاَقٌ ..을 발사하다 ; 놓아주다, 해방하다

أَطْلَقَ/ يُطْلِقُ الصَّارُوخَ 미사일을 쏘다

أَطْلَقَ/ يُطْلِقُ الرَّصَاصَ أَوَ النَّارَ عَلَى ..에게 총을 쏘다

أَطْلَقَ الْقَمَرَ الصِّنَاعِيَّ 인공위성을 쏘다

أَطْلَقَ/ يُطْلِقُ سَرَاحَ هُ - إِطْلاَقٌ ..를 석방하다, 해방시키다

أَطْلَقَ/ يُطْلِقُ شِعَارَاتٍ 구호를 외치다

كَمَا يُطْلَقُ عَلَيه = كَمَا يُسَمَّى ..라 불리어지는 것 처럼, ..라 불리는 것 처럼

أَطْلَقَ/ يُطْلِقُ عَلَيْهِ اسْمَ كَذَا (이름을) ..로 짓다, ..라 부르다

اِطْمِئْنَانٌ 안심, 안도, 진정

اِطْمَأَنَّ/ يَطْمَئِنُّ - اِطْمِئْنَانٌ 안심.안도.진정하다 ; 안정되다

إِظْهَارٌ 나타냄, 노출

أَظْهَرَ/ يُظْهِرُ هـ - إِظْهَارٌ ..을 나타내다, 노출시키다 ; 보이다, 표시하다

أَعَادَ/ يُعِيدُ هـ أو ه إِلَى - إِعَادَةٌ ..을 ..으로 되돌리다, 회복시키다, 복구하다, 재개하다

إِعَادَةٌ 되돌림, 회복, 재개

إِعَادَةُ + الْمَصْدَرِ 그 '동명사'를 다시 함

إِعَادَةُ النَّظَرِ 재고, 복습(review)

اِعْتِبَارٌ/ -اتٌ 간주, 고려, ..으로 여김

اِعْتَبَرَ/ يَعْتَبِرُ هـ هـ أَوْ ه هـ - اِعْتِبَارٌ ..을 ..으로 여기다, 간주하다, 고려하다

اِعْتِدَاءٌ/ ـاتٌ	침범, 침략, 침공
اِعْتِدَاءَاتٌ جِنْسِيَّةٌ	강간
اِعْتِدَالٌ	조화, 온건함, 중용
اِعْتَدَلَ/ يَعْتَدِلُ – اِعْتِدَالٌ	곧바로 펴지다 ; 조화를 이루다 ; 온화하게되다 ; 알맞게 되다, 온건하다 ; 중용이다
اِعْتَدَى/ يَعْتَدِي عَلَى ... – اِعْتِدَاءٌ	침범.침략.침공하다 ; 적대시하다 ; 유린하다, 강간하다
اِعْتِذَارٌ	사죄, 사과 ; 변명
اِعْتَذَرَ/ يَعْتَذِرُ إِلَى(لِـ) ه عَنْ ... – اِعْتِذَارٌ	게 ..에 대하여 용서를 빌다, 사죄.사과하다
اِعْتَذَرَ/ يَعْتَذِرُ هـ	구실.핑계를 대다, 변명하다
اِعْتِرَافٌ	고백, 인정, 시인
اِعْتِرَاضٌ	차단, 봉쇄 ; 방해 ; 항의, 반항
اِعْتَرَضَ/ يَعْتَرِضُ هـ أو ه – اِعْتِرَاضٌ	길을 막다, 차단하다, 봉쇄하다 ; 방해하다
اِعْتَرَضَ/ يَعْتَرِضُ عَلَى ... – اِعْتِرَاضٌ	..에 항의하다, ..에 반대하여 반항하다
اِعْتَرَفَ/ يَعْتَرِفُ بِـ ... أَوْ أَنَّ – اِعْتِرَافٌ	실수 등을) 인정하다, 시인하다 ; 고백하다
اِعْتِزَامٌ	결심, 마음 먹음
اِعْتَزَمَ/ يَعْتَزِمُ هـ، عَلَى هـ، أَنْ ... – اِعْتِزَامٌ	..하려고 마음먹다, 결심하다
اِعْتِصَامٌ	연좌시위, 농성
اِعْتَصَمَ/ يَعْتَصِمُ – اِعْتِصَامٌ – مُعْتَصِمٌ	연좌시위를 하다, 농성을 벌이다
اِعْتِقَادٌ	신앙, 믿음, 확신, 신념
اِعْتِقَادٌ/ ـاتٌ	믿음, 확신 ; 신념, 견해
اِعْتَقَدَ/ يَعْتَقِدُ هـ، ب هـ – اِعْتِقَادٌ	..라고 생각하다 ; 믿다, 확신하다
اِعْتَقَدَ/ يَعْتَقِدُ ب هـ أو فِي هـ – اِعْتِقَادٌ	..을 믿다, 확신하다
اِعْتِقَالٌ	체포
مُذَكِّرَةُ اعْتِقَالٍ	체포영장
اِعْتَقَلَ/ يَعْتَقِلُ ه – اِعْتِقَالٌ	..를 체포하다
اِعْتِلَالٌ	앓음 ; 흠집

اِعْتَلَّ/ يَعْتَلُّ – اِعْتِلاَلٌ	앓다, 아프다 ; 흠집.결함이 있다
اِعْتِنَاقٌ	포옹, 껴안음 ; 개종
اِعْتَنَقَ/ يَعْتَنِقُ هــ – اِعْتِنَاقٌ	포옹하다, 껴안다 ; 개종하다
اِعْتَنَقَ الْمَسِيحِيَّةَ	그가 기독교로 개종했다.
اِعْتَنَى/ يَعْتَنِي بـــ	..에 관심을 가지다
إِعْدَادٌ	준비함
إِعْدَامٌ	사형
الإِعْدَامُ شَنْقًا	교수형
الإِعْدَامُ رَجْمًا	투석형
أَعَدَّ/ يُعِدُّ هــ – إِعْدَادٌ	..을 준비하다
أَعْدَمَ/ يُعْدِمُ ه – إِعْدَامٌ	처형하다, 사형하다
إِعْرَابٌ	표명, 피력, 표현
أَعْرَبَ/ يُعْرِبُ عَنْ ... – إِعْرَابٌ	..을 표현.표시.표명하다, 피력하다
إِعْصَارٌ/ أَعَاصِيرُ	태풍, 허리케인 ; 회오리바람
إِعْلاَمٌ	보도, 통보, 기별 ; 정보, 언론
وَسَائِلُ الإِعْلاَمِ	매스컴, 대중매체
إِعْلاَمِيٌّ	보도의, 정보의
إِعْلاَنٌ/ –اتٌ	공개, 발표, 공포 ; 선언 ; 광고
إِعْلاَنٌ مُشْتَرَكٌ = بَلاَغٌ مُشْتَرَكٌ	공동선언(문)
أَعْلَنَ/ يُعْلِنُ هــ أَوْ أَنَّ ... – إِعْلاَنٌ	알리다, 공개하다 ; 발표하다 ; 선포하다
أَعْلَنَ/ يُعْلِنُ عَنْ ... – إِعْلاَنٌ	..을 광고하다
إِعْمَارٌ	거주시킴, 건설 ; 복구, 재건
أَعْمَرَ/ يُعْمِرُ ه أو هــ – إِعْمَارٌ	..를 거주시키다 ; 짓다, 건설하다 ; 복구하다, 재건하다
أَغَاثَ/ يُغِيثُ ه – إِغَاثَةٌ	..을 도와주다, 구제,구원.구출.구호하다
إِغَاثَةٌ	구제, 구출, 구호
عَامِلُ إِغَاثَةٍ	구호요원, 국제구호원(aid worker)

اِغْتَالَ/ يَغْتَالُ ه – اِغْتِيَالٌ ..를 암살하다

اِغْتِصَابٌ 성폭행, 강간

اِغْتَصَبَ/ يَغْتَصِبُ الْمَرْأَةَ – اِغْتِصَابٌ 성폭행하다, 강간하다

اِغْتَصَبَ الأَرْضَ 땅을 훔치다

اِغْتِيَالٌ 암살

إِغْرَاقٌ 침몰

أَغْرَقَ/ يُغْرِقُ هـ – إِغْرَاقٌ = غَرَّقَ/ يُغَرِّقُ هـ – تَغْرِيقٌ ..를 가라앉히다, 침몰시키다

أَغْلَبِيَّةٌ 대부분, 대다수

أَغْلَبِيَّةٌ مِنْ ... 많은(a lot of)

إِغْلَاقٌ 잠금, 폐쇄

أَغْلَقَ/ يُغْلِقُ هـ – إِغْلَاقٌ ..을 닫다, 채우다, 잠그다 ; (국경, 공장 등을) 폐쇄하다

أُغْنِيَةٌ/ –اتٌ أو أَغَانٍ(الأغاني) 노래

أَفَادَ/ يُفِيدُ ... بِـ أَوْ بِأَنَّ ...– إِفَادَةٌ 보도하다, ..소식 혹은 ...보도에 의하면 ..이다

أَفَادَ/ يُفِيدُ ه هـ، ه ب هـ – إِفَادَةٌ 알리다, 통지하다

تُفِيدُ الأَنْبَاءُ بِأَنَّ ... 소식.보도에 의하면 ..이라고 전하고 있다

إِفَادَةٌ 알림, 통지

اِفْتِتَاحٌ 개막

مَرَاسِمُ افْتِتَاحِ أُولِمْبِيَّاد 올림픽 개막식

اِفْتَتَحَ/ يَفْتَتِحُ هـ – اِفْتِتَاحٌ ..을 개막하게 하다, ..을 열다(회의 등을)

اِفْتِرَاضٌ 가정, 가상 ; 부과

اِفْتَرَضَ/ يَفْتَرِضُ هـ، أَنَّ – اِفْتِرَاضٌ 가정하다, 가상하다

اِفْتَرَضَ/ يَفْتَرِضُ هـ عَلَى ه 부과하다, 지우다

إِفْرَاجٌ 석방, 풀어줌

أَفْرَجَ/ يُفْرِجُ عَنْ ... – إِفْرَاجٌ ..를 놓아주다, 석방하다, 풀어주다

أَفْرَجَ عَنْ مَوْقُوفٍ 억류된 사람을 석방하다

إِفْسَادٌ 상하게 함, 변질시킴

أَفْسَدَ/ يُفْسِدُ هـ أو ه – إِفْسَادٌ 상하게하다, 변질시키다 ; 망쳐놓다, 훼손하다 ; 타락시키다

إِفْشَالٌ 파탄시킴

أَفْشَلَ/ يُفْشِلُ هـ – إِفْشَالٌ = فَشَّلَ 파탄시키다, 망치게하다

إِفْصَاحٌ 표명

أَفْصَحَ/ يُفْصِحُ عَنْ ... – إِفْصَاحٌ 표명하다, 털어놓고 이야기하다

أَفْضَى/ يُفْضِي إِلَى .. – إِفْضَاءٌ = أَدَّى/ يُؤَدِّي إِلَى
..로 인도하다, ..로 이끌어가다, ..한 결과를 낳다

أَقَامَ/ يُقِيمُ هـ أو ه – إِقَامَةٌ ..을 일어서게 하다 ; 건립.설립.수립하다 ; 수행하다

أَقَامَ/ يُقِيمُ ب(فِي) ... – إِقَامَةٌ ..에 체류하다, 머무르다, 거주하다, 정착하다

مَقَرُّ الإِقَامَةِ 거주지

إِقَامَةٌ 체류함, 거주함 ; 일어서게 함 ; 건립, 설립

إِقَامَةُ سَلاَمٍ 평화 정착

إِقَامَةُ عَلاَقَةٍ بـ ... ..와 관계를 맺음

إِقْبَالٌ 참석, 출석 ; 접근함

أَقْبَلَ/ يُقْبِلُ – إِقْبَالٌ (사람이) 오다 ; 참석하다, 출석하다 ; 접근하다, 다가가다

اِقْتِحَامٌ 돌파, 돌진

اِقْتَحَمَ/ يَقْتَحِمُ هـ – اِقْتِحَامٌ 돌파하다, 돌진.돌격하다 ;
(도둑 등이) ..을 침입하다, 습격하다, 진입하다

اِقْتِرَابٌ 접근, 다가감

اِقْتِرَاحٌ/ –اتٌ = مُقْتَرَحٌ/ –اتٌ 제안, 제의

اِقْتِرَاعٌ 투표

صُنْدُوق الاقْتِرَاعِ 투표함

مَرْكَزُ اقْتِرَاعٍ 투표소

اِقْتَرَبَ/ يَقْتَرِبُ مِنْ ... – اِقْتِرَابٌ ..에 가까이 가다, 접근하다, 다가가다

اِقْتَرَحَ/ يَقْتَرِحُ هـ – اِقْتِرَاحٌ ..을 제안.건의.제의하다

اِقْتَرَعَ/ يَقْتَرِعُ عَلَى (لِـ) ... – اِقْتِرَاعٌ ..에게 투표하다, 표결하다

아랍어 - 한국어 소사전

결합, 연합	اِقْتِرَانٌ
결합되다, 연합되다, 연결되다	اِقْتَرَنَ/ يَقْتَرِنُ بِـ – اِقْتِرَانٌ
..와 결혼하다	اِقْتَرَنَ/ يَقْتَرِنُ بِـ ه = عَقَدَ/ يَعْقِدُ قِرَانًا عَلَى ه = تَزَوَّجَ/ يَتَزَوَّجُ ه أَوْ مِنْ أَوْ بِـ..
경제	اِقْتِصَادٌ
경제의	اِقْتِصَادِيٌّ
경제위축	اِنْكِمَاشٌ اِقْتِصَادِيٌّ
경제협력 강화	تَعْزِيزُ التَّعَاوُنِ الاِقْتِصَادِيِّ
경제상황	حَالَةٌ اِقْتِصَادِيَّةٌ
들어올림, 나름, 운반	إِقْلَالٌ
출항, 이륙	إِقْلَاعٌ
출항.이륙하다	أَقْلَعَ/ يُقْلِعُ هـ – إِقْلَاعٌ
..을 들어올리다, ..을 나르다, 운반하다	أَقَلَّ/ يُقِلُّ هـ أَوْ ه – إِقْلَالٌ
지역, 지방 ; 행정구역	إِقْلِيمٌ/ أَقَالِيمُ
지방의, 지역의, 영토의	إِقْلِيمِيٌّ
확신시킴, 설득시킴	إِقْنَاعٌ
..을 확신시키다, 설득시키다	أَقْنَعَ/ يُقْنِعُ ه بِـ ... – إِقْنَاعٌ
아카데믹한	أَكَادِيمِيٌّ
얻음, 획득, 취득	اِكْتِسَابٌ
..을 얻다, 획득하다, 취득하다, 쟁취하다	اِكْتَسَبَ/ يَكْتَسِبُ هـ – اِكْتِسَابٌ
발견하다(to discover, find out)	اِكْتَشَفَ/ يَكْتَشِفُ هـ – اِكْتِشَافٌ
발견	اِكْتِشَافٌ/ ات
강조하다(to stress), 확인하다(to confirm)	أَكَّدَ/ يُؤَكِّدُ عَلَى ... أَوْ أَنَّ..– تَأْكِيدٌ
..을 강조하다 ; 확인하다	أَكَّدَ/ يُؤَكِّدُ هـ – تَأْكِيدٌ
끝냄, 완성 ; 계속함	إِكْمَالٌ
끝내다, 완성하다 ; 계속하다, 계속해서 끝내다	أَكْمَلَ/ يُكْمِلُ هـ – إِكْمَالٌ

시사 · 미디어 아랍어 소사전

의무, 책임	اِلْتِزَامٌ/ –اتٌ
..을 의무적인 것으로 간주하다 ; 견지하다, 잘 지키다 ; 책임을 지다	اِلْتَزَمَ/ يَلْتَزِمُ هـ أَوْ بِـ هـ – اِلْتِزَامٌ
만남, 상봉	اِلْتِقَاءٌ
..와 만나다, 상봉하다	اِلْتَقَى/ يَلْتَقِي ه أَوْ بِـ ه – اِلْتِقَاءٌ
꿀꺽 삼킴	اِلْتِهَامٌ
..을 꿀꺽 삼켜버리다(음식이나, 불 등)	اِلْتَهَمَ/ يَلْتَهِمُ هـ – اِلْتِهَامٌ
강요함, 의무지움	إِلْزَامٌ
불강요	عَدَمُ إِلْزَامٍ
..에게 ..을 강요하다, 의무지우다	أَلْزَمَ/ يُلْزِمُ ه هـ، ه بِـ هـ – إِلْزَامٌ
지뢰매설, 폭탄설치	إِلْغَامٌ
지뢰를 매설하다, 폭탄을 설치하다	أَلْغَمَ/ يُلْغِمُ هـ – إِلْغَامٌ = لَغَمَ/ يَلْغَمُ هـ – لَغْمٌ
취소, 폐지, 철폐	إِلْغَاءٌ
..을 폐지하다, 철폐하다, 취소하다	أَلْغَى/ يُلْغِي هـ – إِلْغَاءٌ
던짐	إِلْقَاءٌ
..을 던지다	أَلْقَى/ يُلْقِي هـ – إِلْقَاءٌ
핵폭탄을 투하하다	أَلْقَى الْقُنْبُلَةَ الذَّرِّيَّةَ
..에게 ..을 던지다	أَلْقَى/ يُلْقِي هـ – إِلْقَاءٌ
..를 체포하다	أَلْقَى الْقَبْضَ عَلَى ه
..에 투신하다	أَلْقَى بِنَفْسِهِ فِي ...
연설하다	أَلْقَى/ يُلْقِي خِطَابًا أَوْ كَلِمَةً
그러나, 그럼에도 불구하고	إِلاَّ أَنَّ
..와 나란히, ..옆에 ; ..은 별도로 하고 ; ..에 더하여 ; 그 밖에 또	إِلَى جَانِبِ ... = بِجَانِبِ ...
(동물 등을) 길들이다 ; 작성.조직.구성하다 ; 창작.저술하다	أَلَّفَ/ يُؤَلِّفُ هـ – تَأْلِيفٌ
독일의 ; 독일 사람	أَلْمَانِيٌّ/ –ونَ أَوْ أَلْمَانٌ

إِمَامٌ/ أَئِمَّةٌ	이맘
أَمَانٌ	안전(safety)
مُسْتَوَى الأَمَانِ	안전수준
اِمْتِدَادٌ	늘어남, 확장됨
اِمْتَدَّ/ يَمْتَدُّ إِلَى ... – اِمْتِدَادٌ	..까지 확장되다, ..에 이르다, 확대되다 ; 늘어나다, 펴지다
إِمْدَادٌ	공급함, 원조함
إِمْدَادَاتٌ	보급품
إِمْدَادَاتٌ طِبِّيَّةٌ	의료 보급품
أَمَدَّ/ يُمِدُّ ه ب هـ – إِمْدَادٌ	..에게 ..을 공급하다, 원조.지원해주다
أَمَرَ/ يَأْمُرُ ه ب .. – أَمْرٌ	..에게 ..을 명령하다, 지시하다
أَمْرٌ/ أُمُورٌ	문제, 일(matter)
أَمْرٌ/ أَوَامِرُ	명령(order)
اِمْرَأَةٌ(الْمَرْأَةُ)/ نِسَاءٌ	여성, 여자
إِمْكَانٌ	능력(ability)
بِقَدْرِ الإِمْكَانِ	가능한한 많이(as much as possible)
إِمْكَانِيَّةٌ/ –اتٌ	가능성(possibility), 능력
أَمْكَنَ/ يُمْكِنُ ه – إِمْكَانٌ	그는 .. 할 수 있다.
يُمْكِنُهُ الأَمْرُ أَوْ أَنْ ...	그는 ..을 할 수 있다
لاَ يُمْكِنُنِي قِيَادَةُ السَّيَّارَةِ لأَنَّنِي مَا زِلْتُ صَغِيرًا.	나는 아직 어려서 자동차를 운전할 수 없다
أَمَلَ/ يَأْمُلُ هـ أو فِي هـ – أَمَلٌ	바라다, 희망하다, 소망하다
أَمَلٌ/ آمَالٌ	희망(hope)
خَيْبَةُ الأَمَلِ	실망
أَمَّا	그러나, 한편, 한편으론(as to, as for, but, however)
أَمَّا ... فَـ ...	..에 대해 말한다면
أُمَّةٌ/ أُمَمٌ	공동체; 국가, 민족

유엔(UN)	الأُمَمُ الْمُتَّحِدَةُ
유엔총회	الْجَمْعِيَّةُ الْعَامَّةُ لِلْأُمَمِ الْمُتَّحِدَةِ
..를 안전하게 하다 ; 보장.담보.보증하다	أَمَّنَ/ يُؤَمِّنُ ه أو هــ – تَأْمِينٌ
문맹인	أُمِّيٌّ
문맹	أُمِّيَّةٌ
..을 믿다, 신앙하다	آمَنَ/ يُؤْمِنُ ب – إِيمَانٌ
안전한	آمِنٌ
안전, 보안	أَمْنٌ
보안대	أَمْنُ الدَّوْلَةِ
사회안전, 공공안전	الْأَمْنُ الْعَامُّ
국가안전	الْأَمْنُ الْقَوْمِيُّ
보안경찰관	رَجُلُ الْأَمْنِ
대통령 경호	الْأَمْنُ الرِّئَاسِيُّ
보안대, 치안부대(the security forces)	قُوَّاتُ الْأَمْنِ
대통령 경호	أَمْنُ الرِّئَاسَةِ
보안수준	مُسْتَوَى الْأَمْنِ
보안의	أَمْنِيٌّ
보안기관	أَجْهِزَةٌ أَمْنِيَّةٌ
보안협정	الاِتِّفَاقِيَّةُ الْأَمْنِيَّةُ
모성(motherhood)	أُمُومَةٌ
모성의, 엄마의	أُمُومِيٌّ
아멘!(amen)	آمِينَ
신실한(faithful)	أَمِينٌ
성실한, 충실한, 믿음직한 ; 서기, 비서, 관리인	أَمِينٌ/ أُمَنَاءُ
사무총장	الْأَمِينُ الْعَامُّ
유엔 사무총장	الْأَمِينُ الْعَامُّ لِلْأُمَمِ الْمُتَّحِدَةِ

الأَمِينُ الأَوَّلُ	의전실장
أُنْبُوبَةٌ أَوْ أُنْبُوبٌ/ أَنَابِيبُ	가스통
إِنْتَاجٌ	생산, 만듦
أَنْتَجَ/ يُنْتِجُ هـ - إِنْتَاجٌ	..을 생산하다, 만들다(to produce)
اِنْتِحَارٌ	자살
اِنْتِحَارِيٌّ	자살을 위한, 자살의
عَمَلِيَّاتٌ اِنْتِحَارِيَّةٌ	자살행위, 자살테러행위
اِنْتَحَرَ/ يَنْتَحِرُ – اِنْتِحَارٌ	자살하다
اِنْتِخَابٌ/ –اتٌ	선거
اِنْتِخَابَاتٌ بَرْلَمَانِيَّةٌ	국회의원 선거
اِنْتِخَابَاتٌ عَامَّةٌ	총선거(general election)
اِنْتِخَابَاتُ الرِّئَاسَةِ	대통령 선거
الانْتِخَابَاتُ التَّشْرِيعِيَّةُ	입법부 선거, 국회의원 선거
الْحَمْلَةُ الدِّعَائِيَّةُ لِلانْتِخَابَاتِ	선거캠페인, 선거운동
دَائِرَةُ الانْتِخَابِ	선거구
اِنْتِخَابِيٌّ	선거의
حَمْلَةٌ اِنْتِخَابِيَّةٌ	선거운동, 선거캠페인
اِنْتَخَبَ/ يَنْتَخِبُ ه أو هـ – اِنْتِخَابٌ	..을 고르다 ; 선거하다, 선출하다
اِنْتَخَبَ/ يَنْتَخِبُ ه هـ – اِنْتِخَابٌ	선거하다, ..를 ..으로 선출하다
اِنْتِدَابٌ/ –اتٌ	대표파견, 위임통치 ; 대표권
اِنْتَدَبَ/ يَنْتَدِبُ ه لـ ... – اِنْتِدَابٌ	..를 ..의 대표로 파견하다 ; ..에 전권을 부여하다
اِنْتَدَى/ يَنْتَدِي	모여들다, 모이다(클럽 등에서)
اِنْتِشَارٌ	퍼짐, 전파됨
اِنْتَشَرَ/ يَنْتَشِرُ – اِنْتِشَارٌ	퍼지다, (소문이) 전파되다, 흩어지다 ; 출판되다
اِنْتِصَارٌ	승리
اِنْتَصَرَ/ يَنْتَصِرُ عَلَى – اِنْتِصَارٌ	승리하다

기다림	اِنْتِظَارٌ
..를 기다리다, 고대하다	اِنْتَظَرَ/ يَنْتَظِرُ ه أو هـ – اِنْتِظَارٌ
복구, 되살아남 ; 회복	اِنْتِعَاشٌ
복구되다, 되살아나다 ; 활기를 띠다 ; 회복되다	اِنْتَعَشَ/ يَنْتَعِشُ – اِنْتِعَاشٌ
부풀어오름, 팽창	اِنْتِفَاخٌ
부풀어오르다, 팽창하다 ; 뽐내다, 우쭐대다	اِنْتَفَخَ/ يَنْتَفِخُ – اِنْتِفَاخٌ
전율, 진동 ; 폭풍이 일어남	اِنْتِفَاضٌ
봉기	اِنْتِفَاضَةٌ/ –اتٌ
전율.진동하다 ; 폭풍이 일다 ; (반대하여) 떨쳐나서다	اِنْتَفَضَ/ يَنْتَفِضُ – اِنْتِفَاضٌ
비평	اِنْتِقَادٌ
이동	اِنْتِقَالٌ
권력 이양	اِنْتِقَالُ السُّلْطَةِ
이동하는, 전이하는 ; 과도기의, 임시의	اِنْتِقَالِيٌّ
과도기	الْمَرْحَلَةُ الاِنْتِقَالِيَّةُ
과도기	فَتْرَةٌ اِنْتِقَالِيَّةٌ
복수, 보복	اِنْتِقَامٌ
비평하다 (to criticize), 잘못된 부분을 지적하다	اِنْتَقَدَ/ يَنْتَقِدُ هـ – اِنْتِقَادٌ
이동하다 ; 옮겨지다	اِنْتَقَلَ/ يَنْتَقِلُ إِلَى – اِنْتِقَالٌ
복수하다, 보복하다	اِنْتَقَمَ/ يَنْتَقِمُ مِنْ ه – اِنْتِقَامٌ
속함, 관련이 있음	اِنْتِمَاءٌ
..에 속하여, 와 관련하여	بِالاِنْتِمَاءِ
..에 속하다, ..과 관련이 있다	اِنْتَمَى/ يَنْتَمِي إِلَى – اِنْتِمَاءٌ
끝남, 완결	اِنْتِهَاءٌ
불경하게 대함, 모독 ; 위반, 유린	اِنْتِهَاكٌ
..를 불경하게 대하다, 더럽히다, 모독하다 ; 위반하다, 유린하다	اِنْتَهَكَ/ يَنْتَهِكُ ه – اِنْتِهَاكٌ

اِنْتَهَى/ يَنْتَهِي – اِنْتِهَاءٌ	끝나다, 완결되다 ; (기한이) 만기되다
أُنْثَى	암컷, 딸
إِنْجَازٌ	완성함, 달성, 성취
إِنْجَابٌ	(아이를) 낳음, 출산
أَنْجَبَ/ يُنْجِبُ ه – إِنْجَابٌ	..을 낳다 ; 자식을 보다, 출산하다
أَنْجَزَ/ يُنْجِزُ هـ – إِنْجَازٌ	(일을) 완성하다, 달성.성취하다
إِنْجِيلِيٌّ	복음주의의(evangelical)
اِنْحِلَالٌ	녹음, 용해 ; 문란, 방탕
اِنْحَلَّ/ يَنْحَلُّ – اِنْحِلَالٌ	풀어지다 ; 녹다, 용해되다 ; 문란.방탕하게 되다
اِنْخِفَاضٌ	(수준이) 낮아짐 ; 하락
اِنْخَفَضَ/ يَنْخَفِضُ – اِنْخِفَاضٌ	(수준이) 낮아지다, (값이) 내리다 ; 하락하다
اِنْدِلَاعٌ	불이나 전쟁이 일어남
انْدَلَعَ/ يَنْدَلِعُ النَّارُ أَوِ الْحَرْبُ أَوْ الشِّجَارُ – اِنْدِلَاعٌ	불이나 전쟁 혹은 싸움이 (일어)나다
اِنْدَلَعَتْ/ تَنْدَلِعُ اِشْتِبَاكَاتٌ	교전이 일어나다
إِنْذَارٌ	경고, 주의를 줌
أَنْذَرَ/ يُنْذِرُ ه بِـ – إِنْذَارٌ	경고하다, 주의를 주다(잘못하고 난 다음에)
إِنْزَالٌ	착륙시킴 ; 내리게 함
أَنْزَلَ/ يُنْزِلُ ه أَوْ هـ – إِنْزَالٌ	착륙시키다 ; 내리게하다 ; 낮추다(값을)
إِنْسَانٌ	인간
إِنْسَانِيٌّ	인간의, 인류의, 인도적인
مُسَاعَدَاتٌ إِنْسَانِيَّةٌ	인도적 도움들
مَهَمَّةٌ إِنْسَانِيَّةٌ	인도적인 임무
مُؤَسَّسَةٌ إِنْسَانِيَّةٌ	인도주의 단체, 인도주의 기구
اِنْسِحَابٌ	철수, 철거 ; 퇴각
اِنْسَحَبَ/ يَنْسَحِبُ عَنْ (مِنْ) – اِنْسِحَابٌ	철수.철거하다 ; 퇴각하다

시사 · 미디어 아랍어 소사전

اِنْشِقَاقٌ	쪼개짐, 나눠짐 ; 분리됨
اِنْشَقَّ/ يَنْشَقُّ – اِنْشِقَاقٌ	쪼개지다, 나눠지다 ; 분리되다
اِنْصَاعَ/ يَنْصَاعُ لِـ – اِنْصِيَاعٌ = خَضَعَ	..에게 복종하다, 순종하다
اِنْصِيَاعٌ	복종, 순종
اِنْضِمَامٌ	가담, 가입
اِنْضَمَّ/ يَنْضَمُّ إِلَى – اِنْضِمَامٌ	..에 가담.가입히다, 회원이 되다
اِنْطِلَاقٌ	떠남, 출발 ; 해방, 자유로워짐
اِنْطِلَاقًا مِنْ ...	..로부터 나오는, ..로부터 출발하는
اِنْطَلَقَ/ يَنْطَلِقُ – اِنْطِلَاقٌ	떠나다, 출발하다 ; 해방되다, 자유로워지다 ; 발사되다 ; 시작하다
اِنْعِقَادٌ	체결, 맺어짐 ; 소집, 열림, 개최
اِنْعَقَدَ/ يَنْعَقِدُ – اِنْعِقَادٌ	체결되다, 맺어지다 ; 열리다, 소집되다, 개최되다
إِنْفَاقٌ	돈을 씀, 지출
اِنْفِجَارٌ	폭발, 터짐
اِنْفَجَرَ/ يَنْفَجِرُ – اِنْفِجَارٌ	폭발하다, 터지다, 파열되다
اِنْفِرَادٌ	유일하게 됨 ; 고립됨
اِنْفَرَدَ/ يَنْفَرِدُ – اِنْفِرَادٌ	유일하게 되다 ; 고립되다, 외톨이가 되다, 단독으로 하다
اِنْفَضَّ/ يَنْفَضُّ – اِنْفِضَاضٌ	열리다 ; 흩어지다, 해산되다, (회의가) 끝나다
اِنْفِضَاضٌ	열림 ; 흩어짐, 해산
اِنْفِعَالٌ	영향을 받음 ; 흥분함 ; 성남
اِنْفَعَلَ/ يَنْفَعِلُ – اِنْفِعَالٌ	영향.작용을 받다 ; 흥분하다 ; 성나다
أَنْفَقَ/ يُنْفِقُ مَالاً – إِنْفَاقٌ	돈을 쓰다, 지출하다
إِنْفِلُونْزَا الْخَنَازِيرِ	돼지독감
إِنْقَاذٌ	구출, 구조
أَنْقَذَ/ يُنْقِذُ ه مِنْ .. – إِنْقَاذٌ	..에서 ..를 구출.구조.구원하다
اِنْقِسَامٌ	나눠짐, 분열

اِنْقَسَمَ/ يَنْقَسِمُ (إلَى) – اِنْقِسَامٌ	나눠지다, 갈라지다, 분열되다
اِنْقِطَاعٌ	끊김, 잘림
اِنْقَطَعَ/ يَنْقَطِعُ – اِنْقِطَاعٌ	끊기다, 잘리다 ; (전기가) 나가다
إِنْكَارٌ	부인(denial)
أَنْكَرَ/ يُنْكِرُ هـ – إِنْكَارٌ	..을 부인하다
اِنْكِمَاشٌ	수축 ; (경제) 통화수축
اِنْكِمَاشٌ اِقْتِصَادِيٌّ	경제위축
اِنْكَمَشَ/ يَنْكَمِشُ – اِنْكِمَاشٌ	(옷이) 줄어들다, 수축되다
إِنْهَاءٌ	끝냄, 마침 ; 중지, 중단
أَنْهَى/ يُنْهِي هـ – إِنْهَاءٌ	..을 끝내다, 마치다 ; 중지.중단.정지하다
اِهْتَمَّ/ يَهْتَمُّ بـ	..에 관심을 가지다
إِهْدَاءٌ	선물로 줌, 선사함
أَهْدَى/ يُهْدِي ه هـ، هـ لـ ه – إِهْدَاءٌ	..에게 ..을 선물로 주다, 선사하다
أَهْلٌ/ أَهَالٍ(الأَهَالِي)	친척, 일가 ; 주민
أَهْلِيٌّ	집의, 가정의 ; 지방의, 고향의 ; 국립의
حَرْبٌ أَهْلِيَّةٌ	내전
أَهَمِّيَّةٌ	중요성, 의의
أَهَّلَ/ يُؤَهِّلُ ه أو هـ لـ ... – تَأْهِيلٌ	..에게 ..할 능력.자격을 갖추게 하다
أَوْرَدَ/ يُورِدُ ه هـ، أَنَّ ...	(신문 등에서) 언급하다(to mention), 인용하다(to quote)
أَوْدَى/ يُودِي بِهِ أو بِحَيَاتِهِ	죽이다, 멸망시키다
أَوْصَى/ يُوصِي ه ب ... = وَصَّى/ يُوَصِّي ه ب ..	..에게 ..을 유언하다, ..에게 ..을 조언하다,권고하다
أَوْقَعَ/ يُوقِعُ ه أَوْ هـ – إِيقَاعٌ	..을 떨어지게 하다, 빠뜨리다
أَوْقَعَ (بـ) ه قَتِيلاً أَوْ صَرِيعًا	죽이다
أَوْقَفَ/ يُوقِفُ هـ – إِيقَافٌ	..을 정지시키다, 멈추다, 중단시키다
أَوْكَلَ/ يُوكِلُ هـ إِلَى .. – إِيكَالٌ	..을 ..에게 맡기다, 위임하다

즉, 곧, 말하자면(that is)	أَيْ
어떤, 어느(any)	أيٌّ/ (f)أَيَّةٌ
쿠란 혹은 성경의 절(verse)	آيَةٌ/ آيَاتٌ
떨어짐, 빠뜨림	إِيقاعٌ
정지시킴, 멈춤	إِيقَافٌ
집행유예	إِيقَافُ التَّنْفِيذِ
맡김, 위임	إِيكَالٌ
믿음, 신앙	إِيمَانٌ
이메일	إِيمِيل
..을 지지하다, 성원하다	أَيَّدَ/ يُؤَيِّدُ ه أو هـ - تَأْيِيدٌ

아랍어 - 한국어 소사전

(ب)

..이 되다	بَاتَ/ يَبِيتُ = صَارَ = أَصْبَحَ
뜰, 마당, 구역	بَاحَةٌ/ -ات
이 대학내에서	فِي بَاحَةِ هَذِهِ الْجَامِعَةِ
..와 ..에 대해 같이 토의하다, 협의하다 ; 회담하다	بَاحَثَ/ يُبَاحِثُ ه فِي هــ – مُبَاحَثَةٌ
먼저 착수하다, 주도권을 가지고 ..하다	بَادَرَ/ يُبَادِرُ إِلَى ... – مُبَادَرَةٌ
군함	بَارِجَةٌ/ بَوَارِجُ = سَفِينَةٌ حَرْبِيَّةٌ
차가운	بَارِدٌ
성숙한, 어른이 된 ; 성인	بَالِغٌ
큰, 거대한, 심한	بَالِغٌ = شَدِيدٌ
원유	بِتْرُولٌ = نَفْطٌ
유조선	نَاقِلُ النَّفْطِ = نَاقِلُ الْبِتْرُولِ = نَاقِلَةُ النَّفْطِ
원유의(petroleum)	بِتْرُولِيٌّ = نَفْطِيٌّ أَوْ نِفْطِيٌّ
퍼뜨림 ; (텔레비전 등의) 방송	بَثٌّ
퍼뜨리다 ; (방송, 텔레비전으로) 내보내다, 방송하다	بَثَّ/ يَبُثُّ هــ – بَثٌّ
토의, 심의 ; 조사, 검사 ; 연구	بَحْثٌ/ أَبْحَاثٌ أَوْ بُحُوثٌ
..을 조사.연구.분석하다 ; ..을 토의.심의.논의하다	بَحَثَ/ يَبْحَثُ هــ أَوْ فِي هــ بَحْثٌ
..을 찾다, 탐색하다, 검색하다, 수색하다	بَحَثَ/ يَبْحَثُ عَنْ – بَحْثٌ
바다	بَحْرٌ/ بُحُورٌ
지중해	الْبَحْرُ الْأَبْيَضُ الْمُتَوَسِّطُ
선원 ; 해병	بَحَّارٌ/ -ونَ أَوْ بَحَّارَةٌ
호수(lake)	بُحَيْرَةٌ/ -ات
..을 시작하다, 착수하다	بَدَأ/يَبْدَأُ هــ أَوْ بِـ هــ – بَدْءٌ

시사 · 미디어 아랍어 소사전

시작	بَدْءٌ = بِدَايَةٌ = شُرُوعٌ
..일 것 같다, ..인 듯하다, ..처럼 보이다(it seems)	بَدَا/ يَبْدُو أَنَّ = عَلَى مَا يَبْدُو
뚱뚱함, 비대함	بَدَانَةٌ = سِمْنَةٌ
시작	بِدَايَةٌ = بَدْءٌ = شُرُوعٌ
베두인	بَدْوٌ
베두인의	بَدَوِيٌّ
뚱뚱한, 살찐	بَدِينٌ/ بُدُنٌ
씨, 씨앗, 종자	بَذْرَةٌ/ بَذَرَاتٌ = بِزْرَةٌ
..을 바치다, 제공하다 ; (노력 등을) 아끼지 않다 ; (아낌없이) 주다	بَذَلَ/ يَبْذُلُ أو يَبْذِلُ هـ - بَذْلٌ
(노력 등을) 아끼지 않음, (아낌없이) 줌	بَذْلٌ
무죄	بَرَاءَةٌ = عَدَمُ الذَّنْبِ
탑 ; 성, 보루, 성채	بُرْجٌ/ أَبْرَاجٌ
관제탑	بُرْجُ الْمُرَاقَبَةِ
전보	بَرْقِيَّةٌ/ -اتٌ
죄없이 되다, 면죄되다	بَرِئَ/ يَبْرَأُ مِنْ ...
..를 무죄로 인정하다	بَرَّأَ/ يُبَرِّئُ ه مِنْ ... - تَبْرِئَةٌ
육로의, 육지를 통한	بَرِّيٌّ ≠ بَحْرِيٌّ
국회, 의회	بَرْلَمَانٌ = مَجْلِسٌ نِيَابِيٌّ = مَجْلِسُ الشَّعْبِ
국회의, 의회의	بَرْلَمَانِيٌّ
프로그램; 일람표 ; 계획, 계획서	بَرْنَامَجٌ/ بَرَامِجُ
핵 프로그램	الْبَرْنَامَجُ النَّوَوِيٌّ
전립선	بْرُوسْتَاتَا
인간의, 인류의	بَشَرِيٌّ = إِنْسَانِيٌّ
이메일	بَرِيدٌ إِلِكْتِرُونِيٌّ = إِيمِيل
인적자원(human resources)	مَوَارِدُ بَشَرِيَّةٌ

بَشَّرَ/ يُبَشِّرُ ه بِـ .. – تَبْشِيرٌ	..에게 (반가운) 소식을 알리다 ; 전하다
بَصْمَةٌ/ بَصَمَاتٌ	도장, 스탬프
بَصْمَةُ الإِصْبَعِ	지장, 지문
بِضْعُ ... = بِضْعَةُ ...	몇몇(셋부터 열까지), 약간, 얼마
بِطَاقَةٌ/ بَطَائِقُ أو –اتٌ	표, 카드
بِطَاقَةُ الشَّخْصِيَّةِ	신분증, 주민등록증
بِطَاقَةُ رَقْمٍ قَوْمِيٍّ = بِطَاقَة الشَّخْصِيَّة	주민등록증
بِطَاقَةُ التَّأَهُّلِ إِلَى دَوْرِ الـ١٦	16 강전 진출권
بَطَالَةٌ أو بِطَالَةٌ	실업, 무직업
بَطَلٌ/ أَبْطَالٌ	영웅 ; 챔피언
بُطُولَةٌ/ بُطُولاَتٌ	영웅성 ; 선수권대회 ; 챔피언직
بُطُولَةُ الْعَالَمِ	세계 선수권대회, 세계 챔피언쉽
بُطُولَةُ كَأْسِ الْعَالَمِ	월드컵
كَأْسُ الْبُطُولَةِ	챔피언 쉽
بَعْثَةٌ/ بَعَثَاتٌ	탐험대, 탐사대 ; 사절단 ; 대표단
بَعْدُ = حَتَّى الآنَ	아직(yet, still)
لَمْ يَأْتِ بَعْدُ	그는 아직 오지 않았다.
بَعْضُهُمْ بَعْضًا	서로 서로
بَقَاءٌ	남음, 머뭄
بَقِيَ/ يَبْقَى – بَقَاءٌ	남다, 머물다 ; 계속되다
بَقِيَّةٌ/ بَقَايَا	남은 사람
بَلاَغٌ/ –اتٌ	통보, 통지 ; 고발 ; 공시, 성명
بَلَدٌ/ بِلاَدٌ أَوْ بُلْدَانٌ	나라
بَلْدَةٌ/ بِلاَدٌ	도시
بَلَغَ/ يَبْلُغُ – بُلُوغٌ – بَالِغٌ = وَصَلَ إِلَى	어른이 되다, 성년이 되다 ; 성숙하다
يَبْلُغُ مِنَ الْعُمْرِ ...	나이가 .. 살이다.

어름이 됨 ; 성숙함	بُلُوغٌ
..와 같은(like, as)	بِمَثَابَةِ ...
건설, 건축, 지음	بِنَاءٌ
소총(rifle)	بُنْدُقِيَّةٌ
자동소총	بُنْدُقِيَّة آلِيَّةٌ
가솔린	بِنْزِينٌ
은행	بَنْكٌ/ بُنُوكٌ
..을 건설하다, 건축하다, 짓다	بَنَى/ يَبْنِي هـ - بِنَاءٌ
증권	بُورْصَةٌ/ -اتٌ
환경	بِيئَةٌ/ -اتٌ
해설, 설명 ; 선언, 성명 ; 보고, 보도 ; 성명서, 설명서	بَيَانٌ/ -اتٌ
공동성명	بَيَانٌ مُشْتَرَكٌ
기자들을 위한 전단, 보도전단, 성명	بَيَانٌ، بَيَانٌ صَحَفِيٌّ
집, 주택	بَيْتٌ/ بُيُوتٌ
백악관	الْبَيْتُ الأَبْيَضُ
..하는 동안에(while)	بَيْنَمَا = فِيمَا

(ت)

모의함, 음모를 꾸밈	تَآمُرٌ
서로 협의. 모의하다, 음모를 꾸미다	تَآمَرَ/ يَتَآمَرُ (عَلَى) – تَآمُرٌ
..을 시청하다, 쳐다보다(to watch)	تَابَعَ/ يُتَابِعُ هـ – مُتَابَعَةٌ
..을 따르다, 추구하다 ; 계속하다 ; 수행하다, 완수하다	تَابَعَ/ يُتَابِعُ ه أو هـ – مُتَابَعَةٌ
..에 속하는, ..에 소속하는, ..을 따르는, 추종하는	تَابِعٌ لـ ...
관(coffin)	تَابُوتٌ/ تَوَابِيتُ
언약궤(성경의)	تَابُوتُ العَهْدِ
추도, 추모	تَأْبِينٌ
훈계, 훈육 ; 교양있게 함	تَأْدِيبٌ
수행, 실행	تَأْدِيَةٌ
해를 입음 ; 고통을 겪음	تَأَذٍّ (التَّأَذِّي)
..로 해를 입다 ; 고통을 겪다	تَأَذَّى/ يَتَأَذَّى بـ ... – تَأَذٍّ
연기함, 미룸	تَأْجِيلٌ
늦게 됨, 지체, 지연	تَأْخِيرٌ
지체없이	بِلاَ تَأْخِيرٍ = بِدُونِ تَأْخِيرٍ
역사(history)	تَارِيخٌ/ تَوَارِيخُ
역사적인	تَارِيخِيٌّ
창립, 설립, 수립, 창건 ; 기초를 닦음	تَأْسِيسٌ
창작, 저술 ; 작성, 조직, 구성 ; (동물 등을) 길들임	تَأْلِيفٌ
깊이 생각하다, 숙고하다, 사색하다, 묵상하다	تَأَمَّلَ/ يَتَأَمَّلُ فِي هـ – تَأَمُّلٌ
사색, 묵상	تَأَمُّلٌ/ -اتٌ
안전하게 함 ; 보장, 담보, 보증	تَأْمِينٌ
보험증서	وَثِيقَةُ التَّأْمِينِ

시사·미디어 아랍어 소사전

..에 알맞게 되다, 적합해지다 ; ..할 자격이 있다	تَأَهَّلَ/ يَتَأَهَّلُ لـ ... – تَأَهُّلٌ
알맞게 됨, 적합해 짐 ; 자격이 됨	تَأَهُّلٌ
..할 자격을 갖추게 함	تَأْهِيلٌ
지지, 성원	تَأْيِيدٌ
서로 ..을 주고 받다, 상호 교환하다	تَبَادَلَ/ يَتَبَادَلُ هـ – تَبَادُلٌ
서로 ..을 주고 받음, 상호 교환	تَبَادُلٌ
차이나다, 구별되다, 상반되다, 반대.모순되다	تَبَايَنَ/ يَتَبَايَنُ – تَبَايُنٌ
차이남, 구별됨, 상반됨, 반대.모순됨	تَبَايُنٌ
무죄로 인정함	تَبْرِئَةٌ
..을 기부하다, 희사하다, 기증하다	تَبَرَّعَ/ يَتَبَرَّعُ بـ ... – تَبَرُّعٌ
기부, 희사, 기증	تَبَرُّعٌ
반가운 소식을 알림, 전함 ; 전도	تَبْشِيرٌ
전도의, 전도사의	تَبْشِيرِيٌّ
따르다, 뒤따르다 ; 추종.추구하다 ; 계승하다 ; 채택하다	تَبِعَ/ يَتْبَعُ هـ أو ه – تَبَعٌ
뒤를 잇다, 계승하다	تَتَابَعَ/ يَتَتَابَعُ = تَعَاقَبَ/ يَتَعَاقَبُ – تَعَاقُبٌ
계승, 뒤를 이음	تَتَابُعٌ
강화함, 확고히 함 ; 고정, 고착화 ; 확인, 확증	تَثْبِيتٌ
교양있게 함	تَثْقِيفٌ
무역, 교역	تِجَارَةٌ
세계무역센터	مَرْكَزُ التِّجَارَةِ الْعَالَمِيُّ
세계무역기구(WTO)	مُنَظَّمَةُ التِّجَارَةِ الْعَالَمِيَّةُ
무역의, 교역의	تِجَارِيٌّ
무역국	الدَّائِرَةُ التِّجَارِيَّةُ
..의 한계를 넘다, 초과하다, 초월하다	تَجَاوَزَ/ يَتَجَاوَزُ هـ – تَجَاوُزٌ
초과, 초월	تَجَاوُزٌ
재개하다	تَجَدَّدَ/ يَتَجَدَّدُ

아랍어 - 한국어 소사전

한국어	아랍어
새롭게 함 ; 갱신	تَجْدِيدٌ
시험, 실험	تَجْرِبَةٌ/ تَجَارِبُ
핵실험	التَجَارِبُ النَّوَوِيَّةُ
모임, 집결함 ; 군중	تَجَمُّعٌ = حَشْدٌ مِنْ النَّاسِ
모이다, 집결되다	تَجَمَّعَ/ يَتَجَمَّعُ – تَجَمُّعٌ
얼림 ; 동결(재정 등)	تَجْمِيدٌ
..을 피하다, 물러서다, 회피하다, 멀리하다	تَجَنَّبَ/ يَتَجَنَّبُ هـ أو ه – تَجَنُّبٌ
피함, 회피, 멀리함	تَجَنُّبٌ
이야기하다, 말하다	تَحَدَّثَ/ يَتَحَدَّثُ – تَحَدُّثٌ
이야기함, 말함	تَحَدُّثٌ
돌아다니다, 배회하다 ; 순회하다 ; 유랑.방랑하다	تَجَوَّلَ/ يَتَجَوَّلُ – تَجَوُّلٌ
돌아다님, 배회 ; 순회, 유랑, 방랑	تَجَوُّلٌ
조심, 경계, 경고함	تَحْذِيرٌ
..에 대항하다, 도발하다, 싸움을 걸다	تَحَرَّشَ/ يَتَحَرَّشُ بِ ... – تَحَرُّشٌ
성희롱하다, 성추행하다	تَحَرَّشَ/ يَتَحَرَّشُ جِنْسِيًّا بِفُلَانَةٍ
대항, 도발	تَحَرُّشٌ
성희롱, 성추행	تَحَرُّشٌ جِنْسِيٌّ
움직이다(to move)	تَحَرَّكَ/ يَتَحَرَّكُ – تَحَرُّكٌ
움직임	تَحَرُّكٌ
해방 ; 집필, 편찬	تَحْرِيرٌ
편집장	رَئِيسُ التَّحْرِيرِ
팔레스타인 해방기구(PLO)	مُنَظَّمَةُ التَّحْرِيرِ الفِلَسْطِينِيَّةُ
팔레스타인 해방전선	جَبْهَةُ تَحْرِيرِ فِلَسْطِينَ
선동, 부추김	تَحْرِيضٌ
움직임, 가동, 작동	تَحْرِيكٌ
금함, 금지시킴	تَحْرِيمٌ

개선, 개량	تَحْسِينٌ
준비시킴, 갖추게 함	تَحْضِيرٌ
산산조각나다, 박살나다	تَحَطَّمَ/ يَتَحَطَّمُ – تَحَطُّمٌ
산산조각남, 박살남	تَحَطُّمٌ
실행, 성취 ; 검열, 심의, 조사 ; 연구	تَحْقِيقٌ/ –اتٌ
조사.수사를 하기 위해	عَلَى ذِمَّةِ التَّحْقِيق
조사위원회	لَجْنَةُ التَّحْقِيق
통제.지배.제어하다 ; ..을 마음대로 처리하다	تَحَكَّمَ/ يَتَحَكَّمُ (فِي) – تَحَكُّمٌ
통제, 지배, 제어	تَحَكُّمٌ
제어시스템, 제어장치	نِظَامُ التَّحَكُّمِ
(새나 비행기가) 낢, 비행	تَحْلِيقٌ/ تَحْلِيقَاتٌ
우주비행	التَّحْلِيقَاتُ الْكَوْنِيَّةُ
분석	تَحْلِيلٌ/ تَحْلِيلاَتٌ
분석적인	تَحْلِيلِيٌّ
참다, 견디다(to bear)	تَحَمَّلَ/ يَتَحَمَّلُ ه أو هـ – تَحَمُّلٌ
..을 지니다, 걸머지다 ; 참다, 감수하다, 견디다	تَحَمَّلَ/ يَتَحَمَّلُ ه أو هـ – تَحَمُّلٌ
책임을 지다	تَحَمَّلَ الْمَسْؤُولِيَّةَ
..을 지님 ; 참음, 감수함, 견딤	تَحَمُّلٌ
..의 편을 들다 ; 편애하다, 편견을 가지다	تَحَيَّزَ/ يَتَحَيَّزُ إِلَى(لِ) ... – تَحَيُّزٌ
편애, 편견	تَحَيُّزٌ
비옥하게 함 ; 농축	تَخْصِيبٌ
저농축 우라늄	الْيُورَانْيُومُ ضَعِيفُ التَّخْصِيبِ
규정, 한정, 특별히 지정함	تَخْصِيصٌ
줄을 그음 ; 계획함	تَخْطِيطٌ
포기, 그만둠	تَخَلٍّ(التَّخَلِّي)
..으로부터 제거되다 ; ..으로 부터 해방되다	تَخَلَّصَ/ يَتَخَلَّصُ مِنْ ... – تَخَلُّصٌ

تَخَلُّصٌ	제거됨, 해방됨
تَخَلَّفَ/ يَتَخَلَّفُ عَنْ – تَخَلُّفٌ	뒤에 남다, 뒤쳐지다
تَخَلُّفٌ	뒤에 남음, 뒤쳐짐
تَخَلَّى/ يَتَخَلَّى عَنْ ... – تَخَلٍّ(التَّخَلِّي)	..에서 해방되다, 벗어나다 ; 버리고 떠나다 ; 포기하다, 그만두다
تَخَوَّفَ/ يَتَخَوَّفُ مِنْ – تَخَوُّفٌ	..을 무서워하다, 두려워하다
تَخَوُّفٌ	무서워함, 두려워함
تَخْوِيفٌ	무섭게 함
تَدَافَعَ/ يَتَدَافَعُ – تَدَافُعٌ	서로 밀고 당기다(to push one another)
تَدَافُعٌ	밀고 당김
تَدَخَّلَ/ يَتَدَخَّلُ فِي ... – تَدَخُّلٌ	..에 간섭하다, 참견하다
تَدَخُّلٌ	간섭, 참견
تَدَخُّلٌ فِي الشُّؤُونِ الدَّاخِلِيَّةِ	내정간섭
تَدْرِيجٌ	점차 움직임 ; 등급을 나눔
تَدْرِيجِيٌّ	점진적인, 점차적인
تَدْعِيمٌ	지지, 지원, 부양 ; 강화
تَدَفَّقَ/ يَتَدَفَّقُ – تَدَفُّقٌ	(폭포에서 물이) 솟구치다, 흘러내리다, (화산 등에서) 솟구치다, 분출하다
تَدَفُّقٌ	(폭포에서 물이) 솟구침, 흘러내림
تَدْلِيلٌ	증명, 실증, 인증
تَدْمِيرٌ	파괴, 파멸
تَدَهْوَرَ/ يَتَدَهْوَرُ – تَدَهْوُرٌ	떨어지다, 추락하다 ; 몰락되다, 쇠퇴하다, 쇠약해지다
تَدَهْوُرٌ	떨어짐, 추락 ; 몰락, 쇠퇴, 쇠약
تَدَيَّنَ/ يَتَدَيَّنُ بِـ ... – تَدَيُّنٌ	종교를 믿다, 신봉하다
تَدَيُّنٌ	신앙심이 깊음, 경건
تَرَاجَعَ/ يَتَرَاجَعُ – تَرَاجُعٌ	물러서다, 퇴각.후퇴하다 ; 퇴보하다
تَرَاجُعٌ	물러섬, 퇴각, 후퇴, 퇴보

تَرْبِيَةٌ (동물 등을) 기름 ; 양육, 육성

وَزِيرُ التَّرْبِيَةِ وَالتَّعْلِيمِ 교육부 장관

تَرْتِيبٌ 조직, 배열, 정돈

تَرْجِيحٌ 기울어지게 함

تَرْجِيحِيٌّ 기울어지는

ضَرَبَاتُ الْجَزَاءِ التَّرْجِيحِيَّةِ = ضَرَبَاتُ الْجَزَاءِ = الضَّرَبَاتُ التَّرْجِيحِيَّةُ
승부차기

تَرْحِيبٌ 환영함

تَرْحِيلٌ 떠나 보냄, 쫓아냄, 추방

تَرَدَّدَ/ يَتَرَدَّدُ فِي ... – تَرَدُّدٌ ..을 망설이다, 주저하다

تَرَدُّدٌ 망설임, 주저함

تَرْدِيدٌ 되풀이함, 반복함

تَرْسِيخٌ 굳게함, 공고히함, 뿌리박히게 함

تَرَشَّحَ/ يَتَرَشَّحُ لِـ هـ – تَرَشُّحٌ 후보자로 지명되다, 추천받다 ; 출마하다

تَرَشُّحٌ 추천받음

تَرْشِيحٌ 추천, 추천함

تَرْكِيبٌ 구성, 조합, 조립, 설치

تَرْكِيبَةٌ = بِنْيَةٌ 구조 ; 구성, 조합, 조립

تَرْكِيبَةٌ عِرْقِيَّةٌ 인종구성

تَزَايَدَ/ يَتَزَايَدُ – تَزَايُدٌ 점점 늘어나다, 점차 증가되다

تَزَايُدٌ 점점 늘어남, 증가됨

تَزَعَّمَ/ يَتَزَعَّمُ هـ أَوْ ه – تَزَعُّمٌ ..을 영도하다, 다스리다, 인도하다

تَزَعُّمٌ 영도함, 다스림

تَزَوَّجَ/ يَتَزَوَّجُ ه أَوْ مِن أَوْ بِـ – تَزَوُّجٌ أو زَوَاجٌ ..와 결혼하다

= عَقَدَ/ يَعْقِدُ قِرَانًا عَلَى ه = اِقْتَرَنَ/ يَقْتَرِنُ بِـ ه

تَزَوُّجٌ 결혼

تَزْوِيدٌ 마련해줌, 공급함

تَزْوِيرٌ 위조

تَسَاءَلَ/ يَتَسَاءَلُ – تَسَاؤُلٌ 서로 질문하다 ; 자신에게 묻다

تَسَاؤُلٌ/ –اتٌ 상호질문, 의아해하는 질문

تَسَبَّبَ/ يَتَسَبَّبُ بِـ (فِي) – تَسَبُّبٌ ..의 원인.이유가 되다, ..을 야기하다

تَسَبُّبٌ 원인이됨, 야기함

تَسْبِيبٌ 원인제공

تَسْدِيدٌ 봉쇄, 차단 ; 갚음, 지불

تَسَلَّمَ/ يَتَسَلَّمُ هـ – تَسَلُّمٌ ..을 받다, 인수하다, 수령.영수하다

تَسَلُّمٌ ..을 받음, 인수, 수령

تَسْهِيلٌ 쉽게함, 용이하게함, 평평하게 함

تَسْوِيَةٌ 균등하게함, 고르게함, 조절, 조정 ; 타협, 절충

تَسْوِيَةٌ لِلصِّرَاعِ أَوْ لِلنِّزَاعِ أَوْ لِلْخِلَافِ 분쟁 혹은 갈등의 조절

تَشَاءَمَ/ يَتَشَاءَمُ ب أو مِنْ – تَشَاؤُمٌ ..을 나쁜 징조로 간주하다, ..을 불길하다고 보다 ; ..비관적이다, 염세주의자가 되다

تَشَاؤُمٌ 나쁜징조, 비관주의, 염세주의

تَشَابَهَ/ يَتَشَابَهُ – تَشَابُهٌ 서로 비슷하다, 유사하다

تَشَابُهٌ 서로 비슷함, 유사함

تَشَارَكَ/ يَتَشَارَكُ مَعَ أو فِي ... – تَشَارُكٌ = اِشْتَرَكَ فِي ..와 함께 참가하다

تَشَارُكٌ 참가함

تَشَاوَرَ/ يَتَشَاوَرُ مَعَ ه فِي ... – تَشَاوُرٌ ..와 ..에 대해 서로 협의하다, 의논하다

تَشَاوُرٌ 서로 협의, 의논

تَشَاوُرِيٌّ 협의의

اِجْتِمَاعٌ تَشَاوُرِيٌّ 협의모임

تَشَدَّدَ/ يَتَشَدَّدُ – تَشَدُّدٌ 강화되다 ; 엄격해지다, 엄해지다

تَشَدُّدٌ 강화됨, 엄격해짐

(고기를) 토막냄, (시체를) 해부함	تَشْرِيحٌ
도망가게 함, 추방, 내쫓음	تَشْرِيدٌ
입법, 법률제정	تَشْرِيعٌ/ تَشْرِيعَاتٌ أَوْ تَشَارِيعُ
입법의 ; 법률의	تَشْرِيعِيٌّ
입법부 선거, 국회의원 선거	الانْتِخَابَاتُ التَّشْرِيعِيَّةُ
입법권, 입법부	السُّلْطَةُ التَّشْرِيعِيَّةُ
형성, 조직, 구성	تَشْكِيلٌ
떠나보냄	تَشْيِيعٌ
영결식	مَرَاسِمُ تَشْيِيعٍ
..에 편들다, 가담하다	تَشَيَّعَ/ يَتَشَيَّعُ لِـــ – تَشَيُّعٌ
시아파가 되다	تَشَيَّعَ/ يَتَشَيَّعُ – تَشَيُّعٌ
시아파가 됨	تَشَيُّعٌ
(전쟁 등에서)..와 부딪치다, 충돌하다	تَصَادَمَ/ يَتَصَادَمُ مَعَ ... – تَصَادُمٌ
..와 부딪힘, 충돌함	تَصَادُمٌ
고조되다, 상승하다	تَصَاعَدَ/ يَتَصَاعَدُ – تَصَاعُدٌ
고조됨, 상승함	تَصَاعُدٌ
도전, 대항	تَصَدٍّ(التَّصَدِّي)
도전하다, 대들다, 정면으로 대항하다, 위험등에 정면으로 맞서다	تَصَدَّى/ يَتَصَدَّى لِـــ .. – تَصَدٍّ(التَّصَدِّي)
행동하다, 태도를 취하다, 처신하다	تَصَرَّفَ/ يَتَصَرَّفُ – تَصَرُّفٌ
처신, 행동	تَصَرُّفٌ/ –اتٌ
정제, 여과, 정화 ; (체육) 예선경기	تَصْفِيَةٌ
성명, 담화, 발표, 진술 ; 허가	تَصْرِيحٌ/ –اتٌ أو تَصَارِيحُ
담화.성명을 발표하다, 인터뷰하다	أَدْلَى/ يُدْلِي بِتَصْرِيحٍ أو بِبَيَانٍ أو بِحَدِيثٍ
(체육) 예선경기 ; 정제, 여과, 정화	تَصْفِيَةٌ/ –اتٌ
분류; 순위	تَصْنِيفٌ

تَضَامَنَ/ يَتَضَامَنُ (مع) – تَضَامُنٌ	연대하다, 결속하다
تَضَامُنٌ	연대, 결속
تَضَرَّرَ/ يَتَضَرَّرُ ب ... – تَضَرُّرٌ	..의 해를 입다, 못쓰게 되다 ; 손실을 보다
تَضَرُّرٌ	해를 입음, 못쓰게 됨, 손실을 봄
تَضَمَّنَ/ يَتَضَمَّنُ هـ – تَضَمُّنٌ	..을 포함하다, 포괄하다, 내포하다, 함유하다
تَضَمُّنٌ	포함, 포괄, 내포
تَطْبِيقٌ	적용, 실천함
تَطَرَّفَ/ يَتَطَرَّفُ فِي ... – تَطَرُّفٌ	..에서 극도.극단에 이르다 ; 급진적이다, 과격한 사상을 갖다
تَطَرُّفٌ	극단에 이름, 급진적임
تَطَرَّقَ/ يَتَطَرَّقُ إِلَى .. – تَطَرُّقٌ	(주제를) 다루다, 언급하다
تَطَوَّرَ/ يَتَطَوَّرُ – تَطَوُّرٌ	발전하다, 발달하다, 진보되다 ; 개발되다
تَطَوُّرٌ	발전됨, 발달됨, 진보됨
تَطَوَّعَ/ يَتَطَوَّعُ ب(ل) هـ – تَطَوُّعٌ	..을 자원.지원.자진하다
تَطَوُّعٌ	자원, 지원, 자진
تَطْوِيرٌ	발전, 발달, 개발
تَظَاهَرَ/ يَتَظَاهَرُ – تَظَاهُرٌ	..인 체하다 ; 시위하다, 데모하다
تَظَاهُرٌ	시위함, 데모함
تَعَادَلَ/ يَتَعَادَلُ – تَعَادُلٌ	같아지다, 균등해지다 ; 무승부로 끝나다, 비기다
تَعَادُلٌ	균등해짐, 무승부
تَعَاطَفَ/ يَتَعَاطَفُ مَعَ – تَعَاطُفٌ	서로 동정하다 ; 서로 같은 감정을 나누다
تَعَاطُفٌ	서로 동정함
تَعَاقَبَ/ يَتَعَاقَبُ – تَعَاقُبٌ = تَتَابَعَ	뒤를 잇다, 계승하다
تَعَاقُبٌ	뒤를 이음, 계승함
تَعَامَلَ/ يَتَعَامَلُ فِي(ب) – تَعَامُلٌ	..와 거래하다, 교역하다 ; 관계하다
تَعَامُلٌ	거래함, 교역함, 관계함

تَعَاوَنَ/ يَتَعَاوَنُ عَلَى ... – تَعَاوُنٌ ..을 서로 도와주다, 서로 협조.협동.협력하다

تَعَاوُنٌ 서로 도와줌, 협조, 협력, 협동

تَعْزِيزُ التَّعَاوُنِ الاقْتِصَادِيِّ 경제협력강화

تَعَدَّدَ/ يَتَعَدَّدُ – تَعَدُّدٌ 많아지다, 증가하다

تَعَدُّدٌ 많아짐, 증가함

تَعَدُّدُ الزَّوْجَاتِ 일부다처(제)

تَعْدِيلٌ 고침, 수정, 조정, 변결, 바꿈

تَعَرَّضَ/ يَتَعَرَّضُ لِـ ... – تَعَرُّضٌ ..에 노출되다, 직면하다 ; 반대.방해.반항.저항하다

تَعَرُّضٌ 노출됨, 직면함 ; 반대

تَعْرِيفٌ 알게하다, 소개하다 ; 정의하다

تَعْزِيزٌ 강화

تَعْزِيزُ التَّعَاوُنِ الاقْتِصَادِيِّ 경제협력강화

تَعَصَّبَ/ يَتَعَصَّبُ لِـ .. – تَعَصُّبٌ ...에 광신적, 열광적이다, 맹신하다

تَعَصُّبٌ 광신적이됨, 맹신

تَعَطَّلَ/ يَتَعَطَّلُ – تَعَطُّلٌ 일자리가 없어지다, 실업자가 되다 ; (공장이) 멎다 ; (발동이) 꺼지다 ; 부서지다, 고장나다

تَعَطُّلٌ 고장 ; 실업

تَعَلَّقَ/ يَتَعَلَّقُ بـ .. – تَعَلُّقٌ ..에 관련되다, 의존되다 ; 달라붙다 ; 마음이 붙다, 애착을 가지다

تَعَلُّقٌ 관련됨, 의존함 ; 마음이 붙음

فِيمَا يَخُصُّ = فِيمَا يَتَعَلَّقُ بِـ ..에 관하여(regarding), ..와 관련하여

تَعْلِيقٌ/ تَعْلِيقَاتٌ 걸어 놓음, 달아맴 ; 미해결로 남겨 둠 ; 논평

تَعْلِيقُ الْمُحَادَثَاتِ 회담이 교착상태에 빠짐

تَعْلِيمٌ/ تَعَالِيمُ 교육, 가르침

وَزِيرُ التَّرْبِيَةِ وَالتَّعْلِيمِ 교육부 장관

تَعْلِيمَاتٌ 교시, 지시, 훈시

تَعْلِيمَاتٌ مُشَدَّدَةٌ 엄한 지시

아랍어 - 한국어 소사전

한국어	아랍어
..를 괴롭히다, 방해놓다 ; 완고하다	تَعَنَّتَ / يَتَعَنَّتُ ه – تَعَنُّتٌ
괴롭힘, 방해놓음	تَعَنُّتٌ
..에게 ..을 약속하다, 언약하다	تَعَهَّدَ / يَتَعَهَّدُ ه ب هـ – تَعَهُّدٌ
언약, 약속	تَعَهُّدٌ / –اتٌ
임명	تَعْيِينٌ
먹임, 영양을 줌 ; 육성, 발전시킴	تَغْذِيَةٌ
덮음, 씌움	تَغْطِيَةٌ
..을 정복하다, 이기다 ; 극복하다	تَغَلَّبَ / يَتَغَلَّبُ عَلَى – تَغَلُّبٌ
정복, 이김 ; 극복	تَغَلُّبٌ
변화되다	تَغَيَّرَ / يَتَغَيَّرُ – تَغَيُّرٌ
변화됨	تَغَيُّرٌ
기후이변	تَغَيُّرَاتٌ فُجَائِيَّةٌ فِي المُنَاخِ
변화	تَغْيِيرٌ
좋은 징조로 여기다 ; 낙관적, 낙천적으로 되다	تَفَاءَلَ / يَتَفَاءَلُ – تَفَاؤُلٌ
좋은 징조로 여김, 낙관적임, 낙천적임	تَفَاؤُلٌ
상호작용을 하다	تَفَاعَلَ / يَتَفَاعَلُ مَعَ .. – تَفَاعُلٌ
호상작용 ; (화학)반응	تَفَاعُلٌ
..와 회담하다, 협상하다	تَفَاوَضَ / يَتَفَاوَضُ فِي هـ مَعَ ه – تَفَاوُضٌ
회담, 협상	تَفَاوُضٌ
회담의, 협상의	تَفَاوُضِيٌّ
협상적 해결, 협상 타결	حَلٌّ تَفَاوُضِيٌّ
검열, 검사, 심사, 조사	تَفْتِيشٌ
검문소(checkpoint)	نُقْطَةُ التَّفْتِيشِ
폭파, 폭파함	تَفْجِيرٌ / –اتٌ
자살폭발, 자살폭탄테러	تَفْجِيرٌ اِنْتِحَارِيٌّ
갈라지다, 분리되다 ; 흩어지다, 분산되다	تَفَرَّقَ / يَتَفَرَّقُ – تَفَرُّقٌ

갈라짐, 분리됨, 흩어짐, 분산됨	تَفَرُّقٌ
남용, 잘못 사용함 ; 존엄을 잃게함	تَفْرِيطٌ
해석, 해설 ; 주석을 닮	تَفْسِيرٌ
재단, 마름질 ; 상세한 서술, 상술, 상세한 내용	تَفْصِيلٌ/ تَفَاصِيلُ
작동, 활성화	تَفْعِيلٌ
방문하다 ; 검열하다, 시찰하다, 점검.사찰하다	تَفَقَّدَ/ يَتَفَقَّدَ ه أَوْ هـ – تَفَقُّدٌ
방문, 검열, 시찰	تَفَقُّدٌ
풀리다, 해체되다 ; 분해되다 ; 와해되다	تَفَكَّكَ/ يَتَفَكَّكُ – تَفَكُّكٌ
풀림, 해체됨, 분해됨	تَفَكُّكٌ
생각함, 사고함	تَفْكِيرٌ
와해, 분해, 해체, 분리	تَفْكِيكٌ
위임, 권한위임, 권한을 맡김	تَفْوِيضٌ
...을 그만두다, 단념하다, 거절하다	تَقَاعَسَ/ يَتَقَاعَسُ عَنْ ... – تَقَاعُسٌ
그만둠, 단념	تَقَاعُسٌ
전통(tradition)	تَقَالِيدُ
키스, 뽀뽀	تَقْبِيلٌ
..를 앞서다 ; (자동사) 행진하다 ; 발달되다	تَقَدَّمَ/ يَتَقَدَّمُ ه أو هـ، عَلَى (عَنْ) ه – تَقَدُّمٌ
..에서 앞서가다, ..보다 앞서가다	تَقَدَّمَ/ يَتَقَدَّمُ فِي هـ أو عَلَى ه – تَقَدُّمٌ
제기하다, 제의하다	تَقَدَّمَ/ يَتَقَدَّمُ بِاِقْتِرَاحٍ و بِعَرْضٍ – تَقَدُّمٌ
..을 제출하다(to submit)	تَقَدَّمَ/ يَتَقَدَّمُ ب هـ – تَقَدُّمٌ = قَدَّمَ
제출함	تَقَدُّمٌ
평가, 인정	تَقْدِيرٌ
..을 인정.인식.평가하여	تَقْدِيرًا لِـ ...
평가의, 인정의 ; 감정의, 견적상의	تَقْدِيرِيٌّ
성스럽게 함, 신성하게 함	تَقْدِيسٌ
바침, 제공함, 제출	تَقْدِيمٌ

가깝게 함, 접근함	تَقْرِيبٌ
약, 대략	تَقْرِيبًا = زُهَاءَ
결정, 정책결정 ; 보고, 리포트 ; 결산	تَقْرِيرٌ/ تَقَارِيرُ
나눔, 분할	تَقْسِيمٌ
기술적인	تِقْنِيٌّ = فَنِّيٌّ
값을 정함, 평가함	تَقْيِيمٌ
밀도를 높임, 빽빽하게 함, (농도를) 진하게 함	تَكْثِيفٌ
(곡식이) 쌓이다 ; 축적되다	تَكَدَّسَ/ يَتَكَدَّسُ – تَكَدُّسٌ
쌓임, 축적됨	تَكَدُّسٌ
쌓음, 축적함	تَكْدِيسٌ
값, 비용	تَكْلِفَةٌ/ تَكَالِيفُ
부과, 위임	تَكْلِيفٌ
..을 예언하다, 추측하다, 짐작하다	تَكَهَّنَ/ يَتَكَهَّنُ ب هـ – تَكَهُّنٌ
예언, 추측, 짐작, 예상	تَكَهُّنٌ/ –اتٌ
..을 수령하다, 받다	تَلَقَّى/ يَتَلَقَّى هـ = اِسْتَقْبَلَ
수정시킴	تَلْقِيحٌ
인공수정	تَلْقِيحٌ اِصْطِنَاعِيٌّ
제자, 학생	تِلْمِيذٌ/ تَلَامِيذُ = طَالِبٌ
..으로 오염되다, ..로 더러워지다	تَلَوَّثَ/ يَتَلَوَّثُ ب – تَلَوُّثٌ
오염됨, 더러워짐	تَلَوُّثٌ
더럽힘, 오염시킴	تَلْوِيثٌ
색칠함, 염색함	تَلْوِينٌ
합치다, 결합되다, 연합되다	تَمَاسَكَ/ يَتَمَاسَكُ – تَمَاسُكٌ
결합, 연합	تَمَاسُكٌ
완전함, 끝남, 완성	تَمَامٌ
연기, 상연 ; 대표함 ; 본보기를 보임	تَمْثِيلٌ

تَمْدِيدٌ	폄, 뻗음 ; 연장, 확장
تَمَرَّدَ/ يتَمَرَّدُ عَلَى ... – تَمَرُّدٌ	..를 반대하여 봉기하다, 반란을 일으키다
تَمَرَّنَ/ يتَمَرَّنُ – تَمَرُّنٌ	연습하다
تَمَرُّنٌ	연습함
تَمْرِينٌ/ تَمْرِينَاتٌ أَوْ تَمَارِينُ	훈련, 연습시킴
تَمَكَّنَ/ يَتَمَكَّنُ مِنْ هـــ – تَمَكُّنٌ	..할 수 있다
أَتَمَكَّنُ مِنْ قِيَادَةِ السَّيَّارَةِ.	나는 자동차 운전을 할 수 있다.
تَمَكُّنٌ	가능함
تَمْكِينٌ	할수있게 함, 가능하게 함
تَمَّ/ يَتِمُّ – تَمٌّ أو تَمَامٌ	완전해지다 ; 끝나다, 완성되다 ; 발생하다, 일어나다
تَمْهِيدٌ	평탄하게 함, 용이하게 함, 쉽게 함 ; 정리, 정돈
تَمْوِينٌ	식량공급, 부양
مَحَطَّاتُ التَّمْوِينِ	여기서는 주유소를 말함
وِزَارَةُ التَّمْوِينِ	조달청
تَنَازَلَ/ يَتَنَازَلُ عَنْ ... – تَنَازُلٌ	..을 양보하다, 물러나다
تَنَازُلٌ/ –اتٌ	양보
تَنَامَى/ يَتَنَامَى – تَنَامٍ(التَّنَامِي)	점차 커지다, 성장하다
تَنَامٍ(التَّنَامِي)	점차 커짐, 성장
تَنَاوَلَ/ يَتَنَاوَلُ هـــ – تَنَاوُلٌ	취급하다, 다루다 ; 먹다 ; 가지다, 받다
تَنَاوُلٌ	취급, 다룸 ; 먹음 ; 받음
تَنْبِيهٌ	경고 ; 깨우침, 자극
تَنَحَّى/ يَتَنَحَّى هـــ – تَنَحٍّ(التَّنَحِّي)	물러나다, 퇴각하다, 하야하다, 해임되다
تَنَحٍّ(التَّنَحِّي)	물러남, 퇴각, 하야
تَنْدِيدٌ	비난, 비평
تَنْسِيقٌ	배치, 배열, 일치시킴, 조화롭게함
تَنْصِيبٌ	..에 취임시킴, 임명함

تَنْظِيمٌ/ -اتٌ	정리, 정돈 ; 조직 ; 단체, 기관
اَلتَّنْظِيمُ السِّرِّيُّ	비밀단체, 지하조직
تَنْظِيمُ الْقَاعِدَةِ	알카에다 조직
تَنْفِيذٌ	실천, 실행
تَنَقَّبَتْ/ تَتَنَقَّبُ الْمَرْأَةُ = اِنْتَقَبَتِ/ تَنْتَقِبُ الْمَرْأَةُ	베일을 쓰다
تَنْمَوِيٌّ	개발의, 개발을 위한
تَنْمِيَةٌ	개발
بَنْكُ التَّنْمِيَةِ الإِفْرِيقِيُّ	아프리카 개발 은행
تَهَاوَنَ/ يَتَهَاوَنُ بِـ (فِي) ... – تَهَاوُنٌ	(일)을 무시하다, 쉽게 여기다, 소홀히하다, 경시하다, 멸시하다
تَهَاوُنٌ	무시함, 소홀히함, 경시함
تَهْدِئَةٌ	진정시킴, 안정시킴, 조용하게 함
تَهْدِيدٌ	위협, 협박
تَهْرِيبٌ	밀수, 밀반입, 밀반출
تَهَشَّمَ/ يَتَهَشَّمُ – تَهَشُّمٌ	깨지다, 파괴되다
تَهَشُّمٌ	깨짐, 파괴됨
تُهْمَةٌ/ تُهَمٌ	(고소된) 혐의, (기소된) 혐의
تَهْنِئَةٌ	축하함
تَوَاجَدَ/ يَتَوَاجَدُ – تَوَاجُدٌ	사랑하는 채 하다 ; 존재하다, 있다
تَوَاجُدٌ	존재함, 있음
تَوَاصَلَ/ يَتَوَاصَلُ – تَوَاصُلٌ	계속되다, 부단하다 ; 서로 관계를 갖다
تَوَاصُلٌ	계속됨
تَوَاضَعَ/ يَتَوَاضَعُ – تَوَاضُعٌ	겸손하다, 겸손하게 행동하다
تَوَاضُعٌ	겸손
تَوَافَدَ/ يَتَوَافَدُ عَلَى هـ – تَوَافُدٌ	..와 함께 도착하다, 연이어 도착하다 ; 모여들다, 떼를지어 모여들다
تَوَافُدٌ	함께 도착함, 연이어 도착함

이어지다, 연속되다	تَوَالَى/ يَتَوَالَى – تَوَالٍ(التَّوَالِي)
계승, 승계, 이어감	تَوَالٍ(التَّوَالِي)
연이어서, 계속해서	عَلَى التَّوَالِي
연이어	عَلَى التَّوَالِي
죄여지다, 당겨지다, 팽팽해지다 ; 긴장되다(정세 등이) ; 예민해지다(신경 등이)	تَوَتَّرَ/ يَتَوَتَّرُ – تَوَتُّرٌ
죄여짐, 팽팽해짐 ; 긴장	تَوَتُّرٌ
..로 향하다, 가다 ; (특별한 계획, 코스, 행동 등을) 따라가다	تَوَجَّهَ/ يَتَوَجَّهُ إِلَى أَوْ نَحْوَ – تَوَجُّهٌ
방향 ; 경향, 추세 ; 노선	تَوَجُّهٌ = اِتِّجَاهٌ
..으로 향하게 함	تَوْجِيهٌ
안내(dirctions), 지도(instructions), 지령	تَوْجِيهَاتٌ
통일, 통합, 단합	تَوْحِيدٌ
목적을 추구하다, 의도하다	تَوَخَّى/ يَتَوَخَّى هـ – تَوَخٍّ(التَّوَخِّي)
주의를 기울이다	تَوَخَّى/ يَتَوَخَّى حَذَرًا
(스캔들 등에) 관련이 있다, 연루되다	تَوَرَّطَ/ يَتَوَرَّطُ فِي ... – تَوَرُّطٌ
(스캔들 등에) 연루됨	تَوَرُّطٌ
..에 도달하다, 이르다 ; 달성하다	تَوَصَّلَ/ يَتَوَصَّلُ إِلَى – تَوَصُّلٌ
도달함, 이름, 달성	تَوَصُّلٌ
권고 ; 조언 혹은 유언을 전달함	تَوْصِيَةٌ/ –اتٌ
밝힘, 명백히 함	تَوْضِيحٌ
고용	تَوْظِيفٌ
죽다	تُوُفِّيَ/ يُتَوَفَّى = تَوَفَّاهُ اللهُ
40 살에, 40 살의 나이로 사망하다	تُوُفِّيَ ... عَنْ عُمْرٍ يُنَاهِزُ الأَرْبَعِينَ
절약 ; 제공, 공급	تَوْفِيرٌ
기대하다, 예상하다	تَوَقَّعَ/ يَتَوَقَّعُ – تَوَقُّعٌ
기대, 예상	تَوَقُّعٌ

..을 중지하다, 중단하다	تَوَقَّفَ / يَتَوَقَّفُ عَنْ ... – تَوَقُّفٌ
..에 머무르다, 숙박하다	تَوَقَّفَ فِي ...
중지, 중단	تَوَقُّفٌ
시간을 정함, 시간을 잼	تَوْقِيتٌ
떨어뜨림, 넘어지게 함 ; 서명, 날인	تَوْقِيعٌ
통치자, 영도자가 되다 ; ..을 책임지다, 수행하다 ; 돌보다	تَوَلَّى / يَتَوَلَّى هـ – تَوَلٍ (التَّوَلِّي)
다스리다, 통치하다	تَوَلَّى الزَّعَامَةَ
통치자가 됨, 다스림 ; 책임짐, 수행함	تَوَلٍ (التَّوَلِّي)
전기를 일으킴, 발전	تَوْلِيدٌ
에너지 발전	تَوْلِيدُ الطَّاقَةِ
원자력 발전소	مَعَامِلُ لِتَوْلِيدِ الطَّاقَةِ النَّوَوِيَّةِ
전류	تَيَّارٌ / –اتٌ
정치운동	تَيَّارٌ سِيَاسِيٌّ
우익	تَيَّارٌ يَمِينِيٌّ
좌익	تَيَّارٌ يَسَارِيٌّ

(ث)

불변, 불변성, 부동성	ثَابِتٌ / ثَوَابِتُ
..을 강화하다, 확고히 하다 ; 고정.고착화시키다 ; 확인.확증하다	ثَبَّتَ / يُثَبِّتُ هـ – تَثْبِيتٌ
..을 교양있게 하다	ثَقَّفَ / يُثَقِّفُ ه – تَثْقِيفٌ
가격, 값	ثَمَنٌ / أَثْمَانٌ

(ج)

오다(to come)	جَاءَ/ يَجِيءُ – مَجِيءٌ أَوْ جَيْءٌ
상, 표창	جَائِزَةٌ/ جَوَائِزُ
노벨상	جَائِزَةُ نُوبِل
노벨평화상	جَائِزَةُ نُوبِل لِلسَّلَامِ
이웃	جَارٌ/ جِيرَانٌ
여자 이웃 (본문에서는 나라를 여성으로 취급하기에)	جَارَةٌ
종합대학 ; 동맹, 연맹	جَامِعَةٌ/ -ات
옆, 쪽, 편, 측(side)	جَانِبٌ/ جَوَانِبُ
..와 나란히, ..옆에 ; ..은 별도로 하고 ; ..에 더하여 ; 그 밖에 또	إِلَى جَانِبِ ... = بِجَانِبِ ...
일방적으로	مِنْ جَانِبٍ وَاحِدٍ
양쪽	جَانِبَانِ
무지한, 몽매한 ; 문맹의	جَاهِلٌ/ جَهْلَةٌ، جُهَّالٌ، جُهَلَاءُ
산악지대의	جَبَلِيٌّ
이마 ; 정면 ; 전선	جَبْهَةٌ/ جَبَهَاتٌ
한냉전선	جَبْهَةُ الْبَارِدَةِ
야당전선	جَبْهَةُ الْمُعَارَضَةِ
팔레스타인 해방전선	جَبْهَةُ تَحْرِيرِ فِلَسْطِينَ
무더기, 더미 ; 블럭, 동맹, 연맹 ; 계파, 진영, ..권	جَبْهَةٌ/ جَبَهَاتٌ (سِيَاسِيَّةٌ) = كُتْلَةٌ
시체, 주검, 송장	جُثَّةٌ/ جُثَثٌ = جُثْمَانٌ/ جَثَامِينُ
시체를 해부하다	شَرَّحَ جُثَّةَ الْقَتِيلِ
시체, 주검	جُثْمَانٌ/ جَثَامِينُ = جُثَّةٌ/ جُثَثٌ
벽, 담벽, 담장	جِدَارٌ/ جُدُرٌ، جِدْرَانٌ

جَدَّدَ/ يُجَدِّدُ هـ – تَجْدِيدٌ	갱신하다, 새롭게하다 ; 회복하다
جَدَلٌ = جِدَالٌ	(뜨거운) 논쟁, 말다툼
جُذَامٌ = بَرَصٌ	문둥병
أَجْذَمُ/ (f)جذْمَاءُ/ جُذْمٌ = أَبْرَصُ	문둥병에 걸린 ; 문둥병자
جِذْرٌ أَوْ جَذْرٌ/ جُذُورٌ	뿌리 ; 근본
جِذْرِيٌّ	근본적인, 기초적인
جِرَاحِيٌّ	외과의
عَمَلِيَّةٌ جِرَاحِيَّةٌ	외과수술
جَرَّبَ/ يُجَرِّبُ هـ – تَجْرِيبٌ أَوْ تَجْرِبَةٌ	..을 시험.실험하다
جُرْحٌ/ جُرُوحٌ أَوْ جِرَاحٌ	상처
جَرَحَ/ يَجْرَحُ ه – جَرْحٌ	..를 부상입게하다
جَرَسٌ/ أَجْرَاسٌ	종, 벨
جَرَسُ إِنْذَارٍ	경종
جَرَى/ يَجْرِي – جَرْيٌ	뛰다, 달리다 ; (물이) 넘치다 ; 흐르다 ; 일어나다, 발생하다 ; 실시.진행되다 ; (모임등)열리다
جَرْيٌ	뛰기, 달리기
جَرِيحٌ/ جَرْحَى	부상당한 ; 부상자
جَرِيدَةٌ/ جَرَائِدُ	신문
جَرِيمَةٌ/ جَرَائِمُ	범죄
اِرْتَكَبَ/ يَرْتَكِبُ جَرَائِمَ	범죄를 저지르다
جَرَائِمُ حَرْبٍ	전쟁범죄
جُزْءٌ/ أَجْزَاءٌ	부분(part), 일부
جَزَاءٌ/ جَزَاءَاتٌ	보답 ; 상, 표창 ; 대가 ; 처벌, 징벌
ضَرَبَاتُ الْجَزَاءِ التَّرْجِيحِيَّةِ = ضَرَبَاتُ الْجَزَاءِ	승부차기
جُزْئِيٌّ	부분적인, 국부적인
جُزْئِيًّا = بِشَكْلٍ جُزْئِيٍّ	부분적으로, 국부적으로

아랍어 - 한국어 소사전

섬	جَزِيرَةٌ/ جَزَائِرُ أو جُزُرٌ
반도(peninsula)	شِبْهُ جَزِيرَةٍ
한반도	شِبْهُ الْجَزِيرَةِ الْكُورِيَّةِ
..을 ..로 만들다 ; ..하게하다, 시키다	جَعَلَ/ يَجْعَلُ هـ، ه هـ، هـ هـ، هـ إِلَى - جَعَلٌ
피부, 가죽	جِلْدٌ/ جُلُودٌ
인조가죽	جِلْدٌ اِصْطِنَاعِيٌّ
..를 채찍으로 때리다	جَلَدَ/ يَجْلِدُ ه (بِالسَّوْطِ) - جَلْدٌ
채찍으로 때림	جَلْدٌ
한대의 채찍	جَلْدَةٌ/ جَلَدَاتٌ
앉다	جَلَسَ/ يَجْلِسُ - جُلُوسٌ
책상에 마주 앉다	جَلَسَ إِلَى الطَّاوِلَةِ
세션(session), (법정, 의회의) 개정 기간 ; 회의, 모임	جَلْسَةٌ/ جَلَسَاتٌ
긴급회의	الْجَلْسَةُ الْمُسْتَعْجَلَةُ
공판, 재판 심리	جَلْسَةُ مُحَاكَمَةٍ
앉아있음	جُلُوسٌ
집단, 그룹, 무리, 조 ; (군사) 부대	جَمَاعَةٌ/ -اتٌ
이슬람 협회(Islamic Group)	الْجَمَاعَةُ الْإِسْلَامِيَّةُ
무슬림 형제단	الْإِخْوَانُ = جَمَاعَةُ الْإِخْوَانِ الْمُسْلِمِينَ
무장단체	جَمَاعَةٌ مُسَلَّحَةٌ
저항군	جَمَاعَةٌ مُتَمَرِّدَةٌ
집단적인, 집체적인	جَمَاعِيٌّ
집단적 살육	قَتْلٌ جَمَاعِيٌّ
아름다움	جَمَالٌ
미의 여왕 선발대회, 미인선발대회	مُسَابَقَةُ مَلِكَةِ جَمَالٍ
작은 돌	جَمْرَةٌ/ جَمَرَاتٌ

세관	جُمْرِكٌ/ جَمَارِكُ
세관의, 관세의	جُمْرُكِيٌّ
관세장벽	الْحَوَاجِزُ الْجُمْرُكِيَّةُ
..을 모으다, 수집하다 ; (수학) 더하다	جَمَعَ/ يَجْمَعُ هـ – جَمْعٌ
결합하다, 만나게하다	جَمَعَ/ يَجْمَعُ بَيْنَ ... – جَمْعٌ
협회, 연맹, 조합	جَمْعِيَّةٌ/ –اتٌ
유엔 총회	الْجَمْعِيَّةُ الْعَامَّةُ = الْجَمْعِيَّةُ الْعَامَّةُ لِلأُمَمِ الْمُتَّحِدَةِ
여러명, 여럿(several)	جُمْلَةٌ = عَدَدٌ مِنْ .. = عِدَّةٌ ..
얼리다, 응고시키다 ; (재정) 동결시키다 ; (정치활동 등)을 중지시키다	جَمَّدَ/ يُجَمِّدُ هـ – تَجْمِيدٌ
공화국(republic)	جُمْهُورِيَّةٌ/ اتٌ
아름다운	جَمِيلٌ
범죄의, 형사의	جِنَائِيٌّ
형사소송	الدَّعْوَى الْجِنَائِيَّةُ
형법	قَانُونٌ جِنَائِيٌّ
형사법원	مَحْكَمَةٌ جِنَائِيَّةٌ
국제형사재판소	الْمَحْكَمَةُ الْجِنَائِيَّةُ الدَّوْلِيَّةُ
날개 ; 옆측	جَنَاحٌ/ أَجْنِحَةٌ
장례, 장례식	جَنَازَةٌ/ اتٌ
장례식에서 마지막 가는 길을 배웅하다	شَيَّعَ الْجَنَازَةَ
죄, 범죄	جِنَايَةٌ/ جِنَايَاتٌ
형사법원	مَحْكَمَةُ جِنَايَاتٍ = مَحْكَمَةٌ جِنَائِيَّةٌ
형법	قَانُونُ الجِنَايَاتِ = الْقَانُونُ الجِنَائِيُّ
범죄, 위법(offense)	جُنْحَةٌ/ جُنَحٌ
범죄 재판소	مَحْكَمَةُ الجُنَحِ
군대	جُنْدٌ = عَسْكَرٌ

جُنْدِيٌّ/ جُنُودٌ	군인
جُنُودُ الاِحْتِيَاطِ	예비군
جِنْسٌ/ أَجْنَاسٌ	종류, 품종 ; 성(sex) ; 종족, 민족, 인종
تَحْدِيدُ جِنْسِ الْجَنِينِ	태아 성감별 ; 태아 성결정
مَعْرِفَةُ جِنْسِ الْجَنِينِ	태아 성감별, 태아의 성을 앎
جَنَّدَ/ يُجَنِّدُ ه أو هـ - تَجْنِيدٌ	(군대를) 모병하다, 군사를 징집하다 ; 동원하다
جَنُوبٌ	남쪽
جَنِينٌ/ أَجِنَّةٌ	태아
جِهَازٌ/ أَجْهِزَةٌ	장비, 설비 ; 기구, 기계, 장치 ; (해부) 기관
أَجْهِزَةُ الأَمْنِ	보안기관
أَجْهِزَةٌ أَمْنِيَّةٌ	보안기관
الْجِهَازُ التَّنَفُّسِيُّ	호흡기관
جِهَةٌ/ -اتٌ	방향, 방면 ; 구역, 지방 ; 기관
مِنْ جِهَةٍ وَ ... مِنْ جِهَةٍ أُخْرَى	한편으로는 ..이고 다른 한편으로는 ..이다.
جَهَدَ/ يَجْهَدُ - جَهْدٌ	힘쓰다, 애쓰다, 노력.분투하다
جُهْدٌ أو جَهْدٌ/ جُهُودٌ = مَجْهُودٌ/ -اتٌ	노력, 힘씀, 분투
مَزِيدٌ مِنَ الْجُهْدِ	더 많은 노력
جُهُودُ السَّلاَمِ	평화노력, 평화를 위한 노력
جَهِلَ/ يَجْهَلُ - جَهْلٌ	모르다, 무지.몽매하다
جِوَارٌ	이웃함, 인접함
بِجِوَارِ ...	..와 인접하여, 가까이에
جَوْلَةٌ/ جَوْلاَتٌ	여행, 순방, 순회 ; (체육) 1 회전
جَوْلَةٌ	(권투 등에서)1 회전(round) ; 순회, 순방
الْجَوْلَةُ الثَّانِيَةُ	2 차 라운드 ; (선거에서) 2 차 투표
الْجَوْلَةُ الأَخِيرَةُ	마지막 순회, 마지막 회전, 마지막 여행
جَوٌّ/ أَجْوَاءٌ	공기 ; 하늘, 공중 ; 날씨

جَوٌّ	공기, 대기 ; 하늘, 공중 ; 날씨, 일기
فِي الْجَوِّ	공중에서
جَوًّا = بِالْجَوِّ	비행기로
جَوِّيٌّ	공중의, 항공의
الأَحْوَالُ الْجَوِّيَّةُ	기상 상황
خُطُوطٌ جَوِيَّةٌ	항로
مِلاَحَةٌ جَوِّيَّةٌ	항공, 비행
هَجْمَةٌ جَوِّيَّةٌ	공습
غَارَةٌ جَوِّيَّةٌ	공습

(ح)

필요, 수요 ; 필요한 것, 필수품	حَاجَةٌ/ -اتٌ أَوْ حَوَائِجُ
(이슬람) 순례자	حَاجٌّ/ حُجَّاجٌ
가로막는, 차단하는 ; 벽, 장벽 ; 바리케이드	حَاجِزٌ/ حَوَاجِزُ أَوْ حَجَزَةٌ
관세장벽	الْحَوَاجِزُ الْجُمْرُكِيَّةُ
방파제	حَاجِزٌ لِلْأَمْوَاجِ
필수품, 생필품	حَاجِيَاتٌ = حَاجَاتٌ = حَوَائِجُ
날카로운, 예리한, 첨예한	حَادٌّ
심각한 위기	أَزْمَةٌ حَادَّةٌ
첨예하게	بِصُورَةٍ حَادَّةٍ
..와 ..에 관해 담화하다 ; 이야기하다 ; 회담.회견하다	حَادَثَ/ يُحَادِثُ ﻫ فِي أَوْ عَنْ .. – مُحَادَثَةٌ
사고(accident)	حَادِثٌ أَوْ حَادِثَةٌ/ حَوَادِثُ
교통사고	حَادِثُ سَيْرٍ = حَادِثَةُ مُرُورٍ = حَادِثُ سَيْرٍ مُرُورِيٌّ
사고(accident)	حَادِثَةٌ أَوْ حَادِثٌ/ حَوَادِثُ
사고 발생	وُقُوعُ حَوَادِثَ
날카로운, 예리한, 첨예한	حَادٌّ
..와 싸우다, 전투하다, 전쟁하다	حَارَبَ/ يُحَارِبُ ﻫ – مُحَارَبَةٌ
보초, 경비원	حَارِسٌ/ حُرَّاسٌ
..에게 청산하다, 셈을 치르다, 결산을 요구하다 ; 조심하다, 주의하다	حَاسَبَ/ يُحَاسِبُ ﻫ – مُحَاسَبَةٌ
결정적인, 중대한 ; 나누는, 구분하는 ; 최종의	حَاسِمٌ = فَاصِلٌ
격전 ; 플레이오프	مُبَارَاةٌ حَاسِمَةٌ = مُبَارَاةٌ فَاصِلَةٌ
모은, 집합시킨 ; 수많은, 가득찬	حَاشِدٌ = مُحْتَشِدٌ = مُزْدَحِمٌ، غَفِيرٌ
많은 군중이 모인 시위	مُظَاهَرَاتٌ حَاشِدَةٌ

둘러싸다, 에워싸다, 포위하다 ; 봉쇄하다	حَاصَرَ/ يُحَاصِرُ هـ – مُحَاصَرَةٌ
..을 보존하다, 보관하다 ; 유지하다, 지키다, 준수하다	حَافَظَ/ يُحَافِظُ عَلَى – مُحَافَظَةٌ
재판하다 ; 공판에 회부하다	حَاكَمَ/ يُحَاكِمُ ه – مُحَاكَمَةٌ
통치하는 ; 통치자	حَاكِمٌ/ حُكَّامٌ
여당	حِزْبٌ حَاكِمٌ
정황, 상황, 상태	حَالٌ/ أَحْوَالٌ
..하는 경우(in case that…)	فِي حَالِ .. = إِذَا مَا = فِيمَا لَوْ
..하는 경우 ..하게 될 것이다.	فِي حَالِ ... فَإِنَّ ...
형편, 상태 ; 경우 , 상황, 처지	حَالَةٌ/ –اتٌ
기상 상황	الأَحْوَالُ الجَوِّيَّةُ
경제상황	حَالَةٌ اِقْتِصَادِيَّةٌ
전쟁상태	حَالَةُ الْحَرْبِ
비상사태	حَالَةُ الطَّوَارِئِ
위험한 상황	حَالَةٌ خَطِيرَةٌ
현재의, 현존의, 오늘의	حَالِيٌّ
현재(now)	حَالِيًّا
임신한	حَامِلٌ/ حَوَامِلُ
나르는, 운반하는 ; 소유자, 보유자	حَامِلٌ/ حَمَلَةٌ
옹호.보호하다 ; 변호하다	حَامَى/ يُحَامِي عَنْ ... – مُحَامَاةٌ
..을 시도하다, 기도하다	حَاوَلَ/ يُحَاوِلُ هـ أو أَنْ ... – مُحَاوَلَةٌ
..를 감금.구금하다	حَبَسَ/ يَحْبِسُ ه أو هـ – حَبْسٌ
감금, 구금	حَبْسٌ
죽음	حَتْفٌ/ حُتُوفٌ
아직(yet, still)	حَتَّى الآنَ = بَعْدُ
그는 아직 오지 않았다.	لَمْ يَأْتِ حَتَّى الآنَ

아랍어 - 한국어 소사전

..에게 ..하도록 촉구하다, 부추기다, 재촉하다	حَثَّ/ يَحُثُّ ه عَلَى ...- حَثٌّ
얼굴 앞면을 드러내 놓은 베일	حِجَابٌ
..을 베일로 덮다, 가리우다 ; 숨기다	حَجَبَ/ يَحْجُبُ هـ - حَجْبٌ
..에게 ..을 허용하지 않다, 막다, 방해하다	حَجَبَ/ يَحْجُبُ ه عَنْ ... - حَجْبٌ
베일로 덮음, 가리움 ; 숨김	حَجْبٌ
(이슬람) 성지로 가다, 순례하다	حَجَّ/ يَحُجُّ - حَجٌّ
(이슬람) 순례	حَجٌّ
억류하다, 감금.구금하다 ; 봉쇄하다, 차단하다	حَجَزَ/ يَحْجُزُ أو يَحْجِزُ ه أو هـ - حَجْزٌ = اِحْتَجَزَ/ يَحْتَجِزُ ه أو هـ
억류, 감금, 구금 ; 봉쇄, 차단	حَجْزٌ
슬픔	حِدَادٌ = حُزْنٌ
국장(國葬)	الْحِدَادُ الْوَطَنِيُّ
상복	ثَوْبُ الْحِدَادِ
고독(solitude), 단독	حِدَةٌ
따로따로, 홀로 (separately)	عَلَى حِدَةٍ
첨예, 예리, 날카로움	حِدَّةٌ
사건(happening)	حَدَثٌ/ أَحْدَاثٌ
한계, 한도 ; 경계 ; 국경 ; 칼날	حَدٌّ/ حُدُودٌ
국경 (여기서는 휴전선)	الْحُدُودُ
국경	الْحُدُودُ الْمُشْتَرَكَةُ
한도없이	دُونَ حُدُودٍ
동일하게, 꼭같이 ; 양쪽다(both)	عَلَى حَدٍّ سَوَاءٍ
..을 제한하다, 한정하다 ; 설정.규정.지정하다	حَدَّدَ/ يُحَدِّدُ هـ - تَحْدِيدٌ
새로운, 최신의, 최근의, 현대적인	حَدِيثٌ/ أَحْدَثُ<비교급>
신발, 구두	حِذَاءٌ/ أَحْذِيَةٌ
황금신발	الْحِذَاءُ الذَّهَبِيُّ

시사 · 미디어 아랍어 소사전

حَذِرَ/ يَحْذَرُ مِن ه – حَذَرٌ	..을 조심하다, 경계하다, 주의하다
حَذَرٌ	조심, 경계, 주의
حَذَّرَ/ يُحَذِّرُ ه مِنْ أو مِنْ أَنَّ ... – تَحْذِيرٌ	경고하다(..에게 ..을 경고하다), 주의를 주다(잘못이 없어도 할 수 있음)
حُرٌّ/ أَحْرَارٌ	자유로운, 자유의
حَرْبٌ/ حُرُوبٌ	전쟁
حَرْبٌ أَهْلِيَّةٌ	내전
حَرْبٌ كَلَامِيَّةٌ	언쟁
حَرْبِيٌّ	전쟁의, 군사의
طَيَرَانٌ حَرْبِيٌّ	전투기
حَرَّرَ/ يُحَرِّرُ ه أو هـ	..를 해방.석방하다 ; 집필.편집하다
حَرَّضَ/ يُحَرِّضُ ه عَلَى ... – تَحْرِيضٌ	..에게 ..을 선동하다, 부추기다, 사주하다
حَرَّكَ/ يُحَرِّكُ هـ – تَحْرِيكٌ	..를 흔들다, 움직이게 하다, 가동하다, 작동하다 ; 자극하다, 고무하다
حَرَسَ/ يَحْرُسُ ه أو هـ – حِرَاسَةٌ	경비.경계하다 ; 보호하다
حَرَسٌ	경비대, 수비대
حَرَصَ/ يَحْرِصُ أَوْ يَحْرُصُ عَلَى ... – حِرْصٌ	..을 갈망.열망하다 ; 조심하다, 지키다
حِرْصٌ	갈망, 열망 ; 조심
حِرْصًا عَلَى	..을 갈망하여서, ..하기 위해서
حَرَكَةٌ/ –اتٌ	움직임, 이동, 운동
حَرَكَةُ الْحُقُوقِ	인권운동
حَرَكَةُ الْعُمَّالِ	노동운동
حَرَكَةُ الْمُقَاوَمَةِ الإِسْلَامِيَّةِ = حَمَاس	하마스
حُرِّيَّةٌ/ اتٌ	자유(freedom)
حَرَمَ/ يَحْرِمُ ه هـ، ه مِنْ هـ – حِرْمَانٌ	..에게서 ..을 빼앗다, 박탈하다 ; 배제시키다
حَرَّمَ/ يُحَرِّمُ هـ عَلَى ه – تَحْرِيمٌ = حَظَّرَ	..에게 ..을 금하다, 금지시키다
حَرَّمَ/ يُحَرِّمُ هـ	..을 신성불가침으로 선포하다

금지된 ; 신성한 ; 사원, 성지	حَرَمٌ/ أَحْرَامٌ
당, 정당	حِزْبٌ/ أَحْزَابٌ
노동당	حِزْبُ الْعُمَّالِ
전당대회	مُؤْتَمَرُ الْحِزْبِ
집권당, 여당	الْحِزْبُ الْحَاكِمُ
보수당	حِزْبُ الْمُحَافِظِينَ
야당	حِزْبٌ مُعَارِضٌ
매는 것, 묶는 것 ; 결단성 ; 신중성	حَزْمٌ
슬픔	حُزْنٌ/ أَحْزَانٌ
셈, 계산 ; 계정, 회계	حِسَابٌ/ –اتٌ
외상으로, 신용으로 ; ..도움으로	عَلَى حِسَابِ ...
..에 따라, ..에 의해(according to)	حَسَبَ .. = بِحَسَبِ .. = عَلَى حَسَبِ ..
..에 따르면(as according to what)	حَسْبَمَا..
개선하다, 개량하다, 더 좋게하다	حَسَّنَ/ يُحَسِّنُ هـ – تَحْسِينٌ
무리, 떼, 군중	حَشْدٌ/ حُشُودٌ
(사람을) 모으다, 집결시키다 ; (군대를) 동원하다	حَشَدَ/ يَحْشِدُ ه أَوْ هـ – حَشْدٌ
포위 ; 봉쇄	حِصَارٌ = مُحَاصَرَةٌ
(..에게) 일어나다, 발생하다	حَصَلَ/ يَحْصُلُ (لـ) – حُصُولٌ
..을 획득하다, 받다	حَصَلَ/ يَحْصُلُ عَلَى – حُصُولٌ
획득, 받음	حُصُولٌ
수입, 수입금 ; 결과 ; 나머지	حَصِيلَةٌ/ حَصَائِلُ
활동총화, 총활동	حَصِيلَةُ النَّشَاطِ
총희생자	حَصِيلَةُ ضَحَايَا
참석.참가하다 ; 임재하다, 오다	حَضَرَ/ يَحْضُرُ هـ أَوْ إِلَى ... – حُضُورٌ
..에 참석.참가하다	حَضَرَ/ يَحْضُرُ هـ – حُضُورٌ
..을 갖추다, 준비하다	حَضَّرَ/ يُحَضِّرُ هـ – تَحْضِيرٌ

حُضُورٌ	참석, 참가 ; 임재
حَظَرَ/ يَحْظُرُ هـ عَلَى ه - حَظْرٌ	..에게 ..을 금지하다
حَظْرٌ	금지
حَظْرُ النَّشْرِ	보도금지
حَظْرُ التَجَوُّلِ	통행금지
حَفَزَ/ يَحْفِزُ ه إِلَى(عَلَى) - حَفْزٌ	..에게 ..을 선동하다, 부추기다, 자극하다
حِفَاظٌ عَلَى = مُحَافَظَةٌ عَلَى	보호, 수호, 옹호
حَفِظَ/ يَحْفَظُ هـ - حِفْظٌ	..을 지키다, 수호하다, 보호하다 ; 보존하다, 유지하다 ; 외우다, 암기하다
حِفْظٌ	지킴, 수호, 보호 ; 보존, 유지
قُوَّاتُ حِفْظِ السَّلاَمِ	평화유지군
حَفَّزَ/ يُحَفِّزُ هـ - تَحْفِيزٌ	촉매작용을 하다(to catalyze), 촉진시키다 ; 동기부여하다
حَفْلٌ	모임
حَفْلُ زِفَافٍ	결혼식
حَفْلَةٌ/ حَفَلاَتٌ	파티, 축하모임
حَفْلَةٌ خَطَابِيَّةٌ	군중대회 ; 강연회
حَفِيدٌ/ أَحْفَادٌ	손자
حَقَّ/ يَحِقُّ لـ ه أَنْ ... - حَقٌّ	(사람이) ..할 권리를 가지다, 권한이 있다.
حَقٌّ/ حُقُوقٌ	권리 ; 진리
حُقُوقُ الإِنْسَانِ	인권, 인간권리
حَرَكَةُ الْحُقُوقِ	인권운동
بِحَقِّ ...	..에 대하여, ..와 관련하여
حَقَّقَ/ يُحَقِّقُ هـ - تَحْقِيقٌ	성취.달성.실현하다
حَقَّقَ/ يُحَقِّقُ فِي هـ - تَحْقِيقٌ	..에 대해 조사.심사하다
حَقَّقَ/ يُحَقِّقُ مَعَ ه - تَحْقِيقٌ	..(사람)를 조사하다, 심문하다
حَقْلٌ/ حُقُولٌ	들, 밭 ; (활동의) 분야, 영역, 범위

حَقْلُ نَفْطٍ 유전(油田, oil field)

حَقِيقَةٌ/ حَقَائِقُ 진실, 사실, 진리

حُكُومِيٌّ 정부의(governmental)

الْمُنَظَّمَاتُ غَيْرُ الْحُكُومِيَّةِ 민간단체(NGO)

حَكَمَ/ يَحْكُمُ هـ أو ه – حُكْمٌ ..다스리다, 통치하다 ; 판결.재판하다 ; 판정하다, 선고하다

حَكَمَ/ يَحْكُمُ ب هـ عَلَى ه – حُكْمٌ ..에게 ..을 판결.재판.선고하다

حَكَمَ/ يَحْكُمُ بِبَرَاءَةِ فُلَانٍ ..를 무죄 선고하다

حُكْمٌ/ أَحْكَامٌ 통치, 지배 ; 결정, 재판

الْحُكْمُ بِالإِعْدَامِ 사형 판결

حَكَمٌ/ حُكَّامٌ 심판, 중재자

حُكُومَةٌ 정부(government)

مَقَرُّ الْحُكُومَةِ 정부소재지, 청사

حُكُومِيٌّ 정부의(governmental)

حِلْفُ النَّاتُو 나토(북대서양 조약 기구, NATO)

حَلَّ/ يَحُلُّ هـ – حَلٌّ 매듭,나사를) 풀다, 해방시키다, 놓아주다 ; (문제 등을) 해결하다

حَلَّ/ يَحُلُّ ب أو فِي أو عِنْدَ أو عَلَى – حُلُولٌ]간, 시기가) 닥쳐오다 ; 머물다, 체류하다

حَلٌّ/ حُلُولٌ (매듭 따위를) 풀기 ; 해결 ; 용해 ; 해산, 분산, 해체

حَلٌّ عَادِلٌ 공정한 해결책

حَلَّقَ/ يُحَلِّقُ – تَحْلِيقٌ (새나 비행기가) 유유히 날다, 비행하다

حَلَفَ/ يَحْلِفُ – حَلْفٌ أَوْ حِلْفٌ 맹세하다, 선서하다

حِلْفٌ/ أَحْلَافٌ 동맹, 연맹 ; 동맹자, 동맹국, 연맹국

حَلَّلَ/ يُحَلِّلُ هـ – تَحْلِيلٌ ..을 분석하다 ; 분해하다

حُلُولٌ (시간, 시기가) 닥쳐옴 ; 머묾, 체류

حِمَايَةٌ 보호, 방어

تَحْتَ الْحِمَايَةِ = مَحْمِيٌّ 보호받는

..을 나르다, 운반하다 ; 지니다, 휴대하다 ; (짐을) 들다, 지다 ; 여자가 임신하다	حَمَلَ/ يَحْمِلُ هـ - حَمْلٌ
나름, 운반 ; 지님	حَمْلٌ
짐, 부담, 중하(load)	حِمْلٌ/ أَحْمَالٌ
원정, 출장 ; 운동, 캠페인	حَمْلَةٌ/ حَمَلاَتٌ
수색작전	حَمْلَةُ الْبَحْثِ
체포작전	حَمْلَةُ اعْتِقَالاَتٍ
선거운동, 선거캠페인	حَمْلَةٌ اِنْتِخَابِيَّةٌ
미디어 전쟁, 언론전쟁	حَمَلاَتٌ إِعْلاَمِيَّةٌ
광고 전쟁	حَمَلاَتٌ إِعْلاَنِيَّةٌ
군사원정	حَمْلَةٌ حَرْبِيَّةٌ
십자군 운동	حَمْلَةٌ صَلِيبِيَّةٌ
상품광고 캠페인; 선거 캠페인	حَمْلَةُ الدِّعَايَةِ
선거캠페인, 선거운동	الْحَمْلَةُ الدِّعَائِيَّةُ لِلاِنْتِخَابَاتِ
열병 (여성 명사로 취급)	حُمًّى/ حُمِّيَّاتٌ
열병 전문 병원	مُسْتَشْفَى حُمِّيَّاتٍ
..을 옹호하다 ; 지키다, 보호하다	حَمَى/ يَحْمِي ه أو هـ - حِمَايَةٌ
정다움, 자애, 애정	حَنَانٌ
대화	حُوَارٌ/ حُوَارَاتٌ
직접적인 대화	حِوَارٌ مُبَاشِرٌ
쓸개, 담낭	الْحَوْصَلَةُ الْمَرَارِيَّةُ = الْمَرَارَةُ
(전치사) ..주위에, 옆에(around) ; 대하여, 관하여(about)	حَوْلَ ...
생명	حَيَاةٌ/ حَيَوَاتٌ
생사문제	مَسْأَلَةُ حَيَاةٍ أو مَوْتٍ
..에 대하여 ; ..앞에	حِيَالَ ...
..하는 곳에(where, 관계부사)	حَيْثُ ...

بِحَيْثُ، بِحَيْثُ أَنَّ 아주 ..해서 ..하다(so that…) ; ..하기 위해(in order to)

حِين 시간, 기간

فِي حِينِ (أَنَّ) = عَلَى حِينِ أَنَّ ..하는 반면에(whereas), ..하는 동안에 (while)

حَيٌّ/ أَحْيَاءٌ 구역, 지역

حَيٌّ/ أَحْيَاءٌ 산, 생명있는, 살아있는

(خ)

(희망이) 성취되지 못하다	خَابَ/ يَخِيبُ – خَيْبَةٌ
실망하다	خَابَ أَمَلُهُ
외부의, 대외의	خَارِجٌ
외국	الْخَارِجُ
..과 관련하여서, ..와 연관되어서, ..에 대해	خَاصٌّ بِـ = مُتَعَلِّقٌ بِـ
특사	مَبْعُوثٌ خَاصٌّ
달려들다, 과감히 착수하다 ; 돌입하다, 돌진하다	خَاضَ/ يَخُوضُ هـ – خَوْضٌ
..에게 연설하다 ; ..와 이야기를 나누다, 회담.담화하다	خَاطَبَ/ يُخَاطِبُ ه – مُخَاطَبَةٌ
납치하는 사람 ; 납치범	خَاطِفٌ
..을 무서워하다, 두려워하다	خَافَ/ يَخَافُ مِنْ ه أَوْ هـ – خَوْفٌ
..을 걱정하다	خَافَ عَلَى ه
..을 거역하다, 말을 듣지 않다 ; 모순되다, 대립되다 ; 위반하다	خَالَفَ/ يُخَالِفُ ه أَو هـ – مُخَالَفَةٌ
가공하지 않은, 원료 그대로의, 생것의	خَامٌ
원자재, 원료	مَادَّةٌ خَامٌ أَو مَوَادٌّ خَامٌ
원유	النَّفْطُ الْخَامُ
(페이지의) 란 ; (도표의) 칸 ; (장기판에서의) 말	خَانَةٌ/ اتٌ = قَيْدٌ، بَنْدٌ، مَادَّةٌ مُدَوَّنَةٌ
뉴스	خَبَرٌ/ أَخْبَارٌ
거짓 소식	أَخْبَارٌ كَاذِبَةٌ
경험있는 ; 경험자, 전문가	خَبِيرٌ/ خُبَرَاءُ
끝, 마감, 종결	خِتَامٌ
할례	خِتَانٌ
..을 끝내다, 마치다, 종결하다	خَتَمَ/ يَخْتِمُ هـ أَو عَلَى هـ – خَتْمٌ أَو خِتَامٌ

도장, 스탬프; 봉인, 인	خَتْمٌ أو خِتَامٌ
..에게 할례를 행하다	خَتَنَ/ يَخْتِنُ ه - خَتْنٌ
..로부터 나가다, 밖으로 나가다, ..로 나가다	خَرَجَ/ يَخْرُجُ مِنْ ....، إِلَى ... - خُرُوجٌ
(벽에) 구멍을 내다, 뚫다; (옷을) 찢다; 위반하다	خَرَقَ/ يَخْرِقُ هـ - خَرْقٌ
신호를 위반하다	خَرَقَ إِشَارَةَ الْمُرُورِ
구멍을 냄; (옷을) 찢음; 위반함	خَرْقٌ
법을 위반함	خَرْقٌ لِلْقَانُونِ
(밖으로) 나감	خُرُوجٌ
손해, 손실	خَسَارَةٌ/ خَسَائِرُ
..을 잃다, 손실.손해보다	خَسِرَ/ يَخْسَرُ هـ - خَسَارَةٌ
특별하다, 특별하게 되다; 고유하다	خَصَّ/ يَخُصُّ - خَصٌّ أَوْ خُصُوصٌ أَوْ خُصُوصِيَّةٌ
..에 관하여(regarding), ..와 관련하여	فِيمَا يَخُصُّ = فِيمَا يَتَعَلَّقُ بِـ
비옥하게하다, 거름을 주다; 농축하다	خَصَّبَ/ يُخَصِّبُ هـ - تَخْصِيبٌ
특별히 지정하다, 규정.한정하다; 특수화하다, 전문화하다	خَصَّصَ/ يُخَصِّصُ ه أَوْ هـ - تَخْصِيصٌ
특히, 특별히	خُصُوصًا = خَاصَّةً = خِصِّيصًا = بِشَكْلٍ خَاصٍّ
..에게 순종.굴종.복종하다; (검역, 수술) 등을 받다	خَضَعَ/ يَخْضَعُ لِـ - خُضُوعٌ
순종, 굴종, 복종	خُضُوعٌ
실수	خَطَأٌ أَوْ خَطَاءٌ/ أَخْطَاءٌ
과실치사	الْقَتْلُ الْخَطَأُ
연설	خِطَابٌ/ خِطَابَاتٌ
강연의, 연설의	خِطَابِيٌّ
군중대회; 강연회	حَفْلَةٌ خِطَابِيَّةٌ
위험	خَطَرٌ/ أَخْطَارٌ = مَخَاطِرُ
선, 줄; 노선, 항로, 수로	خَطٌّ/ خُطُوطٌ
항로	خُطُوطٌ جَوِّيَّةٌ

시사 · 미디어 아랍어 소사전

계획, 안	خُطَّةٌ أو خِطَّةٌ/ خُطَطٌ
줄을 긋다 ; 계획하다, 계획을 작성하다, ..하는 것을 꾀하다	خَطَّطَ/ يُخَطِّطُ هـ، لـ + الْمَصْدَرُ – تَخْطِيطٌ
..을 납치하다	خَطَفَ/ يَخْطِفُ ه أَوْ هـ – خَطْفٌ
납치	خَطْفٌ
한 걸음, 발걸음 ; 보조(step), 진전	خُطْوَةٌ أو خَطْوَةٌ/ خُطُوَاتٌ أَوْ خَطَوَاتٌ
조치를 취하다	اِتَّخَذَ الْخَطَوَاتِ
죄(sin)	خَطِيَّةٌ أو خَطِيئَةٌ/ خَطَايَا
중대한, 심각한 ; 위험한	خَطِيرٌ
위험한 상황	حَالَةٌ خَطِيرَةٌ
(소리, 가격 등을) 낮추다, 감소하다	خَفَضَ/ يَخْفِضُ هـ – خَفْضٌ
(소리, 가격 등을) 낮춤, 감소시킴	خَفْضٌ
..을 가볍게하다 ; 완화하다, (부담을) 덜어주다	خَفَّفَ/ يُخَفِّفُ هـ، مِنْ – تَخْفِيفٌ
불일치, 의견상이 ; 차이 ; 갈등	خِلَافٌ/ خِلَافَاتٌ
..하는 동안에, ..하는 중에	خِلَالَ .. = فِي خِلَالِ ..
(옷, 신발 따위를) 벗다 ; (이를) 뽑다	خَلَعَ/ يَخْلَعُ هـ – خَلْعٌ
(옷, 신발 따위를) 벗음 ; (이를) 뽑음	خَلْعٌ
후계자, 계승자 ; 후대, 후손	خَلَفٌ/ أَخْلَافٌ
..의 계승자, ..의 뒤를 잇는	خَلَفًا لِـ ...
배경	خَلْفِيَّةٌ
..때문에, ..로 인해	عَلَى خَلْفِيَّةِ ... = بِسَبَبِ ...
..을 창조.창작하다, 형태를 만들다	خَلَقَ/ يَخْلُقُ هـ – خَلْقٌ
창조, 창작	خَلْقٌ
만(gulf)	خَلِيجٌ/ خُلْجَانٌ
세포 ; 기층조직, 소조	خَلِيَّةٌ/ خَلَايَا
술	خَمْرٌ

누룩, 효모	خَمِيرٌ
돼지	خِنْزِيرٌ/ خَنَازِيرُ
무섭게 하다, 놀라게하다	خَوَّفَ/ يُخَوِّفُ ه أو هــ - تَخْوِيفٌ
선택, 선정	خِيَارٌ = اِخْتِيَارٌ
상상의	خَيَالِيٌّ
(희망이) 성취되지 못함, 실패	خَيْبَةٌ
실망	خَيْبَةُ الأَمَلِ
선(善)	خَيْرٌ
천막(tent)	خَيْمَةٌ/ خِيَامٌ أَوْ خِيَمٌ

(د)

دَائِرَةٌ/ دَوَائِرُ	원, 원형 ; 범위, 분야 ; 구역, 지구 ; 사무소, 기관, 부서, (관청의)국, 과
دَائِرَةُ الانْتِخَابِ	선거구
دَائِرَةُ الاسْتِخْبَارَاتِ الْمَرْكَزِيَّةِ	중앙정보국
الدَّائِرَةُ التِّجَارِيَّةُ	무역국
دَائِمٌ = مُسْتَمِرٌّ	계속되는, 영구적인
سَلَامٌ دَائِمٌ	영구적 평화
دَائِمًا	항상, 늘
دَاخِلٌ	내부의
الدَّاخِلِيَّةُ = وِزَارَةُ الدَّاخِلِيَّةِ	내무부
دَار/ دُور أَوْ دِيَار	집, 주택 ; 지역, 구역
دَارٌ لِلضِّيَافَةِ	숙소
دَارَتِ/ تَدُورُ الْحَرْبُ	전쟁이 일어나다
دَاعٍ(الدَّاعِي)	이유, 원인 ; 초청자, 선동가
دَاعِيَةٌ/ دُعَاةٌ	선동가, 선전자 ; 원인, 동기
دَافَعَ/ يُدَافِعُ عَنْ ... – مُدَافَعَةٌ، دِفَاعٌ	..를 방어.보위.수호하다 ; 변호.비호하다
دَامَ/ يَدُومُ – دَوَامٌ	지속되다, 계속되다
دَامٍ (الدَّامِي)	유혈의, 피비린내나는
حَرْبٌ دَامِيَةٌ	유혈전쟁
دَانٍ(الدَّانِي)/ <비교급>أَدْنَى	가까운, (여기서는 '낮은'의 의미)
دَبَّابَةٌ/ -اتٌ	탱크, 장갑차
دِبْلُومَاسِيَّةٌ	외교
دِبْلُومَاسِيٌّ	외교의, 외교관의
دَخْلٌ	수입, 소득

아랍어 - 한국어 소사전

국민소득(national income)	الدَّخْلُ الْقَوْمِيُّ
..에 들어가다(to enter)	دَخَلَ/ يَدْخُلُ هـ أَوْ إِلَى هـ - دُخُولٌ
들어감(entering)	دُخُولٌ
드라마	دِرَامَا
드라마의, 드라마틱한	دِرَامِيٌّ = دِرَامَاتِيكِيٌّ
..에게 ..을 훈련.연습을 시키다	دَرَّبَ/ يُدَرِّبُ ه عَلَى .. - تَدْرِيبٌ
등급으로 나누다, 분류하다 ; ..을 점차 움직이다	دَرَّجَ/ يُدَرِّجُ هـ - تَدْرِيجٌ
공부하다, 학습하다 ; ..을 연구하다, 고려하다 ; ....을 배우다	دَرَسَ/ يَدْرُسُ هـ - دَرْسٌ/ دِرَاسَةٌ
공부, 학습, 레슨	دَرْسٌ
헌법	دُسْتُورٌ/ دَسَاتِيرُ
헌법재판소	الدُّسْتُورِيَّةُ = الْمَحْكَمَةُ الدُّسْتُورِيَّةُ
1. (사람을) ..에 초대.초청하다 2...에게 ..할 것을 촉구.호소하다 3...을 전도.전파하다	دَعَا/ يَدْعُو ه إِلَى - دَعْوَةٌ
이슬람을 전도.전파하다	دَعَا إِلَى الإِسْلامِ
(하나님께) 간구하다	دَعَا/ يَدْعُو اللهَ - دُعَاءٌ
(하나님께) 간구함	دُعَاءٌ
선전의, 선동의	دِعَائِيٌّ
선거캠페인, 선거운동	الْحَمْلَةُ الدِّعَائِيَّةُ للانْتِخَابَاتِ
선전, 선동	دِعَايَةٌ/ -اتٌ = دَعَاوَةٌ = إِعْلاَنٌ
상품광고 캠페인; 선거 캠페인	حَمْلَةُ الدِّعَايَةِ
선거운동	دِعَايَةٌ اِنْتِخَابِيَّةٌ
받들다, 지지하다, 지원하다	دَعَمَ/ يَدْعَمُ هـ أو ه - دَعْمٌ
받들다, 지지.지원.부양하다 ; 강화하다 ; 돕다, 원조하다	دَعَّمَ/ يُدَعِّمُ ه أو ه - تَدْعِيمٌ
부름 ; 초청, 초대 ; 선전, 선동 ; (법률) 안건, 소송사건	دَعْوَةٌ/ دَعَوَاتٌ
소송 ; 고발,고소(정부 등에)	دَعْوَى/ دَعَاوَى أو دَعَاوٍ = قَضِيَّةٌ
형사소송	الدَّعْوَى الْجِنَائِيَّةُ

법적 소송	دَعْوَى قَضَائِيَّةٌ
방어, 수호, 옹호 ; (법률) 변호 ; 동기부여, 동인	دِفَاعٌ (عَنْ)
국방 장관	وَزِيرُ الدِّفَاعِ
자신을 방어함	دِفَاعٌ عَنْ نَفْسِهِ
..(돈 등을) 지불하다	دَفَعَ/ يَدْفَعُ هـ إِلَى (لِـ) ه - دَفْعٌ
..을 밀다	دَفَعَ/ يَدْفَعُ هـ
댓가를 지불하다, 값을 치루다	دَفَعَ/ يَدْفَعُ الثَّمَنَ
한 번	دُفْعَةٌ/ دُفْعَاتٌ
한꺼번에, 단번에	دُفْعَةٌ وَاحِدَةٌ
..을 매장하다, 파묻다	دَفَنَ/ يَدْفِنُ ه أَوْ هـ - دَفْنٌ
매장, 파묻음	دَفْنٌ
분(minute)	دَقِيقَةٌ/ دَقَائِقُ
..을 증명.실증.인증하다	دَلَّلَ/ يُدَلِّلُ عَلَى .. - تَدْلِيلٌ
증거, 증거물 ; 기호, 지표	دَلِيلٌ/ دَلَائِلُ أو أَدِلَّةٌ
피	دَمٌ/ دِمَاءٌ
파괴, 붕괴	دَمَارٌ
막대한 파괴	الدمَارُ الهَائِلُ
..을 파괴하다, 파멸시키다, 부수다	دَمَّرَ/ يُدَمِّرُ هـ - تَدْمِيرٌ
피의, 피묻은 ; 유혈의, 유혈적인	دَمَوِيٌّ
약, 약품	دَوَاءٌ/ أَدْوِيَةٌ
계속됨	دَوَامٌ
회전 ; 역할 ; 차례, 순번, 순서 ; 단계 ; 토너먼트	دَوْرٌ/ أَدْوَارٌ
2 회전	الدَّوْرُ الثَّانِي
16 강	دَوْرُ الـ١٦
4 강	الدَّوْرُ رُبْعُ النِهَائِيِّ
4 강전	الدَّوْرُ نِصْفُ النِّهَائِيِّ = الْمُبَارَاةُ نِصْفُ النِّهَائِيَّةِ

아랍어 - 한국어 소사전

순환 ; 기, 주기, 회 ; 차례, 순번, 순서	دَوْرَةٌ/ دَوَرَاتٌ
집중과정, 인텐시브 코스	دَوْرَةٌ مُكَثَّفَةٌ
주기적인, 정기적인 ; 둥근 ; (스포츠) 리그(league)	دَوْرِيٌّ
정기모임	الاجْتِمَاعُ الدَّوْرِيُّ
유럽 챔피언스 리그	كَأْسُ دَوْرِيِّ أَبْطَالِ أُورُوبَّا
스페인 A 리그	الدَّوْرِيُّ الإسْبَانِيُّ الْمُمْتَازُ
순찰대	دَوْرِيَّةٌ/ -اتٌ
국가, 나라	دَوْلَةٌ/ دُوَلٌ
주요 공업 국가들(major industrial countries)	الدُّوَلُ الصِّنَاعِيَّةُ الْكُبْرَى
보안대	أَمْنُ الدَّوْلَةِ
여러 나라들	عِدَّةُ دُوَلٍ
국제적인	دَوْلِيٌّ
(유엔)신탁통치	الوِصَايَةُ الدَّوْلِيَّةُ
국제원자력기구(IAEA)	الْوَكَالَةُ الدَّوْلِيَّةُ لِلطَّاقَةِ الذَّرِّيَّةِ
국제 기구들	مُنَظَّمَاتٌ دَوْلِيَّةٌ
국제형사재판소	الْمَحْكَمَةُ الْجِنَائِيَّةُ الدَّوْلِيَّةُ
유엔 안전보장 이사회	مَجْلِسُ الأَمْنِ الدَّوْلِيُّ
..없이(without)	دُونَ = مِنْ دُونِ = بِدُونِ
페달	دَوَّاسَةٌ
액셀러레이터, 가속장치	دَوَّاسَةُ الْبِنْزِينِ أو السُّرْعَةِ
종교	دِينٌ/ أَدْيَانٌ
종교인	رَجُلُ دِينٍ
종교의	دِينِيٌّ
종교적인 색체를 가진 것	ذَاتُ الصِّبْغَةِ الدِّينِيَّةِ

시사 · 미디어 아랍어 소사전

(ذ)

ذَاتُ (كَذَا) = ذَاتُهُ = بِذَاتِهِ = نفسُهُ	같은, 바로 그
ذَاتِيٌّ	스스로의(self)
ذَاتِيُّ الدَّفْعِ	탄도의(미사일 등)
ذَبْذَبَةٌ/ -اتٌ	진동(vibration) ; 동요
ذَرْعٌ	힘, 능력 ; 참을성, 인내
ذَرْعٌ = إِطَاقَةٌ	인내, 참을성
ذَرِّيٌّ	원자력의
طَاقَةٌ ذَرِّيَّةٌ	원자력 에너지
قُنْبُلَةٌ ذَرِّيَّةٌ	원자력 폭탄
وكَالَةُ الطَّاقَةِ الذَّرِّيَّةِ	원자력기구
ذَرِيعَةٌ/ ذَرَائِعُ	구실, 변명 ; 수단, 방법
ذُعْرٌ = خَوْفٌ = رُعْبٌ	질겁(panic), 공포
ذَكَرَ/ يَذْكُرُ هـ - ذِكْرٌ	..을 언급하다 ; 보도하다 ; 기억하다
ذِكْرٌ	언급, 보도, 기억함
ذَكَرٌ	수컷, 남성, 아들
ذِكْرَى/ ذِكْرَيَاتٌ	추억, 회상, 회고 ; 기념
إِحْيَاءُ ذِكْرَى ..	..를 기념하여
ذِكْرَى أَرْبَعِينِيَّةٌ	40 일 기념일, 40 제(第)
ذِكْرَى سَنَوِيَّةٌ	기념일(anniversary)
ذِمَّةٌ/ ذِمَمٌ	보증, 담보 ; 빚, 채무 ; 양심 ;(유대교도, 기독교도에 대한) 보호
عَلَى ذِمَّةِ التَّحْقِيقِ	조사.수사를 하기 위해
بِالذِّمَّةِ	양심대로
أَهْلُ الذِّمَّةِ	(이슬람 지역에서 인두세를 내고 보호받는) 피 보호민(유대교도, 기독교도)

ذَهَابٌ 감(going)

ذَهَبَ/ يَذْهَبُ إِلَى ... – ذَهَابٌ ..로 가다(to go)

ذَهَبٌ 금

ذَهَبِيٌّ 금의

مَدَالِيَةٌ ذَهَبِيَّةٌ 금메달

الْحِذَاءُ الذَّهَبِيُّ 황금신발

ذُو / (f.) ذَاتُ ..을 소유하는, ..을 가지고 있는 ; ..을 소유한 자

(ر)

탐험자, 조사자 ; 개척자	رَائِدٌ/ رُوَّادٌ
우주비행가, 우주인	رَائِدُ الْفَضَاءِ
호텔 책임자	رَائِدُ الْفُنْدُق
영도, 지도, 통치 ; 의장직, 대통령직	رِئَاسَةٌ أَوْ رِيَاسَةٌ
대통령 선거	انْتِخَابَاتُ الرِّئَاسَةِ
대통령 경호	أَمْنُ الرِّئَاسَةِ
국무총리 청사	مَقَرُّ رِئَاسَةِ الْوُزَرَاءِ
대통령의	رِئَاسِيٌّ
공화국 대통령 직위	مَنْصِبُ رِئَاسَةِ الْجُمْهُورِيَّةِ
..을 영도하다, 이끌다, 지휘하다	رَأَسَ/ يَرْأَسُ هـــ - رِئَاسَةٌ أَوْ رِيَاسَةٌ
머리	رَأْسٌ/ رُؤُوسٌ
..을 검열. 검사. 심사.감정하다 ; 재검토하다, 따져보다, 점검하다	رَاجَعَ/ يُرَاجِعُ هـــ - مُرَاجَعَةٌ
시작하다	رَاحَ/ يَرُوحُ
그가 쓰기 시작하다	رَاحَ يَكْتُبُ
그것의 피해가 ...가 되었다.	رَاحَ/ يَرُوحُ ضَحِيَّتَهُ ...
출발하는, 떠나간 ; 죽은 사람, 고인	رَاحِلٌ
..의 친구가 되다, 사귀다 ; 동반.동행하다(낮은 사람이 높은 사람과)	رَافَقَ/ يُرَافِقُ ه أَوْ هـــ - مُرَافَقَةٌ
..를 감시하다, 살피다, 검열.검사하다	رَاقَبَ/ يُرَاقِبُ ه أَوْ هـــ - مُرَاقَبَةٌ
승객	رَاكِبٌ/ رُكَّابٌ
여객기	طَائِرَةُ رُكَّابٍ
던지는, 투척하는 ; 목적으로 하는	رَامٍ(الرَّامِي)/ رُمَاةٌ
현재의, 현행의(current)	رَاهِنٌ

아랍어 - 한국어 소사전

현정세	الْوَضْعُ الرَّاهِنُ
..을 보다 ; 환상을 가지다 ; 여기다, 생각하다, 간주하다	رَأَى/ يَرَى هـ أَوْ أَنْ (أَنَّ).. - رُؤْيَةٌ أَوْ رُؤْيَا أَوْ رَأْيٌ
의견, 견해	رَأْيٌ/ آرَاءٌ
환상(꿈에서 보는 것)	رُؤْيَا
보는 것 ; 비전(vision) ; 의견, 견해	رُؤْيَةٌ
대통령, 수반 ; 책임자, 의장, 장	رَئِيسٌ/ رُؤَسَاءُ
편집장	رَئِيسُ التَّحْرِيرِ
대표이사	رَئِيسُ مَجْلِسِ الإِدَارَةِ
수상, 총리	رَئِيسُ الْوُزَرَاءِ = الْوَزِيرُ الأَوَّلُ
주(主, lord)	رَبٌّ/ رُبُوبٌ، أَرْبَابٌ
(짐승, 사람을)을 기르다, 키우다 ; 양육.육성하다	رَبَّى/ يُرَبِّي ه أَوْ هـ - تَرْبِيَةٌ
가정주부	رَبَّةُ مَنْزِلٍ
..을 묶다, 매다 ; 결부시키다	رَبَطَ/ يَرْبُطُ هـ - رَبْطٌ
묶음, 맴	رَبْطٌ
조직하다 ; 배열하다 ; 정돈.정리하다	رَتَّبَ/ يُرَتِّبُ هـ - تَرْتِيبٌ
..보다 ..을 기울어지게 하다 ; ..보다 ..에 더 무게 혹은 가능성을 두다	رَجَّحَ/ يُرَجِّحُ هـ عَلَى ... - تَرْجِيحٌ
남자, 사나이	رَجُلٌ/ رِجَالٌ
공연가	رَجُلُ اسْتِعْرَاضٍ
보안경찰관	رَجُلُ الأَمْنِ
보통 사람, 일반 시민(직역 : 거리의 남자)	رَجُلُ الشَّارِعِ
종교인	رَجُلُ دِينٍ
..를 돌멩이로 치다	رَجَمَ/ يَرْجُمُ ه - رَجْمٌ
돌멩이로 침	رَجْمٌ
투석형	إِعْدَامٌ رَجْمًا
..를 환영하다	رَحَّبَ/ يُرَحِّبُ ب - تَرْحِيبٌ

229

시사 · 미디어 아랍어 소사전

(길을) 떠나 보내다 ; 이주시키다, 대피시키다 ; 쫓아내다, 추방하다	رَحَّلَ/ يُرَحِّلُ ه – تَرْحِيلٌ
..으로부터 떠나다	رَحَلَ/ يَرْحَلُ عَنْ ... – رَحْلٌ أَوْ رَحِيلٌ
세상을 떠나다, 사망하다	رَحَلَ عَنْ هَذَا الْعَالَمِ
(..으로부터) 떠남	رَحِيلٌ
대답, 답변 ; 반사, 반영	رَدٌّ/ رُدُودٌ
반응, 반작용	رَدُّ الْفِعْلِ
1-0 스코어	بِهَدَفٍ دُونَ رَدٍّ
..에게 대답하다	رَدَّ/ يَرُدُّ عَلَى – رَدٌّ
..을 ..에게 돌려주다, 반환하다	رَدَّ/ يَرُدُّ ه أَوْ هـ إِلَى ...
..을 되풀이하다, 반복하다	رَدَّدَ/ يُرَدِّدُ هـ – تَرْدِيدٌ
정박하다, 닻을 내리다	رَسَا/ يَرْسُو فِي – رَسْوٌ أَوْ رُسُوٌّ
..을 굳게하다, 공고히 하다 ; 뿌리박게하다	رَسَّخَ/ يُرَسِّخُ هـ – تَرْسِيخٌ
그림, 도화	رَسْمٌ/ رُسُومٌ
만평, 만화	رُسُومٌ كَارِيكَاتِيرِيَّةٌ
공식적인	رَسْمِيٌّ
공식적으로	رَسْمِيًّا
공식 대변인	مُتَحَدِّثٌ رَسْمِيٌّ
닻을 내림, 정박함	رَسْوٌ أَوْ رُسُوٌّ
..을 ..의 입후보자로 지명하다, 추천하다	رَشَّحَ/ يُرَشِّحُ ه لـ ... – تَرْشِيحٌ
..를 이집트의 대통령으로 추천하다	رَشَّحَ ه لِرِئَاسَةِ مِصْرَ = رَشَّحَ ه رَئِيسًا لِمِصْرَ
출마하다	رَشَّحَ/ يُرَشِّحُ نَفْسَهُ لـ ...
..에게 ..을 던지다, 뿌리다	رَشَقَ/ يَرْشُقُ ه ب ... – رَشْقٌ
던짐, 뿌림	رَشْقٌ
연필 ; 탄알	رَصَاصٌ
(은행의) 잔고, 잔액 ; 남은 금액(전화카드 등, credit) ; 승점(축구 등의)	رَصِيدٌ/ أَرْصِدَةٌ

아랍어 - 한국어 소사전

..을 보살피다, 보호하다, 돌보다	رَعَى/ يَرْعَى ه أو هــ – رِعَايَةٌ
보살핌, 보호, 돌봄	رِعَايَةٌ
..의 후원으로(with sponsorship)	بِرِعَايَةِ ..
건강보호개혁(health care reformation)	إِصْلَاحُ الرِّعَايَةِ الصِّحِّيَّةِ
바라다, 희망하다, 원하다	رَغِبَ/ يَرْغَبُ (فِي) – رَغَبٌ، رَغْبَةٌ
희망, 염원, 욕구	رَغْبَةٌ/ رَغَبَاتٌ
..에도 불구하고	رَغْمَ ...
..에도 불구하고(in spite of)	رَغْمَ = بِالرَّغْمِ مِنْ أو عَنْ = عَلَى الرَّغْمِ مِنْ ...
..을 거절.거부.부결하다	رَفَضَ/ يَرْفُضُ هــ – رَفْضٌ
거절, 거부	رَفْضٌ
동행, 동반	رِفْقَةٌ = رُفْقَةٌ
..와 함께	بِرِفْقَةِ ...
높은, 고상한, 숭고한	رَفِيعٌ
고위 관계자	رَفِيعُ الْمُسْتَوَى
고위관계자	رَفِيعُ الْمُسْتَوَى/ رَفِيعُو الْمُسْتَوَى
번호(number)	رَقْمٌ/ أَرْقَامٌ
최고기록	رَقْمٌ قِيَاسِيٌّ
세계기록	رَقْمٌ قِيَاسِيٌّ عَالَمِيٌّ
주민등록번호	رَقْمٌ قَوْمِيٌّ
구성하다, 조합하다, 조립하다 ; 설치하다	رَكَّبَ/ يُرَكِّبُ هــ – تَرْكِيبٌ
기둥 ; 구석, 모퉁이 ; 주요부분, 기본요소	رُكْنٌ/ أَرْكَانٌ
던짐, 내던짐, 쏨	رِمَايَةٌ
상징, 표시	رَمْزٌ/ رُمُوزٌ
상징적인	رَمْزِيٌّ
..을 던지다, 내던지다	رَمَى/ يَرْمِي هــ – رَمْيٌ أو رِمَايَةٌ
..를 ..으로 쏘다	رَمَى/ يَرْمِي ه ب هــ

던짐, 내던짐, 쏨	رَمْيٌ أَو رِمَايَةٌ
인질	رَهِينَةٌ/ رَهَائِنُ = شَخْصٌ يُحْتَجَزُ كَضَمَانٍ لِتَنْفِيذِ شَرْطٍ
현관, 복도	رُوَاقٌ/ أَرْوِقَةٌ
..를 무섭게하다, 겁나게하다, 공포를 주다	رَوَّعَ/ يُرَوِّعُ ه – تَرْوِيعٌ = خَوَّفَ، أَفْزَعَ
바람	رِيحٌ/ رِيَاحٌ

아랍어 - 한국어 소사전

(ز)

여분, 첨가물, 부속물	زَائِدَةٌ/ زَوَائِدُ
십이지장의 비만부분	زَائِدَةٌ لَحْمِيَّةٌ بِالاثْنَيْ عَشَرَ
방문자, 방문객	زَائِرٌ/ زُوَّارٌ أَوْ زَائِرُونَ
(자) 늘어나다, 증가되다	زَادَ/ يَزِيدُ – زِيَادَةٌ
(타)..을 보태다, 늘리다, 첨부하다, 더하다	زَادَ/ يَزِيدُ هـ – زِيَادَةٌ
..를 방문하다	زَارَ/ يَزُورُ ه أَوْ هـ – زِيَارَةٌ (إلى ه)
꽃피는, 번영하는 ; 찬란한, 화려한	زَاهٍ(الزَّاهِي)
복잡함 ; 혼잡, 교통체증	زِحَامٌ = زَحْمَةٌ
농업, 농사 ; 파종 ; 이식	زِرَاعَةٌ = زَرْعٌ
이식, 장기이식	زِرَاعَةُ عُضْوٍ = زِرَاعَةُ أَعْضَاءٍ = زَرْعُ أَعْضَاءٍ
농업의	زِرَاعِيٌّ
농산물	الْمَحْصُولَاتُ الزِّرَاعِيَّةُ
..을 심다, 재배하다, 씨를 뿌리다	زَرَعَ/ يَزْرَعُ هـ – زَرْعٌ
심음, 재배, 씨를 뿌림	زَرْعٌ
리더쉽(leadership), 영도권	زَعَامَةٌ = قِيَادَةٌ = رِئَاسَةٌ
	زَعَمَ/ يَزْعُمُ أَنَّ ... – زَعْمٌ

주장하다(사실이 아닌 내용이나, 혹은 정치적인 반대의 입장을 주장할 때)

주장함	زَعْمٌ
..라는 주장으로, ..라는 이유로	بِزَعْمِ ...
수령, 영도자, 우두머리, 지도자	زَعِيمٌ/ زُعَمَاءُ
결혼식	زِفَافٌ = حَفْلُ زِفَافٍ
지진	زِلْزَالٌ/ زَلَازِلُ
동료, 급우	زَمِيلٌ/ زُمَلَاءُ

결혼, 결혼식	زَوَاجٌ = قِرَانٌ
강제결혼	زَوَاجٌ قَسْرِيٌّ
남편	زَوْجٌ/ أَزْوَاجٌ
아내	زَوْجَةٌ/ زَوْجَاتٌ
배, 보트	زَوْرَقٌ/ زَوَارِقُ
..에게 ..을 마련해주다 ; 공급하다	زَوَّدَ/ يُزَوِّدُ ه هـ، ه ب هـ - تَزْوِيدٌ
위조하다, 날조하다, 조작하다	زَوَّرَ/ يُزَوِّرُ هـ - تَزْوِيرٌ
증가	زِيَادَةٌ = مَزِيدٌ
임금인상	زِيَادَةُ الأُجُورِ
방문	زِيَارَةٌ
장식, 장식물(decoration)	زِينَةٌ/ -اتٌ

아랍어 - 한국어 소사전

(س)

나쁘게 되다, 악화되다	سَاءَ/ يَسُوءُ – سَوْءٌ أو سُوءٌ
질문, 의문	سُؤَالٌ/ أَسْئِلَةٌ
..에게 ..에 관해 묻다, 질문하다	سَأَلَ/ يَسْأَلُ هـ عَنْ هـ – سُؤَالٌ
여행자, 관광객	سَائِحٌ/ –ونَ أوْ سُيَّاحٌ
다스리는, 지배하는 ; 압도적인, 우세한 ; 우두머리, 장, 지도자	سَائِدٌ/ سَادَةٌ
운전하는 사람, 운전수	سَائِقٌ
액체의 ; 액체	سَائِلٌ/ سَوَائِلُ
액체 폭발물	سَوَائِلُ مُفَجِّرَةٌ
액체연료	وَقُودٌ سَائِلٌ
..와 경쟁하다, 경주.시합하다 ; 경연에 참가하다	سَابَقَ/ يُسَابِقُ هـ – مُسَابَقَةٌ
이전의, 전임의	سَابِقٌ
전임 대통령	الرَّئِيسُ السَّابِقُ
전례, 선례	سَابِقَةٌ/ سَوَابِقُ
최초로	فِي سَابِقَةٍ هِيَ الأُولَى مِنْ نَوعِهَا
..을 지배하다, 통치하다, 다스리다	سَادَ/ يَسُودُ هـ أو ه، عَلَى هـ أو ه – سِيَادَةٌ
..을 서두르다, 바삐가다	سَارَعَ/ يُسَارِعُ فِي ... – مُسَارَعَةٌ
터, 뜰, 마당 ; 광장	سَاحَةٌ/ سَاحَاتٌ
정치영역에서	سَاحَةٌ سِيَاسِيَّةٌ
전장, 전투지(battlefield)	سَاحَةُ الْقِتَالِ
쓸어버리는, 부셔버리는 ; 압도적인, 큰	سَاحِقٌ = كَاسِحٌ
해변, 해안, 바닷가, 연안	سَاحِلٌ/ سَوَاحِلُ
해안의, 연해의	سَاحِلِيٌّ
뜨거운, 더운	سَاخِنٌ = سُخْنٌ

가다, 걸어가다, 행진하다	سَارَ/ يَسِيرُ – سَيْرٌ
..로 나아가다, 전진하다	سَارَ/ يَسِيرُ قُدُمًا فِي ... = مَضَى/ يَمْضِي قُدُمًا فِي ...
..를 돕다	سَاعَدَ/ يُسَاعِدُ ه – مُسَاعَدَةٌ
운전하다	سَاقَ/ يَسُوقُ هـ – سَوْقٌ أَوْ سِيَاقٌ
사는, 거주하는 ; 주민, 거주자	سَاكِنٌ/ سُكَّانٌ
원주민, 토착민	سَاكِنٌ أَصْلِيٌّ/ سُكَّانٌ أَصْلِيُّونَ
높은, 고귀한	سَامٍ(السَّامِي)
셈족의	سَامِيٌّ
..를 지지.지원.성원하다, 도와주다	سَانَدَ/ يُسَانِدُ ه – مُسَانَدَةٌ
..을 고르게 하다 ; 동등.평등하게 하다	سَاوَى/ يُسَاوِي ه أو هـ – مُسَاوَاةٌ
수영	سِبَاحَةٌ
시합, 경기 ; 달리기, 레이스	سِبَاقٌ/ –اتٌ
경마	سِبَاقُ الْخَيْلِ
자동차 경주	سِبَاقُ السَّيَّارَاتِ
원인, 동기, 이유	سَبَبٌ/ أَسْبَابٌ
.. 때문에	بِسَبَبِ ...
..를 야기시키다, ..의 원인이되다, 발생시키다	سَبَّبَ/ يُسَبِّبُ هـ – تَسْبِيبٌ
수영하다	سَبَحَ/ يَسْبَحُ – سِبَاحَةٌ
..를 앞서다, 선행하다 ; ..보다 이르다(to be earier than), 이전에 일어나다(to happen before)	سَبَقَ/ يَسْبِقُ ه أو هـ – سَبْقٌ
길, 도로 ; 수단, 방법	سَبِيلٌ/ سُبُلٌ
적다, 기록하다, 등록하다 ; 녹음하다	سَجَّلَ/ يُسَجِّلُ هـ – تَسْجِيلٌ
..을 가두다, 감금하다, 구금하다	سَجَنَ/ يَسْجُنُ ه – سَجْنٌ
가둠, 구금, 징역	سَجْنٌ
감옥, 형무소	سِجْنٌ/ سُجُونٌ
죄수, 수인 ; 감금된, 투옥된	سَجِينٌ/ سُجَنَاءُ

잡아당기다, 끌다, 꺼내다 ; 철거하다, 철수하다, 철회하다	سَحَبَ/ يَسْحَبُ ه أو هـ - سَحْبٌ
잡아 당김, 끎 ; 철거, 철회	سَحْبٌ
마술, 주술	سِحْرٌ
먼, 아득한 ; 깊은	سَحِيقٌ
심연, 나락	هُوَّةٌ سَحِيقَةٌ
막음	سَدٌّ/ سُدُودٌ
아스완 하이댐	السَّدُّ الْعَالِي
봉쇄하다, 차단하다 ; 갚다 ; 지불.청산하다	سَدَّدَ/ يُسَدِّدُ هـ - تَسْدِيدٌ
빚을 갚다	سَدَّدَ دَيْنًا
석방, 해방	سَرَاحٌ
비밀, 기밀	سِرٌّ/ أَسْرَارٌ
암	سَرَطَانٌ/ -اتٌ
암에 걸림	إِصَابَةٌ بِالسَّرَطَانِ
속도	سُرْعَةٌ/ سُرْعَاتٌ
..을 훔치다, 도둑질하다	سَرَقَ/ يَسْرِقُ هـ - سَرِقَةٌ
훔침, 도둑질	سَرِقَةٌ
비밀성, 비밀유지	سِرِّيَّةٌ
겉, 표면	سَطْحٌ/ سُطُوحٌ
가격, 값	سِعْرٌ/ أَسْعَارٌ = ثَمَنٌ/ أَثْمَانٌ
..을 위해 애쓰다, 노력하다	سَعَى/ يَسْعَى إِلَى ... - سَعْيٌ
..을 위해 애씀, 노력함	سَعْيٌ
대사관	سِفَارَةٌ/ -اتٌ
대사, 사절, 전권대표	سَفِيرٌ/ سُفَرَاءُ
배, 선박	سَفِينَةٌ/ سُفُنٌ
군함	سَفِينَةٌ حَرْبِيَّةٌ

화물선	سَفِينَةُ شَحْنٍ
승무원, 선원	طَاقِمُ السَّفِينَةِ
떨어지다 ; 낙제하다 ; 유산하다	سَقَطَ/ يَسْقُطُ – سُقُوطٌ
떨어짐, 낙제	سُقُوطٌ
..에 살다, 거주하다	سَكَنَ/ يَسْكُنُ فِي أَوْ بِـ ... – سَكَنٌ
거주, 거처	سَكَنٌ
주택의, 주택지의	سَكَنِيٌّ
주택지구	مَنَاطِقُ سَكَنِيَّةٌ
무기	سِلاَحٌ/ أَسْلِحَةٌ
자동무기	سِلاَحٌ آلِيٌّ
무장해제	نَزْعُ السِّلاَحِ
평화	سَلاَمٌ
평화합의	اِتِّفَاقُ سَلاَمٍ
영구적 평화	سَلاَمٌ دَائِمٌ
평화유지군	قُوَّاتُ حِفْظِ السَّلاَمِ
평화협상과정(peace process)	عَمَلِيَّةُ السَّلاَمِ
평화안(peace initiative), 평화중재안	مُبَادَرَةُ السَّلاَمِ
평화의 길	مَسَارُ السَّلاَمِ
평화조약	مُعَاهَدَةُ السَّلاَمِ
평화협상	مُفَاوَضَاتُ السَّلاَمِ
안전(safety), 안녕	سَلاَمَةٌ
쇠사슬, 연쇄 ; 연속	سِلْسِلَةٌ/ سَلاَسِلُ
연쇄납치	سِلْسِلَةُ اِخْتِطَافَاتٍ
연쇄공격	سِلْسِلَةٌ مِنَ الهَجَمَاتِ
정권 ; 권력 ; 당국, 관청, 정부기관	سُلْطَةٌ/ سُلُطَاتٌ
입법권	السُّلْطَةُ التَّشْرِيعِيَّةُ

السُّلْطَةُ الْفِلَسْطِينِيَّةُ	팔레스타인 당국(정부)
سِلْعَةٌ/ سِلَعٌ	상품
سِلَعٌ صِنَاعِيَّةٌ	공산품
سِلَعٌ اِسْتِهْلَاكِيَّةٌ	소모품
سَلَّحَ/ يُسَلِّحُ ه هـ – تَسْلِيحٌ	(사람을 ..으로) 무장시키다
سِلْمِيٌّ	평화적인, 평화주의적인
طُرُقٌ سِلْمِيَّةٌ	평화적인 방법
سَمَحَ/ يَسْمَحُ ل ه ب هـ، ل ه أَنْ ... – سَمَاحٌ	..에게 ..을 허락.승인.허용하다
سَمَاحٌ	허락, 승인, 허용
سُمْعَةٌ	명성, 명망 ; 평판
سَمَّى/ يُسَمِّي ه هـ = أَسْمَى/ يُسْمِي ه هـ	..을 ..라고 부르다, 명명하다
كَمَا يُسَمُّونَهُ ب .. = مَا أَسْمَاهُ بِ .. = مَا يُسَمَّى ب ..	소위, 이른바
سَنَوِيٌّ	매년의, 해마다의
ذِكْرَى سَنَوِيَّةٌ	기념일(anniversary)
مُؤْتَمَرٌ سَنَوِيٌّ	연례대회
سَهْمٌ/ أَسْهُمٌ	몫, 배당 ; 주식
سَهْمٌ/ سِهَامٌ	화살
سَهَّلَ/ يُسَهِّلُ – تَسْهِيلٌ	..을 쉽게하다, 용이하게 하다 ; (길을) 평평하게하다
سُوءٌ = شَرٌّ	나쁨, 좋지 않음 ; 악
سُوءُ الأَحْوَالِ الْجَوِّيَّةِ	기상상황악화
سَوَاء	동일한, 비슷한
سَوَاءً ... أَوْ(أم) ...	A 혹은 B 이거나 간에, 둘 다(no matter whether … or…)
عَلَى حَدٍّ سَوَاءٍ	동일하게, 꼭같이, 고르게
سُوقٌ/ أَسْوَاقٌ	시장(market)
سُولَارٌ	경유
سَوَّى/ يُسَوِّي هـ – تَسْوِيَةٌ	균등하게하다, 고르게 하다 ; 조절하다, 조정하다 ;

타협.절충.해결하다	
관광	سِيَاحَةٌ
관광의	سِيَاحِيٌّ
주재권, 통치	سِيَادَةٌ
걸어감, 행진 ; 교통	سَيْرٌ
교통사고	حَادِثُ سَيْرٍ مُرُورِيٌّ
교통경찰	شُرْطَةُ السَّيْرِ
경(卿,Sir)	السِّيرُ
정치 ; 정책	سِيَاسَةٌ/ -اتٌ
민영화 정책	سِيَاسَةُ الْخَصْخَصَةِ
정치의 ; 정치인	سِيَاسِيٌّ
정치적 위기	الأَزْمَةُ السِّيَاسِيَّةُ
정치세력(political forces)	الْقُوَى السِّيَاسِيَّةُ
정치영역에서	سَاحَةٌ سِيَاسِيَّةٌ
..을 통치.지배하다 ; 통제하다	سَيْطَرَ/ يُسَيْطِرُ عَلَى - سَيْطَرَةٌ
통치, 지배, 통제	سَيْطَرَةٌ
폭우로 인한 홍수, 급류	سَيْلٌ/ سُيُولٌ
나쁜, 좋지 않은 ; 악한	سَيِّئٌ
나쁜, 악한	أَسْوَأُ
자동차	سَيَّارَةٌ/ -اتٌ
자동차 타이어	إِطَارُ السَّيَّارَةِ
자동차 경주	سِبَاقُ السَّيَّارَاتِ
폭탄차량	سَيَّارَةٌ مَلْغُومَةٌ

(ش)

شَابَهَ/ يُشَابِهُ ه أو هـــ – مُشَابَهَةٌ	..와 닮다, 비슷하다
شَاجَرَ/ يُشَاجِرُ ه – مُشَاجَرَةٌ	말다툼하다, 논쟁하다 ; 다투다, 싸우다
شَاحِنَةٌ/ –اتٌ	화물자동차
شَارِعٌ/ شَوَارِعُ	거리(street)
رَجُلُ الشَّارِعِ	보통 사람, 일반 시민(직역 : 거리의 남자)
شَارَكَ/ يُشَارِكُ ه هـــ، ه فِي هـــ – مُشَارَكَةٌ	..와 ..을 같이 나누다 ; 함께 참가하다 ; 협력하다
شَاشَةٌ/ –اتٌ	스크린, 화면
شَامِلٌ	총괄적인, 총체적인, 전반적인
هُجُومٌ شَامِلٌ	포괄적인 공격
شَأْنٌ/ شُؤُونٌ = مَسْأَلَةٌ	일, 문제(matter, affair)
إِدَارَةُ شُؤُونِ الْبِلَادِ	국정운영
شُؤُونُ الأَمْنِ الْقَوْمِيِّ	국가안보문제
شُؤُونُ الشَّرْقِ الأَوْسَطِ	중동문제
شُؤُونٌ إِنْسَانِيَّةٌ	인사(人事)
شُئُونٌ عَرَبِيَّةٌ	아랍지역 문제
شُئُونُ عَالَمِيَّةٌ	국제문제
الشُّؤُونُ الدَّاخِلِيَّةُ	내정
تَدَخُّلٌ فِي الشُّؤُونِ الدَّاخِلِيَّةِ	내정간섭
بِشَأْنِ ...	..와 관련한(concerning), ..에 대하여, ..에 관하여
شَاهَدَ/ يُشَاهِدُ ه أو هـــ – مُشَاهَدَةٌ	..을 보다, 관찰하다 ; 구경하다, 시청하다
شَاهِدٌ/ شُهُودٌ	증인, 목격자
شَاهِدُ عِيَانٍ/ شُهُودُ عِيَانٍ	목격자(eyewitness)

비슷한, 유사한, 같은 ; 유사함, 같음	شِبْهٌ/ أَشْبَاهٌ
거의 완전하게	شِبْهُ تَامٍّ
반도(peninsula)	شِبْهُ جَزِيرَةٍ
한반도	شِبْهُ الْجَزِيرَةِ الْكُورِيَّةِ
..와 같은, ..를 닮은	شَبِيهٌ بِـ
..을 싣다, 적재하다 ; 충전하다(전기)	شَحَنَ/ يَشْحَنُ هـ - شَحْنٌ
실음, 적재함 ; 충전	شَحْنٌ
화물선	سَفِينَةُ شَحْنٍ
사람	شَخْصٌ/ أَشْخَاصٌ
인물 ; 인격 ; 신원	شَخْصِيَّةٌ/ -ات
강렬함, 엄격성 ; 힘, 세기	شِدَّةٌ/ شَدَائِدُ
강하게, 아주 세게	بِشِدَّةٍ
강한 바람	شِدَّةُ الرِّيَاحِ
..을 강화.강조하다	شَدَّدَ/ يُشَدِّدُ عَلَى ... أَوْ عَلَى أَنَّ ... - تَشْدِيدٌ
악(惡)	شَرٌّ
구입함, 구매, 사들임	شِرَاءٌ
돛	شِرَاعٌ/ أَشْرِعَةٌ أَوْ شُرُعٌ
돛의, 돛을 단	شِرَاعِيٌّ
돛배	سَفِينَةٌ شِرَاعِيَّةٌ
구식 소형 항공기(1-2 명 탑)	طَائِرَةٌ شِرَاعِيَّةٌ
(고기를) 토막내다, 잘게 썰다 ; (시체를) 해부하다	شَرَّحَ/ يُشَرِّحُ هـ - تَشْرِيحٌ
시체를 해부하다	شَرَّحَ جُثَّةَ الْقَتِيلِ
..을 도망가게 하다 ; 위협해서 내쫓다 ; 추방하다	شَرَّدَ/ يُشَرِّدُ ه - تَشْرِيدٌ
..한 법령을 제정하다	شَرَّعَ/ يُشَرِّعُ هـ - تَشْرِيعٌ
다투길 좋아하는, 공격적인 ; 악랄한, 간악한, 잔인한	شَرِسٌ
조건(condition)	شَرْطٌ/ شُرُوطٌ

شَرَعَ/ يَشْرَعُ – شُرُوعٌ	(현재동사와 함께) ..하기 시작하다
شَرَعَ يَقُولُ	말하기 시작하다
شَرَفٌ	명예
شَرَفُ الْعَائِلَةِ	가족의 명예
شُرُوع = بَدْء	시작
شَرِيكٌ/ شُرَكَاءُ	동료(partner) ; 동업자 ; 협력자
شِعَارٌ/ -اتٌ	구호, 표어(slogan)
شَعْبٌ/ شُعُوبٌ	백성, 국민
شَعَرَ/ يَشْعُرُ بِ ...، أَوْ أَنَّ – شُعُورٌ	..를 느끼다(to feel)
شَعْوَذَةٌ	술, 사기주술
شُعُورٌ	느낌, 감정
شَعِيرَةٌ/ شَعَائِرُ = طَقْسٌ/ طُقُوسٌ	의식, 종교의식(Ritual)
شَعَائِرُ دِينِيَّةٌ	종교적인 의식
شَغَبٌ	폭동, 반란, 동란, 봉기
أَعْمَالُ شَغَبٍ	폭동, 반란
شُرْطَةُ مُكَافَحَةِ الشَّغَبِ	폭동진압경찰, 시위진압경찰
شَغَلَ/ يَشْغَلُ هـ – شُغْلٌ	(장소, 지위 등을) 차지하다, 점하다, 사용하다
شُغْلٌ/ أَشْغَالٌ	일, 사업 ; 노동
أَشْغَالٌ شَاقَّةٌ	중노동(형벌)
أَشْغَالٌ شَاقَّةٌ مُؤَبَّدَةٌ	무기 중노동형
شَفَافِيَةٌ	투명성, 투명함
شَفَّافٌ	투명한
شَقِيقٌ/ أَشِقَّاءُ	친형제, 배가 같은 형제
شَكَا/ يَشْكُو – شَكْوَى = اِشْتَكَى/ يَشْتَكِي ه	..에게 불평하다, 불만을 이야기하다
شَكْلٌ/ أَشْكَالٌ	모양(form)
بِشَكْلٍ مُنَظَّمٍ	조직적인 모양으로, 조직적으로

시사 · 미디어 아랍어 소사전

형성.조직.구성하다, 이루다	شَكَّلَ/ يُشَكِّلُ هـ – تَشْكِيلٌ
불평, 불만	شَكْوَى/ شَكَاوَى
마비되다	شَلَّ/ يَشَلُّ – شَلَلٌ
마비, 중풍	شَلَلٌ
북쪽	شَمَالٌ
..을 포함.포괄하다 ; 내포하다	شَمَلَ/ يَشْمُلُ هـ – شُمُولٌ شُمُولٌ
..을 공습.공격하다	شَنَّ/ يَشُنُّ عَلَى .. – شَنٌّ
..와 전쟁을 벌이다, 전쟁을 하다	شَنَّ/ يَشُنُّ حَرْبًا عَلَى (ضِدَّ) ...
공격하다, ..에게 공격을 퍼붓다	شَنَّ/ يَشُنُّ هُجُومًا عَلَى(ضِدَّ)
..을 공습.공격하다	شَنَّ/ يَشُنُّ ضَرَبَاتٍ عَلَى (ضِدَّ) .. – شَنٌّ
..을 증명.입증.확증.보증하다	شَهَادَةٌ
증명, 증거 ; 증명서, 보증서, 확인서	شَهَادَةٌ/ –اتٌ
목격하다, 증인이 되다 ; 참석.출석하다	شَهِدَ/ يَشْهَدُ هـ أَوْ ه – شَهَادَةً، شُهُودٌ
..을 증명.입증.확증.보증하다	شَهِدَ/ يَشْهَدُ بِـ أَوْ أَنَّ ... – شَهَادَةٌ
달, 월	شَهْرٌ/ شُهُورٌ أَوْ أَشْهُرٌ
명성(fame)	شُهْرَةٌ
욕망	شَهْوَةٌ
식욕	شَهِيَّةٌ
장로, 늙은이	شَيْخٌ/ شُيُوخٌ
상원	مَجْلِسُ الشُّيُوخِ
시아파의	شِيعِيٌّ
시아파	الْمَذْهَبُ الشِّيعِيُّ
..을 떠나보내다, 배웅하다 ; 에스코트하다	شَيَّعَ/ يُشَيِّعُ ه – تَشْيِيعٌ
장례식에서 마지막 가는 길을 배웅하다	شَيَّعَ الْجِنَازَةَ

(ص)

소유자, 주인 ; 동료, 친구	صَاحِبٌ/ أَصْحَابٌ
..에서 나오는 ; 출판된 ; 선고된	صَادِرٌ
엄격한, 준엄한	صَارِمٌ
미사일	صَارُوخٌ/ صَوَارِيخُ
탄도미사일(Ballistic missile)	صَارُوخٌ بَالِيسْتِيٌّ
탄도미사일	صَارُوخٌ ذَاتِيُّ الدَّفْعِ
벼락, 번개	صَاعِقَةٌ/ صَوَاعِقُ
벼락이 치다	صَعَقَتْهُ الصَّاعِقَةُ
..와 악수하다	صَافَحَ/ يُصَافِحُ ه – مُصَافَحَةٌ
..와 화해하다, 평화협정을 체결하다	صَالَحَ/ يُصَالِحُ ه – مُصَالَحَةٌ
..와 ..를 화해시키다	صَالَحَ بَيْنَ ...
복리 ; 이익, 유익	صَالِحٌ = مَصْلَحَةٌ
공익	صَالِحٌ عَامٌّ = مَصْلَحَةٌ عَامَّةٌ
..의 유익을 위해, ..를 위해	لِصَالِحِ فُلَانٍ = فِي صَالِحِ فُلَانٍ = لِمَصْلَحَةِ فُلَانٍ
만드는 사람	صَانِعٌ
색깔, 색채 ; 성격, 특성, 특색	صِبْغَةٌ/ صِبَغٌ أو صِبْغَاتٌ
종교적인 색채를 가진 것	ذَاتُ الصِّبْغَةِ الدِّينِيَّةِ
언론(the press)	الصَّحَافَةُ
언론인, 저널리스트(Journalist)	صِحَافِيٌّ أو صَحَافِيٌّ/ –ون
사막	صَحْرَاءُ/ صَحَارِي
언론의, 뉴스의 ; 언론인	صُحُفِيٌّ أَوْ صَحَفِيٌّ
건강	صِحَّةٌ
건강의, 건강에 관련한	صِحِّيٌّ

إِصْلاَحُ الرِّعَايَةِ الصِّحِّيَّةِ 건강보호개혁(health care reformation)

مُنْتَجَعٌ صِحِّيٌّ 요양소

صَحِيفَةٌ/ صَحَائِفُ أو صُحُفٌ 신문, 출판물

صِدَامٌ/ –اتٌ 충돌(사람간의 충돌)

صَدَرَ/ يَصْدُرُ عَنْ – صُدُورٌ ..에서 나오다, 유래.발생하다 ; 발표.공표되다 ; 발간되다

صَدَمَ/ يَصْدِمُ ه أَوْ هــ – صَدْمٌ = اِصْطَدَمَ/ يَصْطَدِمُ بِــ ه أَوْ هــ – اِصْطِدَامٌ
충돌하다, 부딪치다

صَدْمَةٌ/ صَدَمَاتٌ 타격, 충격

صُدُورٌ 유래, 발생 ; 발표, 공표 ; 발간

صَدِيقٌ/ أَصْدِقَاءُ 친구

صِرَاعٌ/ –اتٌ = نِزَاعٌ/ –اتٌ 투쟁, 싸움, 격투(struggle, fight)

صَرَامَةٌ 엄격성, 냉혹함, 준엄함; 날카로움

صَرَّحَ/ يُصَرِّحُ ب ... – تَصْرِيحٌ ..을 선언하다 ; 밝히다, 발표.공언하다 ; 진술하다

صَرَّحَ لَهُ ب هــ ..에게 ..을 허가하다

صَعَقَ/ يَصْعَقُ ه – صَعْقٌ ..에게 벼락치다 ; 정신을 잃게 하다(to strike, hit)

صَعَقَتْهُ الصَّاعِقَةُ 벼락이 치다

صَعَقَهُ التَّيَّارُ الكَهْرَبَائِيُّ 전기 충격을 주다

صَعِيدٌ 높은 지역 ; 여기서는 이집트의 남부 지방을 말함

صَغِيرٌ/ صِغَارٌ 작은, 적은

صَفٌّ/ صُفُوفٌ 줄, 대열, 대오

صُفُوفُ طَبَقَةِ الْعُمَّالِ 노동계급의 대열

صَفْحَةٌ/ صَفَحَاتٌ 페이지, 쪽

الصَّفْحَةُ الاِقْتِصَادِيَّةُ 경제면

صَفْحَةُ الثَّقَافَةِ 문화면

صَفْحَةُ الْحَوَادِثِ 사건.사고면

صَفْحَةُ الرِّيَاضَةِ 스포츠면

صَفْحَةُ الْوَفِيَّاتِ	부고(訃告)면
صَفَّى/ يُصَفِّي هـ - تَصْفِيَةٌ	물을 빼다, 배수하다 ; 정제.여과.정화하다
صَفْقَةٌ/ صَفَقَاتٌ	계약 ; 거래 (deal, transaction)
عَقَدَ صَفْقَةً	계약하다
صُلْبٌ = فُولاَذٌ	강철
صِلَةٌ	연결, 연결고리
صَلاَةٌ/ صَلَوَاتٌ	기도
صَلاَةُ الْفَجْرِ	새벽기도
صَلاَةُ الظُّهْرِ	정오기도
صَلاَةُ الْعَصْرِ	오후기도
صَلاَةُ الْمَغْرِبِ	석양기도
صَلاَةُ الْعِشَاءِ	저녁기도
صَلَّى/ يُصَلِّي	기도하다
صَلِيبٌ	십자가
الصَّلِيبُ الأَحْمَرُ	적십자사
صَلِيبِيٌّ	십자가의
حَمْلَةٌ صَلِيبِيَّةٌ	십자군 운동
صِنَاعَةٌ/ -اتٌ أو صَنَائِعُ	공업, 산업(industry) ; 제조(manufacture)
صِنَاعِيٌّ = اِصْطِنَاعِيٌّ	인공의, 인조의 ; 인위적인
صُنْدُوقٌ/ صَنَادِيقُ	상자, 케이스
صُنْدُوقُ الاقْتِرَاعِ	투표함
صَنَعَ/ يَصْنَعُ هـ - صُنْعٌ	..을 만들다, 제작.제조하다 ; 행하다
صُنْعٌ	만듦, 제작, 제조
صَنَّفَ/ يُصَنِّفُ هـ - تَصْنِيفٌ	..을 분류하다, 선별하다 ; 순위를 정하다 ; 저술하다, 저작하다
صَوْتٌ/ أَصْوَاتٌ	소리(sound) ; 표(vote)

시사 · 미디어 아랍어 소사전

약학의 ; 약제사	صَيْدَلِيٌّ/ صَيَادِلَةٌ
약국	صَيْدَلِيَّةٌ/ -اتٌ
형식, 양식	صِيغَةٌ/ صِيَغٌ

(ض)

ضَاحِيَةٌ/ ضَوَاحٍ(الضَّوَاحِي) 교외(suburbs)

ضَبَابٌ 안개

ضَاقَ/ يَضِيقُ ذَرْعًا بِـــ (عَنْ) ... 참을 수 없게 되다, 보기도 싫어지다

ضَحِيَّةٌ/ ضَحَايَا 희생자, 피해자

حَصِيلَةُ ضَحَايَا 희생자 총계

ضَخْمٌ = كَبِيرٌ 거대한, 큰

ضَرَبَ/ يَضْرِبُ ه أَوْ هـــ - ضَرْبٌ ..을 때리다, 치다

ضَرَبَ الْجَرَسَ 종을 치다

ضَرَبَ بِالْمَدَافِعِ 포격하다

ضَرَبَ ه بِالنَّارِ ..에게 총을 쏘다

ضَرْبٌ 때림, 침

ضَرْبَةٌ/ ضَرَبَاتٌ 타격 ; 재난, 불행 ; 한 번 때리기

ضَرَبَاتُ الْجَزَاءِ التَّرْجِيحِيَّةُ = ضَرَبَاتُ الْجَزَاءِ = الضَّرَبَاتُ التَّرْجِيحِيَّةُ
승부차기

ضَرَرٌ/ أَضْرَارٌ 해독 ; 피해, 해, 손해

ضَرَّ/ يَضُرُّ ه - ضَرٌّ = أَضَرَّ/ يُضِرُّ ه - إِضْرَارٌ ..에게 해를 끼치다

ضَرُورَةٌ/ ضَرُورَاتٌ 필요, 필요성

ضَرُورِيٌّ 필수적인, 불가피한

ضَرِيبَةٌ/ ضَرَائِبُ 세금

مَصْلَحَةُ الضَّرَائِبِ 국세청

ضَغَطَ/ يَضْغَطُ (عَلَى) هـــ - ضَغْطٌ ..을 누르다, 압력을 가하다

ضَغْطٌ/ ضُغُوطٌ 압력, 압박

ضُغُوطٌ نَفْسِيَّةٌ 정신적 스트레스

강변(bank)	ضِفَّةٌ/ ضِفَافٌ
웨스트 뱅크(the West Bank)	الضِّفَّةُ الْغَرْبِيَّةُ
보증(guarantee)	ضَمَانٌ
포함하다(to contain)	ضَمَّ/ يَضُمُّ هـ - ضَمٌّ = اِحْتَوَى (عَلَى) هـ
가입시키다, 합하다	ضَمَّ/ يَضُمُّ ه لـ ..
..을 ..에 보태다, 첨가하다, 포함하다	ضَمَّ/ يَضُمُّ هـ إِلَى .. - ضَمٌّ
포함함, 가입시킴	ضَمٌّ
..을 보장.보증하다	ضَمِنَ/ يَضْمَنُ هـ، ب هـ - ضَمَانٌ
(전치사) ..속에, ..안에, ..가운데 ; ..에 포함된(included in)	ضِمْنَ ...، مِنْ ضِمْنِ ...
손님접대, 환대	ضِيَافَةٌ
숙소	دَارٌ لِلضِّيَافَةِ
..을 놓치다, 잃다, 상실하다 ; 낭비하다, 탕진하다	ضَيَّعَ/ يُضَيِّعُ هـ - تَضْيِيعٌ

(ط)

새	طَائِرٌ/ طُيُورٌ
비행기	طَائِرَةٌ/ ـاتٌ
여객기	طَائِرَةُ رُكَّابٍ
구식 소형 항공기(1-2 명 탐)	طَائِرَةٌ شِرَاعِيَّةٌ
군용기	طَائِرَةٌ عَسْكَرِيَّةٌ
수송기	طَائِرَةُ نَقْلٍ
승무원, 선원	طَاقِمُ الطَّائِرَةِ
경솔한, 무모한, 철없는, 무분별한	طَائِشٌ
종파, 교단	طَائِفَةٌ/ طَوَائِفُ
종파적인, 분파적인	طَائِفِيٌّ
거대한, 막대한	طَائِلٌ
막대한 재정	أَمْوَالٌ طَائِلَةٌ
층(floor)	طَابِقٌ/ طَوَابِقُ
1 층(ground floor)	الطَّابِقُ الأَرْضِيُّ
줄(순서를 기다리는), 라인	طَابُورٌ/ طَوَابِيرُ
뜻밖에, 불의의 ; 비상의, 긴급한	طَارِئٌ
비상회의	اِجْتِمَاعٌ طَارِئٌ
비상정상회의	قِمَّةٌ طَارِئَةٌ
뜻밖의 일 ; 불상사, 재난	طَارِئَةٌ/ طَوَارِئُ
비상조치법	قَانُونُ الطَّوَارِئِ
비상사태	حَالَةُ الطَّوَارِئِ
긴급재난위원회	لَجْنَةُ طَوَارِئِ الْكَوَارِثِ
경솔하다, 무모하다, 무분별한	طَاشَ/ يَطِيشُ – طَيْشٌ

طَاقَةٌ/ اتٌ	힘, 에너지
الطَّاقَةُ الذَّرِّيَّةُ	원자력 에너지
شَبَكَةُ الطَّاقَةِ	에너지 망
أَزْمَةُ الطَّاقَةِ	에너지 위기
طَاقَةٌ نَوَوِيَّةٌ	핵 에너지
مَعَامِلُ لِتَوْلِيدِ الطَّاقَةِ النَوَوِيَّةِ	원자력 발전소
طَاقِمٌ/ طَوَاقِمُ	한벌 ; 한조 ; 승무원
طَاقِمُ السَّفِينَةِ أَوْ الطَّائِرَةِ	승무원, 선원
طَالَبَ/ يُطَالِبُ ه هـ، ه بِـ هـ - مُطَالَبَةٌ	..에게 ..을 요구.요청.청구하다
طَالِبٌ/ طُلاَّبٌ = تِلْمِيذ	제자, 학생
طَالِبَةٌ/ -اتٌ	여학생
طَامَّةٌ/ -اتٌ = مُصِيبَةٌ	재앙, 재난
طَاوِلَةٌ/ -اتٌ	테이블
طَبَّقَ/ يُطَبِّقُ هـ - تَطْبِيقٌ	..에게 ..을 적용하다, 실천하다
طَبِيبٌ/ أَطِبَّاءُ	의사
طَرَحَ/ يَطْرَحُ هـ أو ه - طَرْحٌ	..을 던지다(to throw) ; 내놓다, 제기하다
طَرَدَ/ يَطْرُدُ ه – طَرْدٌ	..을 몰아내다, 내쫓다, 추방하다
أَجْهِزَةُ الطَّرْدِ الْمَرْكَزِيِّ	원심분리기(Centrifuges)
طَرْدٌ	추방, 몰아냄
طَرْفٌ/ أَطْرَافٌ	눈, 시선
طَرَفٌ/ أَطْرَافٌ	끝, 변두리, 가장자리 ; 측, 편(party, side)
طَرِيقٌ/ طُرُقٌ	길, 도로 ; 방법, 방식
الطَّرِيقُ الدَّائِرِيُّ	순환도로(ring road)
طَعَامٌ	음식
قَائِمَةُ الطَّعَامِ	메뉴판
طَعَنَ/ يَطْعَنُ فِي حُكْمٍ قَضَائِيٍّ – طَعْنٌ = اِسْتَأْنَفَهُ	상소하다, 항고하다

طَعْنٌ	상소, 항고
طُفُولَةٌ	어린이 다움(childhood), 어린시절
طُفُولِيٌّ	어린이 다운
طَقْسٌ/ طُقُوسٌ = شَعِيرَةٌ/ شَعَائِرُ	의식, 종교의식(Ritual)
طُقُوسٌ دِينِيَّةٌ	종교적인 의식
طَلَبَ/ يَطْلُبُ هـ مِنْ ه، ه إِلَى هـ - طَلَبٌ	..에게 ..을 요구하다
طَلَبٌ	요구, 요청
طُلاَّبِيٌّ	학생의
طُمُوحٌ	야망(ambition)
طَمُوحٌ	야망을 가진, 야심찬(ambitious)
طَوَّرَ/ يُطَوِّرُ هـ - تَطْوِيرٌ	발전시키다, 발달시키다 ; 개발하다
طِيبٌ/ أَطْيَابٌ	향수, 향료
طَيَرَانٌ	나는 행위, 비행
شَرِكَةُ الطَّيَرَانِ	항공사
خُطُوطُ الطَّيَرَانِ	항공 라인
طَيَرَانٌ حَرْبِيٌّ	전투기
طَيِّبٌ	좋은, 훌륭한 ; 건강한 ; 친절한

(ظ)

현상(phenomenon)	ظَاهِرَةٌ/ ظَوَاهِرُ أو ظَاهِرَاتٌ
남다, 머물다 ; 계속하다, 여전히 ..이다	ظَلَّ/ يَظَلُّ (عَلَى) – ظُلُولٌ
그늘, 그림자 ; 보호	ظِلٌّ/ ظِلَالٌ
사회주의 제도하에서	في ظِلِّ النِّظَامِ الاشْتِرَاكِيِّ
명백해지다 ; 나타나다, 출현하다	ظَهَرَ/ يَظْهَرُ – ظُهُورٌ
나타남, 출현	ظُهُورٌ

아랍어 - 한국어 소사전

(ع)

돌아오는, 돌아가는	عَائِدٌ
(자.타) 비난하다, 욕하다 ; 못쓰게 만들다, 흠집을 내다	عَابَ/ يَعِيبُ ه أوْ هـ – عَيْبٌ
어깨	عَاتِقٌ/ عَوَاتِقُ = كَتِفٌ
급한, 급속한, 긴급한	عَاجِلٌ
돌아오다, 돌아가다	عَادَ/ يَعُودُ (مِنْ أوْ إلَى) – عَوْدَةٌ
공정한, 공평한	عَادِلٌ = مُنْصِفٌ
공정한 해결책	حَلٌّ عَادِلٌ
..와 같다, 동등하다 ; 필적하다, 대등하다	عَادَلَ/ يُعَادِلُ هـ – مُعَادَلَةٌ
습관(habit), 관습	عَادَةٌ/ عَادَاتٌ
..를 적대시하다, 적대감을 일으키다	عَادَى/ يُعَادِي ه – مُعَادَاةٌ
..에 반대.반항.대항하다	عَارَضَ/ يُعَارِضُ ه – مُعَارَضَةٌ
알고 있는	عَارِفٌ
살다, 생활하다, 존재하다	عَاشَ/ يَعِيشُ – عَيْشٌ أو مَعِيشَةٌ
..와 성관계를 가지다	عَاشَرَ/ يُعَاشِرُ ه – مُعَاشَرَةٌ
폭풍의, 폭풍이 부는, 강풍이 부는	عَاصِفٌ
폭풍, 광풍	عَاصِفَةٌ/ عَوَاصِفُ
수도(capital)	عَاصِمَةٌ/ عَوَاصِمُ
실업의	عَاطِلٌ (عَنِ الْعَمَلِ)
..에 대하여 ..를 처벌하다, 징벌하다	عَاقَبَ/ يُعَاقِبُ ه بِـ أوْ عَلَى ... – مُعَاقَبَةٌ
결과, 결말, 끝 (주로 부정적 결과)	عَاقِبَةٌ/ عَوَاقِبُ = نَتِيجَةٌ
(병을) 고치다, 치료하다	عَالَجَ/ يُعَالِجُ ه أوْ هـ – مُعَالَجَةٌ
(..에 빠져) 움직일 수 없는, 갇힌(stuck)	عَالِقٌ = غَيْرُ مَفْصُولٍ فِيهِ
학자, 과학자 ; 울라마, 이슬람 학자	عَالِمٌ/ عُلَمَاءُ = عَلِيمٌ

고고학자	عَالِمُ آثَارٍ/ عُلَمَاءُ آثَارٍ
세계(world)	عَالَمٌ
전세계에서(around the world)	أَنْحَاءُ الْعَالَمِ
월드컵	بُطُولَةُ كَأْسِ الْعَالَمِ
월드컵 경기	مُبَارَاةُ كَأْسِ الْعَالَمِ
월드컵 본선	نِهَائِيَّاتُ كَأْسِ الْعَالَمِ
세계적인, 세계의	عَالَمِيٌّ
세계무역센터	مَرْكَزُ التِّجَارَةِ الْعَالَمِيِّ
기네스북	مَوْسُوعَةُ جِينِيسَ الْعَالَمِيَّةُ
세계무역기구(WTO)	مُنَظَّمَةُ التِّجَارَةِ الْعَالَمِيَّةِ
년, 해, 년도	عَامٌ/ أَعْوَامٌ
일반적인, 공공의(general)	عَامٌّ
공공시설	مِرْفَقٌ عَامٌّ/ مَرَافِقُ عَامَّةٌ
총책임자, 사장	الْمُدِيرُ الْعَامُّ
공익	صَالِحٌ عَامٌّ
사무총장	الأَمِينُ الْعَامُّ
사회안전, 공공안전	الأَمْنُ الْعَامُّ
공동의 복리, 이익	الْمَصْلَحَةُ الْعَامَّةُ
유엔총회	الْجَمْعِيَّةُ الْعَامَّةُ لِلأُمَمِ الْمُتَّحِدَةِ
..를 대하다, 상대하다, 취급하다, 다루다 ; 관계를 가지다, 거래하다	عَامَلَ/ يُعَامِلُ ه – مُعَامَلَةٌ
노동자, 근로자 ; 일꾼	عَامِلٌ/ عُمَّالٌ
노동당	حِزْبُ الْعُمَّالِ
노동운동	حَرَكَةُ الْعُمَّالِ
노동조합, 노조	نِقَابَةُ الْعُمَّالِ
가정부	عَامِلَةٌ مَنْزِلِيَّةٌ

عَامِلُ إِغَاثَةٍ	구호요원, 국제구호원(aid worker)
عَانَى/ يُعَانِي مِنْ، هـــ – مُعَانَاةٌ	(고통 등으로)고생하다
عَانَى سَامِي الآلاَمَ	쌔미는 고통을 겪었다.
عَاهِلٌ/ عَوَاهِلُ	군주, 임금 ; 왕권
عَبَّارَةٌ/ –اتٌ	연락선, 페리여객선
عَبْرَ ...	..을 통하여, 결쳐, ..을 건너서, 넘어서(across) ; 통하여(through
عَبَرَ/ يَعْبُرُ هـــ، (مِنْ أو إلى) – عُبُورٌ	(길.강을) 건너가다, 넘어가다, 횡단하다 ; 지나가다, 통과하다
عَبَّرَ/ يُعَبِّرُ عَنْ ... – تَعْبِيرٌ	표현하다, 표명하다
عُبُورٌ	건너감, 넘어감, 횡단
عَتَبَةٌ/ –اتٌ	문지방, 문턱
عَثَرَ/ يَعْثُرُ أو يَعْثِرُ عَلَى (أو ب) – عُثُورٌ	..을 발견하다(to find)
عُثُورٌ	발견
عِدَاد	동등한, 대등한(equal)
فِي عِدَادِ ...	.. 사이에(among, one of)
فِي عِدَادِ الأَحْيَاءِ	살아 있는 사람들 가운데
عَدَاوَةٌ	적대감
عِدَاءٌ أو عَدَاءٌ	적대감
عَدَّاءٌ	육상선수
عِدَّةٌ .. = عَدَدٌ مِنْ .. = جُمْلَةُ ..	여러명, 여럿(several)
عِدَّةَ مَرَّاتٍ	여러 번
عِدَّةُ دُوَلٍ	여러 나라
عَدَدٌ/ أَعْدَادٌ	수, 수량 ; 숫자
عَدَدٌ مِنْ .. = عِدَّةُ .. = جُمْلَةُ ..	여러명, 여럿(several)
عُدْوَانٌ	적대, 적의 ; 침략, 침해
عَدُوٌّ/ أَعْدَاءٌ	원수, 적

처녀	عَذْرَاءٌ/ عَذَارَى
동정녀 마리아	الْعَذْرَاءُ
(의학) 증상, 증세(symptoms indications)	عَرَضٌ/ أَعْرَاضٌ
신드롬(syndrome)	أَعْرَاضٌ مُتَزَامِنَةٌ
부작용(side effect)	أَعْرَاضٌ جَانِبِيَّةٌ
..을 신청.청원.청구하다 ; 상연.공연하다 ; ..을 ..에 내놓다, 진열.전시하다	عَرَضَ/ يَعْرِضُ هـ - عَرْضٌ
(경제)공급 ; 상연, 공연 ; 제공, 제출 ; 제안 ; 진열, 전람, 전시	عَرْضٌ
우연, 우연성	عَرَضٌ
명예, 존엄	عِرْضٌ = شَرَفٌ
강화하다	عَزَّزَ/ يُعَزِّزُ هـ - تَعْزِيزٌ
..을 결심.결의하다, 마음먹다	عَزَمَ/ يَعْزِمُ عَلَى ... - عَزْمٌ
결심, 결의, 마음 먹음	عَزْمٌ
군사의, 군용의, 군인의 ; 군인, 병사	عَسْكَرِيٌّ
군사력	الْقُوَّةُ الْعَسْكَرِيَّةُ
군부대(military unit)	وَحْدَةٌ عَسْكَرِيَّةٌ
군사작전	عَمَلِيَّةٌ عَسْكَرِيَّةٌ
적대적인	عِدَائِيٌّ أَوْ عَدَائِيٌّ
..으로 간주되다	عُدَّ/ يُعَدُّ
..을 세다, 계산하다 ; 생각하다, 간주하다	عَدَّ/ يَعُدُّ ه ه أَوْ هـ هـ - عَدٌّ
간주 ; 셈함	عَدٌّ
..을 고치다, 수정하다, 조정하다 ; 변경하다, 바꾸다	عَدَّلَ/ يُعَدِّلُ هـ - تَعْدِيلٌ
..이 없음	عَدَم + الْمَصْدَر
..에게 고통을 주다 , 괴롭히다 ; 고문하다	عَذَّبَ/ يُعَذِّبُ ه - تَعْذِيبٌ
..에게 ..을 알게하다, 소개하다, 알려주다	عَرَّفَ/ يُعَرِّفُ ه هـ، ه بِـ - تَعْرِيفٌ
정의하다(to difine)	عَرَّفَ/ يُعَرِّفُ هـ - تَعْرِيفٌ

عُرْضَة	목적, 목표,대상
عُرْضَةٌ لِـ: مُعَرَّضٌ لِـ	..에 노출된
عَرَفَ/ يَعْرِفُ ه أَوْ هـ – مَعْرِفَةٌ	..을 알다, 인식하다
عَرْقَلَ/ يُعَرْقِلُ ه أَوْ هـ – عَرْقَلَةٌ	..을 방해하다
عَرْقَلَةٌ	방해함
عِرْقِيٌّ = عُنْصُرِيٌّ	인종의
التَّمْيِيزُ الْعِرْقِيُّ	인종차별
تَرْكِيبَةٌ عِرْقِيَّةٌ	인종구성
عِرْقِيَّةٌ	인종주의
عِشَاءٌ	저녁(evening)
صَلاَةُ الْعِشَاءِ	저녁기도
عَشْوَائِيٌّ	맹목적인 ; 무분별한, 무차별한
بِصُورَةٍ عَشْوَائِيَّةٍ = عَشْوَائِيًّا	무분별하게, 무차별하게
عَصْرٌ/ عُصُورٌ	오후 ; 시대
صَلاَةُ الْعَصْرِ	오후 기도
الْعُصُورُ الْوُسْطَى	중세기
عَصَفَ/ يَعْصِفُ بِـ ... – عَصْفٌ	..을 휩쓸어가다, 강타하다
عَصَفَتْ/ تَعْصِفُ الرِّيحُ – عَصْفٌ	(바람이) 몹시.사납게 불다
عُضْوٌ/ أَعْضَاءٌ	(신체의) 기관 ; 구성원, 회원(member)
عُضْوٌ فِي مَجْلِسِ النُّوَّابِ = عُضْوٌ في مَجْلِسِ الشَّعْبِ	국회의원
زِرَاعَةُ عُضْوٍ = زِرَاعَةُ أَعْضَاءٍ = زَرْعُ أَعْضَاءٍ	이식, 장기이식
عُضْوِيَّةٌ/ –اتٌ	구성원의 신분, 회원자격(membership)
عُطْلٌ/ أَعْطَالٌ	파손, 고장, 손실
عَلِقَ/ يَعْلَقُ بِـ ..– عَلَقٌ	..에 걸리다, 붙어있다
عَلَقٌ	..에 걸림, 붙어 있음
عَلَّقَ/ يُعَلِّقُ هـ عَلَى ...	..을 ..에 걸다, 붙이다, 달아매다

عَلَّقَ/ يُعَلِّقُ هـــ - تَعْلِيقٌ 유예하다, ..을 미해결로 남겨놓다

عَلَى ه أَنْ ... ..해야 한다.

عَلَى حَدٍّ سَوَاءٍ 동일하게, 꼭같이, 고르게

عَقَارٌ/ -اتٌ = مَالٌ غَيْرُ مَنْقُولٍ 부동산

عَقِبٌ/ أَعْقَابٌ 발뒤축, 발뒤꿈치

عَقِبَ ... ..다음에, ..직후에

عَقِبَ كَذَا = فِي أَعْقَابِ كَذَا ..한 직후에

عَقَدَ/ يَعْقِدُ هـــ - عَقْدٌ 매다, 연결하다, 묶다 ; (협정을) 맺다 ; 열다, 소집하다, 개최하다

عَقَدَ صَفْقَةً 계약하다

عَقَدَ/ يَعْقِدُ قِرَانًا على ه = تَزَوَّجَ/ يَتَزَوَّجُ ه أو مِن أو ب = اِقْتَرَنَ/ يَقْتَرِنُ ب ه
..와 결혼하다

عَقْدٌ 맴, 묶음 ; 맺음 ; 엶, 소집함

عَقْدٌ/ عُقُودٌ 매는 것, 매듭 ; 계약, 협약 ; 10 년

عَقْدُ بَيْعٍ 판매 계약

عَقْدُ الزَّوَاجِ 약혼

عَقْلٌ/ عُقُولٌ 이성(mind, intellect)

عُقُوبَةٌ/ عُقُوبَاتٌ = عِقَابٌ 벌, 처벌

عَقِيدَةٌ/ عَقَائِدُ 신념 ; 교리, 교의 ; 이념

عَكْس 반대, 거꾸로 함

عَلَى عَكْسِ ... = عَلَى الْعَكْسِ 반대로, 오히려, 거꾸로

عِلاَجٌ = مُعَالَجَةٌ 치료

عِلاَجٌ/ -اتٌ 약

عِلاَجِيٌّ 치료의

عِلاَوَةً عَلَى (ذَلِكَ) 게다가(in addition to)

عَلَّمَ/ يُعَلِّمُ ه – تَعْلِيمٌ ..을 가르치다

عَلِمَ/ يَعْلَمُ هـــ، بـــ هـــ، أَنَّ – عِلْمٌ ..을 알다(to know)

앎, 지식	عِلْمٌ
과학적인	عِلْمِيٌّ
..로 인해, ..한 결과로 ; 그 직후에, ..직후에	عَلَى أَثَرِ كَذَا = إِثْرَ = فِي أَثَرِ ذَلِكَ
최소한, 적어도	عَلَى الْأَقَلِّ
최대한	عَلَى الْأَكْثَرِ
고용	عَمَالَةٌ
의도	عَمْدٌ = قَصْدٌ
의도적으로, 고의적으로(on purpose)	عَمْدًا = عَنْ عَمْدٍ
나이	عُمْرٌ/ أَعْمَارٌ
나이가 .. 살이다.	يَبْلُغُ مِنَ الْعُمْرِ ...
깊이; 심오함	عُمْقٌ/ أَعْمَاقٌ
미국의 깊숙한 곳(중심부)	عُمْقُ الْوِلَايَاتِ الْمُتَّحِدَةِ
진심으로, 충심으로	مِنْ أَعْمَاقِ الْقَلْبِ
..을 하다, 일하다, 행하다 ; 행동하다 ; 수행.실행하다	عَمِلَ/ يَعْمَلُ هـ - عَمَلٌ
..을 노력하다, 애쓰다, 분투.수고하다	عَمِلَ/ يَعْمَلُ عَلَى ... = سَعَى إِلَى
일, 노동 ; 행동, 행위 ; 실천, 실행 ; 작품, 저작	عَمَلٌ/ أَعْمَالٌ
폭력행위	أَعْمَالُ الْعُنْفِ
범죄행위	الْأَعْمَالُ الْإِجْرَامِيَّةُ
업무 관리자(business manager)	مُدِيرُ الْأَعْمَالِ
거인, 장수 ; 거인의, 아주 큰	عِمْلَاقٌ/ عَمَالِقَةٌ أَوْ عَمَالِيقُ
돈, 화폐, 통용화폐(currency)	عُمْلَةٌ/ -اتٌ
수행, 실시 ; (군사) 작전 ; (의학)수술 ; 행동, 행위, 활동 ; 과정, 공정(process) ; 사무, 업무	عَمَلِيَّةٌ/ -اتٌ
외과수술	عَمَلِيَّةٌ جِرَاحِيَّةٌ
군사작전	عَمَلِيَّةٌ عَسْكَرِيَّةٌ
평화협상과정	عَمَلِيَّةُ السَّلَامِ

시사 · 미디어 아랍어 소사전

화해의 과정	عَمَلِيَّةُ مُصَالَحَةٍ
..을 깊게하다, 심화하다	عَمَّقَ/ يُعَمِّقُ هـ - تَعْمِيقٌ
기둥(column) ; 칼럼	عَمُودٌ/ أَعْمِدَةٌ
손님, 고객 ; 중개자 ; 대리인 ; 앞잡이	عَمِيلٌ/ عُمَلَاءُ
정보부원	عَمِيلٌ لِلْمُخَابَرَاتِ
돌봄, 보호	عِنَايَةٌ
창고, 곳간 ; (철도) 기관고 ; (배의) 선창 ; 비행기고, 격납고	عَنْبَرٌ/ عَنَابِرُ
(전치사) ..에게, ..에(at) ; ..때	عِنْدَ = لَدَى
요소, 구성요소, 구성성분(element) ; 종족, 인종(race)	عُنْصُرٌ/ عَنَاصِرُ
탈리반 대원	عَنَاصِرُ حَرَكَةِ طَالِبَانِ
인종의	عُنْصُرِيٌّ = عِرْقِيٌّ
폭력	عُنْفٌ أَوْ عَنْفٌ
폭력행위, 폭행	أَعْمَالُ الْعُنْفِ
요소의 ; 인종의, 인종주의적인	عُنْصُرِيٌّ
인종주의적 모독, 인종주의적 해를 끼침	إِسَاءَةٌ عُنْصُرِيَّةٌ
인종주의	عُنْصُرِيَّةٌ
주소 ; 타이틀, 제목, 표제	عُنْوَانٌ/ عَنَاوِينُ
주제목	عِنْوَانٌ رَئِيسِيٌّ
..를 걱정하다, 관심을 가지다	عَنَى/ يَعْنِي هـ - عِنَايَةٌ
..을 의미하다	عَنَى/ يَعْنِي هـ - عَنْيٌ
이것이 의미하는 것은(which means …)	مِمَّا يَعْنِي …
..에 관심을 가지다	عُنِيَ/ يُعْنَى بِ …
강렬한, 맹렬한, 치열한	عَنِيفٌ
맹렬한 전투	قِتَالٌ عَنِيفٌ
언약, 서약 ; 기간(epoch)	عَهْدٌ/ عُهُودٌ
언약궤(성경의)	تَابُوتُ الْعَهْدِ

아랍어 - 한국어 소사전

돌아감, 돌아옴	عَوْدَةٌ
개인병원, 클리닉	عِيَادَةٌ/ -اتٌ
눈으로 보는 것	عِيَانٌ
목격자(eyewitness)	شَاهِدُ عِيَانٍ/ شُهُودُ عِيَانٍ
수치 ; 결점, 결함	عَيْبٌ/ عُيُوبٌ
절기, 축제	عِيدٌ/ أَعْيَادٌ
부활절	عِيدُ الْقِيَامَةِ
희생절 절기의 첫째날	أَوَّلُ أَيَّامِ عِيدِ الأَضْحَى = أَوَّلُ يَوْمٍ فِي عِيدِ الأَضْحَى = أَوَّلُ يَوْمٍ مِنْ أَيَّامِ عِيدِ الأَضْحَى
삶, 사는 것	عَيْشٌ أَوْ مَعِيشَةٌ
..을 ..에 임명하다	عَيَّنَ/ يُعَيِّنُ ه هـ - تَعْيِينٌ

(غ)

غَابَ/ يَغِيبُ عَنْ ... – غِيَابٌ ..에 부재중이다, ..에 없다, ..에 결석하다

غَادَرَ/ يُغَادِرُ ه أو هـ – مُغَادَرَةٌ ..를 떠나다, 출발하다

غَادَرَ كُورِيَا إِلَى الصِّينِ 그는 한국을 떠나 중국으로 갔다.

غَارَةٌ/ –اتٌ 급습, 침략

غَارَةٌ جَوِّيَّةٌ 공습

غَارِقٌ 빠진, 잠긴, 침몰된

غَاضِبٌ = غَضْبَانٌ 성난, 노한

غَجَرٌ أَوْ الْغَجَرُ 집시족

غَدَاءٌ 점심

غِذَائِيٌّ 음식물의, 영양분이 있는

الْمَوَادُّ الْغِذَائِيَّةُ 영양물질 ; 식료품

الْوَجَبَاتُ الغِذَائِيَّةُ 음식

غَذَّى/ يُغَذِّي ه – تَغْذِيَةٌ ..에게 ..을 먹이다, 영양을 주다 ; 육성, 발전시키다

غَرَبَ/ يَغْرُبُ – غُرُوبٌ (해가) 떨어지다, 지다

غَرَضٌ/ أَغْرَاضٌ 목적, 목표

غَرَّقَ/ يُغَرِّقُ هـ – تَغْرِيقٌ = أَغْرَقَ/ يُغْرِقُ هـ – إِغْرَاقٌ
..를 가라앉히다, 침몰시키다

غَرِقَ/ يَغْرَقُ (الشَّيْءُ أو الْمَرْكَبُ) فِي ... – غَرَقٌ ..에 빠지다, 침몰하다, 가라앉다

غَرَقٌ 빠짐, 침몰, 가라앉음

غَرَّمَ/ يُغَرِّمُ ه هـ – تَغْرِيمٌ ..에게 벌금을 부과하다, 벌금을 물리다

غَرَّمَتْهُ الْمَحْكَمَةُ عِشْرِينَ دِينَارًا 법정은 그에게 20 디나르의 벌금을 부과했다.

غَزَا/ يَغْزُو هـ أو ه – غَزْوٌ ..을 침략.침입.침공하다

غَزْوٌ 침략, 침입, 침공

많은, 풍부한	غَزِيرٌ
많은 비	أَمْطَارٌ غَزِيرَةٌ
	غَضَّ/ يَغُضُّ الطَّرْفَ عَنْ = غَضَّ النَّظَرَ عَنْ
눈감아 주다, 묵인하다, 무시하다, 경시하다	
..에 아랑곳하지 않고, ..에 관계없이, ..에 개의치 않고	بِغَضِّ النَّظَرِ عَنْ ...
..에게 화를 내다, 노하다	غَضِبَ/ يَغْضَبُ مِنْ – غَضَبٌ
	غَضَبٌ
성난, 노한	غَضْبَانٌ = غَاضِبٌ
..하는 동안에(during) ; ..기간 안에(within)	فِي غُضُونِ ...
..을 덮다, 씌우다, 가리다	غَطَّى/ يُغَطِّي هـ – تَغْطِيَةٌ
뉴스를 보도하다	غَطَّى/ يُغَطِّي الأَخْبَارَ – تَغْطِيَةٌ
잠수부	غَوَّاصٌ/ -ونَ
잠수함	غَوَّاصَةٌ/ -اتٌ
결석	غِيَابٌ
..을 바꾸다, 교환하다, 변경하다	غَيَّرَ/ يُغَيِّرُ هـ – تَغْيِيرٌ

(ف)

فِئَةٌ/ -اتٌ	계층, 그룹 ; 등급, 종류
فَاجَأَ/ يُفَاجِئُ ه- مُفَاجَأَةٌ	(뜻밖의 일로)..를 놀라게하다(to surprise)
فَارَقَ/ يُفَارِقُ الْحَيَاةَ – مُفَارَقَةٌ	세상을 떠나다, 사망하다
فَارِقٌ/ فَوَارِقُ = فَرْقٌ/ فُرُوقٌ	차이, 구별, 차별
فَارِقٌ	차이나는, 구별되는
فَازَ/ يَفُوزُ ب ... – فَوْزٌ	..(상 등을)을 받다, 쟁취하다, 얻다
فَازَ/ يَفُوزُ عَلَى – فَوْزٌ	..를 이기다, 승리하다
فَاسِدٌ	상한, 썩은, 부패한, 변질된, 비도덕적인
فَاصِلٌ = حَاسِمٌ	결정적인, 중대한 ; 나누는, 자르는, 구분하는, 구분하는 ; 최종의
مُبَارَاةٌ فَاصِلَةٌ = مُبَارَاةٌ حَاسِمَةٌ	격전 ; 플레이오프(playoff)
فَاوَضَ/ يُفَاوِضُ ه فِي هـ – مُفَاوَضَةٌ	..와 회담하다, 협상하다(to negotiate with)
فَتَاةٌ/ فَتَيَاتٌ	처녀, 젊은 여자
فَتَّشَ/ يُفَتِّشُ هـ – تَفْتِيشٌ	검열.검사.심사.조사하다
فَتَّشَ/ يُفَتِّشُ عَنْ ..	..을 수색하다, 뒤지다
فَتَحَ/ يَفْتَحُ هـ – فَتْحٌ	..을 열다, 개방하다
فَتْحٌ	엶, 개방
فَتْرَةٌ/ فَتَرَاتٌ	시기, 기간
فَتْرَةٌ اِنْتِقَالِيَّةٌ	과도기
فُجَائِيٌّ = مُفَاجِئٌ	갑작스런, 느닷없는, 뜻밖의, 불의의
فَجَّرَ/ يُفَجِّرُ هـ – تَفْجِيرٌ	..을 폭파하다, 터뜨리다
فَجَّرَ/ يُفَجِّرُ هـ – تَفْجِيرٌ	폭파하다, 터뜨리다, 폭발시키다
فَخَامَةٌ	화려함 ; 위엄, 장엄, 웅장함
فَخْمٌ	화려한 ; 위엄있는, 장엄한, 웅장한

몸값, 배상금(ransome)	فِدْيَةٌ/ فِدْيَاتٌ، فِدًى
기뻐하다, 즐거워하다	فَرِحَ/ يَفْرَحُ – فَرَحٌ
기쁨, 즐거움	فَرَحٌ/ أَفْرَاحٌ
기쁨, 즐거움	فَرْحَةٌ
하나, 한 개 ; 한 사람, 개인	فَرْدٌ/ أَفْرَادٌ
(신, 양말 따위의) 한 짝	فَرْدَةٌ/ فَرَدَاتٌ
개별적인 ; 개인적인, 단독적인	فَرْدِيٌّ
달아나다, 도망하다	فَرَّ/ يَفِرُّ مِنْ – فِرَارٌ
처녀가 눈이 맞아 달아나다	فَرَّتِ الْفَتَاةُ بِقَصْدِ الزَّوَاجِ دُونَ مُوَافَقَةِ وَالِدَيْهَا
여자가 눈이 맞아 다른 남자와 함께 도망가다	فَرَّتِ الْمَرْأَةُ مِنْ بَيْتِ زَوْجِهَا مَعَ عَشِيقٍ لَهَا
남용하다, 잘못 사용하다	فَرَّطَ/ يُفَرِّطُ فِي ه أَوْ هـ – تَفْرِيطٌ
..의 존엄(영광)을 잃게하다	فَرَّطَ/ يُفَرِّطُ فِي عِرْضِ ...
기회	فُرْصَةٌ/ فُرَصٌ
지우다, 맡기다, (세금을) 부과하다 ; 강요하다	فَرَضَ/ يَفْرِضُ هـ عَلَى ه – فَرْضٌ
부과, 지움	فَرْضٌ
가정(assumption), 가설, 추정	فَرْضِيَّةٌ = ظَنِّيَّةٌ = اِفْتِرَاضٌ
차이, 다름 ; 분리, 분할	فَرْقٌ/ فُرُوقٌ
그룹, 팀	فِرْقَةٌ/ فِرَقٌ = فَرِيقٌ
악대, 음악팀, 밴드	فِرْقَةٌ مُوسِيقِيَّةٌ
종교적 의무 ; 의무적인 예배	فَرِيضَةٌ/ فَرَائِضُ
팀, 그룹	فَرِيقٌ/ فِرَقٌ
국가 대표팀	الْفَرِيقُ الْوَطَنِيُّ
부패	فَسَادٌ
해석.해설하다, 설명하다 ; 주석을 달다	فَسَّرَ/ يُفَسِّرُ هـ – تَفْسِيرٌ
..에 실패하다	فَشِلَ/ يَفْشَلُ فِي .. – فَشَلٌ

시사 · 미디어 아랍어 소사전

실패	فَشَلٌ
격리시키다 ; 자르다, 절단하다	فَصَلَ/ يَفْصِلُ ه أَوْ هـ – فَصْلٌ
격리시킴, 자름	فَصْلٌ
우주공간	فَضَاء
우주비행가, 우주인	رَائِدُ الْفَضَاءِ
우주정거장	مَحَطَّةُ الْفَضَاءِ
우주왕복선(space shuttle)	مَكُّوكُ الْفَضَاءِ
게다가(besides)	فَضْلاً عَنْ (ذَلِكَ)
추문, 스캔들, 파동	فَضِيحَةٌ/ فَضَائِحُ
덕성, 미덕 ; 덕, 덕행, 선	فَضِيلَةٌ/ فَضَائِلُ
하다, 행하다, 행동하다, 수행하다	فَعَلَ/ يَفْعَلُ هـ – فِعْلٌ
행동, 행위, 행실	فِعْلٌ/ أَفْعَالٌ = فَعْلَةٌ/ فَعَلاَتٌ
작동시키다, 활성화시키다	فَعَّلَ/ يُفَعِّلُ هـ – تَفْعِيلٌ
행동, 행위, 행실	فَعْلَةٌ/ فَعَلاَتٌ = فِعْلٌ/ أَفْعَالٌ
잃다, 상실하다	فَقَدَ/ يَفْقِدُ هـ أو ه – فَقْدٌ أَوْ فُقْدَانٌ
잃음, 실종	فُقْدَانٌ أَوْ فِقْدَانٌ
가난, 빈곤	فَقْرٌ
가난한	فَقِيرٌ/ فُقَرَاءُ
풀다, 늦추다 ; 분해.해체하다 ; 해방하다	فَكَّ/ يَفُكُّ هـ – فَكٌّ
품, 늦춤, 분해	فَكٌّ
생각하다, 사고하다	فَكَّرَ/ يُفَكِّرُ فِي – تَفْكِيرٌ
와해시키다, 분해하다 ; 해체.분리하다	فَكَّكَ/ يُفَكِّكُ هـ – تَفْكِيكٌ
호텔	فُنْدُقٌ/ فَنَادِقُ
호텔 책임자	رَائِدُ الْفُنْدُقِ
기술적인	فَنِّيٌّ = تِقْنِيٌّ
예술적인, 예술의 ; 기술적인, 기술의	فَنِّيٌّ

(뜻밖의 일로) 놀라다	فُوجِئَ/ يُفَاجَأُ - مُفَاجَأَةٌ
즉시	فَوْرًا
즉시적인, 긴급한	فَوْرِيٌّ
승리, 획득	فَوْزٌ
압도적인 승리	فَوْزٌ كَاسِحٌ
강철	فُولَاذٌ = صُلْبٌ
강철의	فُولَاذِيٌّ
..에게 ..할 전권.권한을 부여하다, ..에게 위임하다, 맡기다	فَوَّضَ/ يُفَوِّضُ هـ إِلَى ه - تَفْوِيضٌ
바이러스	فَيْرُوسٌ/ -اتٌ
후천성 면역 결핍(AIDS) 바이러스	فَيْرُوسُ نَقْصِ الْمَنَاعَةِ الْمُكْتَسَبُ
홍수	فَيَضَانٌ/ -اتٌ
필름, 영화	فِيلْمٌ/ أَفْلَامٌ
..하는 동안에(while)	فِيمَا = بَيْنَمَا

(ق)

قَائِدٌ/ قَادَةٌ أو قُوَّادٌ	지도자, 인도자, 수령 ; 조종사
قَائِمَةٌ/ قَوَائِمُ	목록, 명부, 명단(list)
قَائِمَةٌ = لائِحَةٌ	명부(list) ; 설명서
قَائِمَةُ الطَّعَامِ	메뉴판
قَائِمَةُ الأَسْعَارِ	가격표
قَائِمَةُ التَّرْشِيحِ	입후보(자) 명부
قَابَلَ/ يُقَابِلُ ه – مُقَابَلَةٌ	..를 만나다, 조우하다 ; 인터뷰하다
قَابِلٌ لِـــ + الْمَصْدَرِ	..이 가능한, ..을 허용하는
قَاتَلَ/ يُقَاتِلُ ه – مُقَاتَلَةٌ أو قِتَالٌ	..와 싸우다, 전투하다
قَادَ/ يَقُودُ ه أو هـــ – قِيَادَةٌ	..을 이끌다, 인도.영도하다, 지도하다
قَادِمٌ	오는 ; 다가오는, 다음의
قَارَبَ/ يُقَارِبُ هـــ – مُقَارَبَةٌ	..에 가깝다, 가까이 있다 ; 접근하다 ; (가치 등이) ..와 거의 비슷하다
مَا يُقَارِبُ	대략(approximately)
قَارَّةٌ/ -اتٌ	대륙
الْقَارَّاتُ الْخَمْسُ	5 대륙
الْقَارَّةُ السَّمْرَاءُ = الْقَارَّةُ السَّوْدَاءُ	아프리카 대륙
قَارَنَ/ يُقَارِنُ هـــ بِـ ... – مُقَارَنَةٌ	..와 ..을 비교.대조하다
قَاسٍ(الْقَاسِي)/ قُسَاةٌ	가혹한, 혹독한, 지독한, 무자비한, 잔인한
مُعَامَلَةٌ قَاسِيَةٌ	가혹행위
قَاسَى/ يُقَاسِي هـــ – مُقَاسَاةٌ	(고통 등으로)고생하다
قَاصِرٌ = غَيْرُ رَاشِدٍ	미성년의
قَاضٍ(الْقَاضِي)/ قُضَاةٌ	재판관, 판사

아랍어 - 한국어 소사전

강당, 홀	قَاعَةٌ/ -اتٌ
규칙, 법칙, 원리, 원칙 ; 기지, 근거지	قَاعِدَةٌ/ قَوَاعِدُ
..라고 말하다(to say)	قَالَ/ يَقُولُ ... إِنَّ ...
말하다, 이야기하다	قَالَ/ يَقُولُ لِ ه عَنْ ... ، إِنَّ ... - قَوْلٌ
..위에 기초하다, 토대하다	قَامَ/ يَقُومُ عَلَى هـ - قِيَامٌ
..을 수행.이행.실시하다	قَامَ/ يَقُومُ بـ - قِيَامٌ
건설하다	قَامَ بِبِنَاءٍ
방문하다	قَامَ بِزِيَارَةٍ
실험을 실시하다	قَامَ بِتَجْرِبَةٍ
법	قَانُونٌ/ قَوَانِينُ
형법	قَانُونُ الجِنَايَاتِ = الْقَانُونُ الجِنَائِيُّ
민법	قَانُونٌ مَدَنِيٌّ
비상조치법	قَانُونُ الطَّوَارِئِ
..에 반항.저항.대항하다 ; 맞서 대적하다	قَاوَمَ/ يُقَاوِمُ ه أو هـ - مُقَاوَمَةٌ
..의 맞은편에(opposite to), ..앞에서(in front of)	قُبَالَةَ ...
키스하다, 뽀뽀하다	قَبَّلَ/ يُقَبِّلُ ه - تَقْبِيلٌ
그들은 서로서로 키스를 하였다.	هُمْ يُقَبِّلُونَ بَعْضُهُمْ بَعْضًا.
..을 잡다, 붙잡다 ; 체포하다	قَبَضَ/ يَقْبِضُ عَلَى ه أو هـ - قَبْضٌ
체포, 붙잡음	قَبْضٌ
콥트인, 콥트교도	قِبْطٌ أو قُبْطٌ/ أَقْبَاطٌ
콥트의	قِبْطِيٌّ
..을 받아들이다, 수락하다 ; ..을 수취하다, 받다	قَبِلَ/ يَقْبَلُ هـ - قَبُولٌ أو قُبُولٌ
부족의	قَبَلِيٌّ
받아들임, 수용(acceptance)	قَبُولٌ
...직전에	قُبَيْلَ ... = قَبْلَ ...
종족, 부족	قَبِيلَةٌ/ قَبَائِلُ

시사·미디어 아랍어 소사전

싸움, 전투	قِتَالٌ
전장, 전투지(battlefield)	سَاحَةُ الْقِتَالِ
맹렬한 전투	قِتَالٌ عَنِيفٌ
전쟁의 결과	مُحَصِّلَةُ الْقِتَالِ
싸움의, 전투의	قِتَالِيٌّ
전투행위, 전투	عَمَلِيَّاتٌ قِتَالِيَّةٌ
..을 죽이다, 살인하다	قَتَلَ/ يَقْتُلُ ه – قَتْلٌ
죽임, 살인	قَتْلٌ
살해당한, 피살된(killed) ; 살해당한 사람	قَتِيلٌ/ قَتْلَى أَوْ قُتَلَاءُ
미사(Mass)	قُدَّاسٌ/ -اتٌ أَوْ قَدَادِيسُ
(신이) ..을 예정하다, 예견하다 ; ..을 평가.감정하다, 추정하다	قَدَّرَ/ يُقَدِّرُ هـ – تَقْدِيرٌ – مُقَدَّرٌ
대략 ..이다, ..에 육박하다	مَا يُقَدَّرُ بِـ ...
..을 성스럽게하다, 신성화하다	قَدَّسَ/ يُقَدِّسُ هـ – تَقْدِيسٌ
..를 앞서게 하다, 앞지르다 ; 제출.제공하다, 바치다	قَدَّمَ/ يُقَدِّمُ هـ أَوْ هـ لـ ه – تَقْدِيمٌ
신성한 것, 숭고한 것 (신성한 장소 등)	قُدْسِيَّةٌ
..를 던지다, 던져 올리다, 내던지다	قَذَفَ/ يَقْذِفُ هـ أَوْ بِـ هـ – قَذْفٌ
미사일, 탄알, 포탄	قَذِيفَةٌ/ قَذَائِفُ
대략	قُرَابَةَ ... = تَقْرِيبًا
결정	قَرَارٌ/ -اتٌ
결의안, 결의안 초안	مَشْرُوعُ قَرَارٍ
결혼, 결혼식	قِرَانٌ = زَوَاجٌ
..가까이에(near)	قُرْبَ .. = بِقُرْبِ .. = بِالْقُرْبِ مِنْ ..
..을 ..에 가깝게 하다, 접근시키다, 가까이 두다	قَرَّبَ/ يُقَرِّبُ ه أو هـ إِلَى(مِنْ) ... – تَقْرِيبٌ
..을 결정하다	قَرَّرَ/ يُقَرِّرُ هـ أو أَنْ ... – تَقْرِيرٌ
상어	قِرْشٌ/ قُرُوشٌ

해적	قُرْصَانٌ/ قَرَاصِنَةٌ
해적행위	قَرْصَنَةٌ
해적의	قَرْصَنِيٌّ = قُرْصَانِيٌّ
융자, 대출(loan)	قَرْضٌ/ قُرُوضٌ
가까운 ; 이웃 ; 친척	قَرِيبٌ/ أَقَارِبُ أَوْ أَقْرِبَاءُ
농촌, 촌, 마을, 부락	قَرْيَةٌ/ قُرًى
(마음이) 모질다, 냉혹하다, 가혹하다	قَسَا/ يَقْسُو – قَسَاوَةٌ أَوْ قَسْوَةٌ
냉혹함, 가혹함	قَسَاوَةٌ
강제적인, 강압적인 ; 의무적인	قَسْرِيٌّ
강제결혼	زَوَاجٌ قَسْرِيٌّ
..을 여러개로 나누다, 분할하다	قَسَّمَ/ يُقَسِّمُ هـ – تَقْسِيمٌ
맹세, 서약, 선서	قَسَمٌ
파트, 부서(department), 부분	قِسْمٌ/ أَقْسَامٌ
냉혹함, 가혹함	قَسْوَةٌ
모질게, 가혹하게, 잔인하게	بِقَسْوَةٍ
목사, 신부	قِسِّيسٌ/ –ونَ أَوْ قَسَاوِسَةٌ أَوْ قُسُسٌ
갈대(한대) ; 관, 마디 ; 파이프	قَصَبَةٌ/ –اتٌ
사탕수수	قَصَبُ السُّكَّرِ
공기관, 기도, 숨통	قَصَبَةٌ هَوَائِيَّةٌ
의도	قَصْدٌ = عَمْدٌ
의도적으로, 고의적으로(on purpose)	قَصْدًا = عَنْ قَصْدٍ
(장소를) 폭격하다	قَصَفَ/ يَقْصِفُ هـ – قَصْفٌ
재판의 ; 법률의, 사법의	قَضَائِيٌّ
법적 소송	دَعْوَى قَضَائِيَّةٌ
법률고문	مُسْتَشَارٌ قَضَائِيٌّ
판결, 사법	قَضَاءٌ

الْقَضَاءُ وَالإِدَارَةُ	사법과 행정
الْقَضَاءُ الإِدَارِيُّ = مَحْكَمَةُ الْقَضَاءِ الإِدَارِيِّ	행정법원, 행정법원 재판소
قَضَى/ يَقْضِي بِـ، بِأَنْ ...	..을 결정하다, 확정하다 ; 규정하다(to stipulate)
قَضَى/ يَقْضِي هـ - قَضَاءٌ	..을 행하다, 수행하다 ; 결정하다 ; 판결하다 ; (시간을) 보내다
قَضِيَّةٌ/ قَضَايَا	문제, 일, 현안, 이슈 ; (법률) 소송, 소송사건
قَضِيَّةٌ = دَعْوَى	소송
قَضِيَّةُ اِحْتِيَالٍ	사기 소송
قِطَاعٌ/ -اتٌ	절단면 ; 부문(sector), 부분
قِطَاعُ غَزَّةَ	가자 지구
الْقِطَاعُ الْعَامُّ	공공부문, 공기업(public sector)
الْقِطَاعُ الْخَاصُّ	민영부문, 사기업(private sector)
قَطَنَ/ يَقْطُنُ فِي هـ أَوْ بِـ هـ - قُطُونٌ	..에 살다, 거주하다
قُطُونٌ	..에 삶, 거주함
قَلَبَ/ يَقْلِبُ هـ، إِلَى ... - قَلْبٌ	뒤집다, 엎다
قَلْبٌ	뒤집힘, 뒤바뀜
قَلْبٌ/ قُلُوبٌ	마음(heart), 심장
قَلْبِيٌّ	심장의
أَزْمَةٌ قَلْبِيَّةٌ	심장마비
نَوْبَةٌ قَلْبِيَّةٌ	심장마비
قَلِقَ/ يَقْلَقُ عَلَى ... - قَلَقٌ	근심하다, 걱정하다
قَلَقٌ	근심, 걱정
قَمَرٌ/ أَقْمَارٌ	달(moon)
قَمَرٌ صِنَاعِيٌّ	인공위성
قَمَرٌ صِنَاعِيٌّ مُخَصَّصٌ لِلاِتِّصَالاَتِ	통신위성
قِمَّةٌ/ قِمَمٌ	꼭대기, 정상
مُؤْتَمَرُ الْقِمَّةِ	정상회의

قِمَّةُ الْمُنَاخِ	기후정상회담
قِمَّةُ مَجْمُوعَةِ الْعِشْرِينَ	G 20 정상회담
قِمَّةُ الأَمْنِ النَّوَوِيِّ	핵안보 정상회의
قِمَّةٌ طَارِئَةٌ	비상정상회의
قِمَّةٌ ثُنَائِيَّةٌ	양국 정상회담
قِمَّةٌ ثُلاَثِيَّةٌ	3 국 정상회담
قِمَّةٌ رُبَاعِيَّةٌ	4 국 정상회담
قُنْبُلَةٌ/ قَنَابِلُ	폭탄
قُنْبُلَةٌ ذَرِّيَّةٌ	원자력 폭탄
قُنْصُلِيَّةٌ/ -اتٌ	영사관
قَوْمِيٌّ	국립의
رَقَمٌ قَوْمِيٌّ	주민등록 번호
بِطَاقَةُ الرَّقَمِ الْقَوْمِيِّ = الْبِطَاقَةُ الشَّخْصِيَّةُ	주민등록증
الدَّخْلُ الْقَوْمِيُّ	국민소득(national income)
قُوَّةٌ/ قُوَّاتٌ أو قُوًى	힘, 능력, 역량 ; 세력
قُوَّاتُ الأَمْنِ	보안군, 보안부대, 치안부대
الْقُوَّاتُ الْمُسَلَّحَةُ	군대(armed forces)
الْقُوَّةُ الْعَسْكَرِيَّةُ	군사력
الْقُوَّاتُ الأَمْرِيكِيَّةُ	미군
الْقُوَى السِّيَاسِيَّةُ	정치세력(political forces)
قِيَادَةٌ/ قِيَادَاتٌ = زَعَامَةٌ = رِئَاسَةٌ	리더쉽(leadership), 영도권
مَقَرُّ الْقِيَادَةِ	사령부
قِيَادِيٌّ = قَائِدٌ	지도자
قِيَاسِيٌّ	정상적인, 정규적인 ; 기록적인
رَقَمٌ قِيَاسِيٌّ	최고기록
قِيَامٌ	일어섬 ; 실행, 수행함

역할을 수행함	قِيَامٌ بِدَوْرٍ
일으킴 ; 부활	قِيَامَةٌ/ قِيَامَاتٌ
부활절	عِيدُ الْقِيَامَةِ
(불변사) 과정.도중에 있는, ..중인	قَيْدَ ...
건설중인	قَيْدَ الإِنْشَاءِ
재판중인	قَيْدَ الْمُحَاكَمَةِ
준비중인	قَيْدَ التَّحْضِيرِ
가치, 값	قِيمَةٌ/ قِيَمٌ
값을 정하다, 평가하다	قَيَّمَ/ يُقَيِّمُ هـ – تَقْيِيمٌ

(ك)

كَائِنٌ	있는, 존재하는, 현존의, 실재의 ; 위치하는 ; 존재(being)
كَاذِبٌ/ كَاذِبُونَ	거짓말 하는
أَخْبَارٌ كَاذِبَةٌ	거짓 소식
كَارِثَةٌ/ كَوَارِثُ = مُصِيبَةٌ	재난, 재해
كَارِثَةٌ إِنْسَانِيَّةٌ	인재(人災)
لَجْنَةُ طَوَارِئِ الْكَوَارِثِ	긴급재난위원회
كَوَارِثُ طَبِيعِيَّةٌ	자연재해
كَارِثِيٌّ	불행한, 비참한, 파국적인
كَارِيكَاتِير	만평
كَأْسٌ/ كُؤُوسٌ	컵
بُطُولَةُ كَأْسِ الْعَالَمِ	월드컵
مُبَارَاةُ كَأْسِ الْعَالَمِ	월드컵 경기
نِهَائِيَّاتُ كَأْسِ الْعَالَمِ	월드컵 본선
كَأْسُ الْبُطُولَةِ	챔피언 쉽
كَأْسُ الْعَالَمِ = مُونْدِيَالٌ	월드컵
كَاسِحٌ = سَاحِقٌ	쓸어버리는, 부셔버리는 ; 압도적인, 큰
فَوْزٌ كَاسِحٌ	압도적인 승리
كَافَحَ/ يُكَافِحُ ه أو هـــ – مُكَافَحَة	싸우다, 투쟁하다 ; (..을 막기위해) 분투하다
كَافَّةٌ	총체, 전체, 모두
كَافَّةً	총체적으로, 완전히, 전체적으로
كَاهِلٌ/ كَوَاهِلُ	등의 윗부분, 어깨
كَبُرَ/ يَكْبُرُ ه – كِبَرٌ	..보다 더 늙다, 나이 많다
كَبِيرٌ/ كِبَارٌ أَوْ كُبَرَاءُ	큰, 거대한

كُتْلَةٌ/ كُتَلٌ (سِيَاسِيَّةٌ) = جَبْهَةٌ	무더기, 더미 ; 블럭, 동맹, 연맹 ; 계파, 진영, ..권
كَتَمَ/ يَكْتُمُ هـ - كَتْمٌ	..을 숨기다, 감추다
كَتَمَ أَنْفَاسَ فُلَانٍ	..의 숨을 막다, (손으로 입을 막아) 호흡하지 못하게 하다
كُتَيِّبٌ/ -اتٌ	소책자
كَثَّفَ/ يُكَثِّفُ هـ - تَكْثِيفٌ	(농도를) 진하게 하다 ; 빽빽하게 하다, 밀도를 높이다
كَثِيفٌ	진한, 짙은 ; 무성한, 조밀한, 빽빽한, 밀집된
كَدَّسَ/ يُكَدِّسُ هـ - تَكْدِيسٌ	..을 쌓다, 쌓아올리다 ; 축적하다
كَذٰلِكَ	더욱이, 게다가 (furthermore)
كَرَاهِيَةٌ	증오감, 혐오감, 반감
كَرِهَ/ يَكْرَهُ ه - كُرْهٌ	..를 미워하다
كُرَوِيٌّ	공의, 축구의, 구의
كَسَادٌ	(상품의) 체화 ; 침체, 불경기
كَسَدَ/ يَكْسُدُ - كَسَادٌ	(물이) 고이다 ; 체화되다, (상품이) 팔리지 않다
كَشَفَ/ يَكْشِفُ عَنْ هـ أو هـ - كَشْفٌ	(덮개를) 벗기다 ; 공개하다, 드러내다, 폭로하다
كَشَفَ/ يَكْشِفُ عَلَى	..를 진찰하다
كَفَلَ/ يَكْفِلُ أو يَكْفُلُ هـ	..을 보장.보증.담보하다
كَفِيلٌ/ كُفَلَاءُ بِ ...	..을 보증하는, 보장하는 ; 보증인 ; 보호자, 후견인
كُلْفَةٌ/ كُلَفٌ	고통, 수고 ; 가격, 비용
كُلْفَةُ الْمَعِيشَةِ	생활비
كَلَّفَ/ يُكَلِّفُ ه بِـ هـ أو ه هـ - تَكْلِيفٌ	..에게 ..일을 부과하다, 책임지우다, 위임.위탁하다 ; (일이 사람에게) 비용이 들게하다
كَمِّيَّةٌ/ كَمِّيَّاتٌ	양, 수량
كَمَنَ/ يَكْمُنُ فِي ... - كُمُونٌ	..에 숨다 ; 잠복.매복하다
كُمُونٌ	..에 숨음, 잠복, 매복
كَمِينٌ/ كَمَائِنُ	매복, 잠복 ; 매복조
كَنَسِيٌّ = كَنَائِسِيٌّ	교회의, 교회에 속한

교회	كَنِيسَةٌ/ كَنَائِسُ
남한	كُورِيَا الجَّنُوبِيَّةُ
북한	كُورِيَا الشَّمَالِيَّةُ
한국의	كُورِيٌّ
양한국	الْكُورِيتَانِ
..하기 위해(in order to)	كَيْ = لِكَيْ
방법, 수법(manner ; method, way)	كَيْفِيَّةٌ
어떻게 해야 할 것인가 하는 문제	مَسْأَلَةُ كَيْفِيَّةِ الْعَمَلِ

(ل)

لائِحَةٌ/ لَوائِحُ = قَائِمَةٌ	명부(list) ; 설명서
لاذِعٌ	뜨거운, 타는듯한 ; 쏘는듯한 ; 날카로운, 신랄한
نَقْدٌ لاذِعٌ	신랄한 비판
هُجُومٌ لاذِعٌ	신랄한 공격
لاجِئٌ/ ـونَ	피난민, 난민
لاحَظَ/ يُلاحِظُ ه أو هـ، أَنَّ ... – مُلاحَظَةٌ	살피다, 보다, 주시하다, 관찰하다
لاعِبٌ/ ـونَ	선수
لامَ/ يَلُومُ ه عَلَى .. – لَوْمٌ	..에 대하여 ..를 비난하다, 꾸짖다, 책망하다
لَبَّى/ يُلَبِّي هـ – تَلْبِيَةٌ	..에 응답하다, 호응하다 ; (초청을) 수락하다
لَجَأَ/ يَلْجَأُ إِلَى ... – لُجُوءٌ	..에 피난처를 찾다, 피난하다 ; 의존하다 ; 도움을 구하다
لَجَأَ الْمُتَضَرِّرُ إِلَى الْقَاضِي.	피해자들은 판사에 의존했다.
لَجْنَةٌ/ لِجَانٌ	위원회
لَجْنَةُ التَّحْقِيقِ	조사위원회
لَجْنَةُ طَوارِئِ الْكَوارِثِ	긴급재난위원회
لُجُوءٌ	피난처를 찾음, 피난 ; 의존 ; 도움을 구함
لَدَى = عِنْدَ	(전치사) ..에게, ..에(at) ; ..때
لَدَيْهِ	그에게
لَذَعَ/ يَلْذَعُ ه أو هـ – لَذْعٌ	(벌레, 벌 등이) 쏘다, 물다 ; ..을 태우다, 굽다
لَزِمَ/ يَلْزَمُ الْمَكَانَ – لُزُومٌ	..(장소에) 에 붙어있다, 떠나지 않다
لَزِمَ بَيْتَهُ	집에 붙어 있다
لُزُومٌ	필요, 필요성
لَصِقَ/ يَلْصَقُ بِـ – لُصُوقٌ	..에 달라붙다 ; 부착되다
لُصُوقٌ	달라붙음 ; 부탁됨

아랍어 - 한국어 소사전

..을 몹시 더럽히다	لَطَّخَ/ يُلَطِّخُ هـ – تَلْطِيخٌ
가족의 명예를 더럽히다	لَطَّخَ/ يُلَطِّخُ شَرَفَ الْعَائِلَةِ
..을 가지고 놀다, 장난하다 ; 경기하다	لَعِبَ/ يَلْعَبُ ب .. – لَعْبٌ
게임, 놀이, 경기	لَعْبٌ أو لَعِبٌ/ أَلْعَابٌ
육상경기	أَلْعَابُ الْقُوَى
체육, 스포츠	الأَلْعَابُ الرِّيَاضِيَّةُ
올림픽 경기	الأَلْعَابُ الأُولَمْبِيَّةُ
불꽃놀이, 폭죽	أَلْعَابٌ نَارِيَّةٌ
지뢰를 매설하다, 폭탄을 설치하다	لَغَمَ/ يَلْغَمُ هـ – لَغْمٌ
지뢰 매설, 폭탄 설치	لَغْمٌ
만남	لِقَاءٌ
칭호, 타이틀	لَقَبٌ/ أَلْقَابٌ
장면(shot), 그림	لَقْطَةٌ/ لَقَطَاتٌ
..을 수정시키다	لَقَّحَ/ يُلَقِّحُ ه أَوْ هـ – تَلْقِيحٌ
..을 만나다, 접견하다	لَقِيَ/ يَلْقَى ه أَوْ هـ – لِقَاءٌ
죽다, 사망하다(to die)	لَقِيَ/ يَلْقَى مَصْرَعَهُ = لَقِيَ/ يَلْقَى حَتْفَهُ
익사하다	لَقِيَ مَصْرَعَهُ غَرَقًا
..하기 위해(in order to)	لِكَيْ
만지다, 어루만지다, 감촉하다	لَمَسَ/ يَلْمُسُ أَوْ يَلْمِسُ ه أَوْ هـ – لَمْسٌ
만짐, 어루만짐, 감촉	لَمْسٌ
터치(touch)	لَمْسَةٌ/ لَمَسَاتٌ
마무리, 마무리 손질	لَمَسَاتٌ أَخِيرَةٌ
모터 보트(motorboat), 요트	لَنْشٌ
여단(brigade)	لِوَاءٌ/ أَلْوِيَةٌ
남색(sodomy)	لِوَاطٌ، لِوَاطَةٌ
책망, 꾸중	لَوْمٌ

..을 더럽히다, 오염시키다	لَوَّثَ/ يُلَوِّثُ هـ – تَلْوِيثٌ
..을 색칠하다, 염색하다	لَوَّنَ/ يُلَوِّنُ هـ – تَلْوِينٌ
밤, 저녁	لَيْلٌ
하룻 밤	لَيْلَةٌ/ لَيَالٍ(اللَّيَالِي)
오늘 밤	اللَّيْلَةَ

(م)

مَاءٌ/ مِيَاهٌ	물(water)
مُؤَامَرَةٌ/ -اتٌ	음모,모략, 책동
مَأْتَمٌ/ مَآتِمُ	장례식 ; 추도회
مُؤْتَمَرٌ/ -اتٌ	대회, 회의 ; 수련회
مُؤْتَمَرُ الْحِزْبِ	전당대회
مُؤْتَمَرُ الْقِمَّةِ	정상회의
مُؤْتَمَرٌ سَنَوِيٌّ	연례대회
مُؤْتَمَرٌ صَحَفِيٌّ	기자회견
مَأْدُبَةٌ/ مَآدِبُ = وَلِيمَةٌ/ وَلاَئِمُ	연회, 축하연, 만찬회
مِئْذَنَةٌ أَوْ مَأْذَنَةٌ/ مَآذِنُ	모스크의 첨탑
مَا زَالَ = مَا يَزَالُ = لَمْ يَزَلْ = لاَ يَزَالُ	여전히 ..하다
مَأْسَاةٌ/ مَآسٍ	비극, 슬픔
مُؤَسَّسَةٌ/ -اتٌ = مُنْشَأَةٌ	기관, 기구 ; 공동단체, 공사
مُؤَسَّسَةٌ إِنْسَانِيَّةٌ	인도주의 단체, 인도주의 기구
مَأْسَاوِيٌّ = مَأْسَوِيٌّ	비극적인
مُؤَقَّتٌ	임시의, 일시적인, 한시적인
الرَّئِيسُ الْمُؤَقَّتُ	임시 대통령
هُدْنَةٌ مُؤَقَّتَةٌ	한시적인 정전, 휴전
مُؤَكَّدٌ	확실한
مُؤَلِّفٌ	저자(author)
مُؤَهِّلٌ	자격을 주는, 자격을 부여하는
الْمُبَارَاةُ الْمُؤَهِّلَةُ لِـــ	...출전 자격을 위한 경기
مُؤَيِّدٌ	지지하는, 지원하는 ; 지지자

물질, 재료 ; 조항, 조(법령, 조약 등의) ; 과목, 학과목	مَادَّةٌ/ مَوَادٌّ
수학과목	مَادَّةُ الرِّيَاضِيَّاتِ
원자재, 원료	مَادَّةٌ خَامٌ أَوْ مَوَادٌّ خَامٌ
물질의, 물질적인	مَادِّيٌّ
..을 실시.실행하다 ; (직권을) 행사하다 ; 연습하다	مَارَسَ/ يُمَارِسُ هـ - مُمَارَسَةٌ
재물, 재화 ; 돈	مَالٌ/ أَمْوَالٌ = نُقُودٌ
막대한 재정	أَمْوَالٌ طَائِلَةٌ
소유하는 ; 소유자	مَالِكٌ
소유자, (물건의) 주인	مَالِكٌ/ مُلَّاكٌ
..이 없다면, ..이 없었다면(unless)	مَا لَمْ = إِنْ لَمْ = إِذَا لَمْ
소위, 이른바(so called)	مَا يُعْرَفُ بِـ = مَا يُسَمَّى بِـ
직접적인, 곧바로의	مُبَاشِرٌ
간접적인	غَيْرُ مُبَاشِرٍ
직접적인 대화	حِوَارٌ مُبَاشِرٌ
대화, 회담	مُبَاحَثَةٌ
우선권	مُبَادَرَةٌ/ مُبَادَرَاتٌ
평화안(peace initiative), 평화중재안	مُبَادَرَةُ السَّلَامِ
경기	مُبَارَاةٌ/ مُبَارَيَاتٌ
플레이오프(playoff)	مُبَارَاةٌ فَاصِلَةٌ
월드컵 경기	مُبَارَاةٌ فِي كَأْسِ الْعَالَمِ
...출전 자격 획득을 위한 경기	الْمُبَارَاةُ الْمُؤَهِّلَةُ لـ
결승전	مُبَارَاةٌ نِهَائِيَّةٌ
운명적인 경기	مُبَارَاةٌ مَصِيرِيَّةٌ
원리, 원칙	مَبْدَأٌ/ مَبَادِئُ
파견된, 발송된 ; 사절, 대표, 특파원	مَبْعُوثٌ
특사	مَبْعُوثٌ خَاصٌّ

مُبَكِّرٌ	이른, 일찍은
مُبَكِّرًا	아침일찍
مَبْنًى/ مَبَانٍ	건물
مُتَاحٌ	이용할 수 있는(available), 구할 수 있는 ; 주어진
مُتَبَادِلٌ	상호간의, 서로의
مُتَبَايِنٌ	차이나는, 구별되는 ; 다른, 다양한
مُتَّهِمٌ	비난하는, 기소하는 ; 고소자, 비난자
مُتَّهَمٌ	고소된, 비난받은 ; 피의자, 피고
مُتَّهَمٌ/ ـونَ	피고, 피의자 ; 고소된, 고발된
مُتَّحِدٌ/ مُتَّحِدُونَ	연합된, 결합된
الْجَمْعِيَّةُ الْعَامَّةُ لِلأُمَمِ الْمُتَّحِدَةِ	유엔총회
مُتَحَدِّثٌ	대변인
مُتَحَدِّثٌ بِاسْمِ ... أَوْ بِلِسَانِ ...	..의 대변인
مُتَحَدِّثٌ بِاسْمِ وَزَارَةِ الْخَارِجِيَّةِ	외무부 대변인
مُتَحَدِّثٌ رَسْمِيٌّ	공식 대변인
مَتْحَفٌ/ مَتَاحِفُ	박물관
مُتَحَيِّزٌ	.. 편을 드는, 편애하는
مُتَدَيِّنٌ	신앙심이 깊은, 경건한 ; 종교적인
مُتَرَاجِعٌ	물러서는, 퇴각하는, 후퇴하는
مُتَزَامِنٌ	동시에 발생하는
أَعْرَاضٌ مُتَزَامِنَةٌ	신드롬(syndrome)
مُتَزَايِدٌ	점차 늘어나는, 점차 증가되는
مُتَشَابِهٌ	서로 닮은, 유사한
مُتَشَدِّدٌ	엄격한, 과격한, 융통성이 없는
مُتَصَاعِدٌ	고조되는, 상승하는
مُتَصَفِّحٌ	브라우저(browser)

극단적인, 과격한 ; 급진적인 ; 극단주의자	مُتَطَرِّفٌ
자원자(volunteer)	مُتَطَوِّعٌ
시위자	مُتَظَاهِرٌ
거래하는, 교역하는 ; 관계하는	مُتَعَامِلٌ
곤란, 난관 ; 고통, 수고	مُتْعَبٌ/ مَتَاعِبُ
..과 관련하여서, ..와 연관되어서, ..에 대해	مُتَعَلِّقٌ بِـ = خَاصٌّ بِـ
괴롭히는, 방해하는	مُتَعَنِّتٌ
약속하는	مُتَعَهِّدٌ
좋은 징조로 여기는 ; 낙천적인, 낙관적인	مُتَفَائِلٌ
분리된, 나누어진, 흩어진	مُتَفَرِّقٌ
여러 장소들	أَمَاكِنُ مُتَفَرِّقَةٌ
폭발하는	مُتَفَجِّرٌ
폭발물질	مَوَادٌّ مُتَفَجِّرَةٌ
폭탄	مُتَفَجِّرَةٌ
폭발물	مُتَفَجِّرَاتٌ
봉기자, 반란자	مُتَمَرِّدٌ
저항군	جَمَاعَةٌ مُتَمَرِّدَةٌ
등, 갑판(back, 배나 비행기의 본체를 일컬을 때 사용함)	مَتْنٌ
배위에, 배편으로	عَلَى مَتْنِ السَّفِينَةِ
겸손한 ; 적은	مُتَوَاضِعٌ
평균	مُتَوَسِّطٌ
기대되는	مُتَوَقَّعٌ
..이 예상.기대된다, ..일 것 같다	مِنَ الْمُتَوَقَّعِ أَنْ ...
본보기, 예 ; 속담	مَثَلٌ/ أَمْثَالٌ
..와 같은, 비슷한, 유사한, 닮은	مِثْلٌ/ أَمْثَالٌ
1-1(점수가)	بِهَدَفٍ لِمِثْلِهِ

..을 연기.상연하다 ; 대표하다	مَثَّلَ/ يُمَثِّلُ ه أو هـ – تَمْثِيلٌ
..을 ..에 비유.비교하다	مَثَّلَ/ يُمَثِّلُ هـ ب ...
..하다.	مَثَّلَ/ يُمَثِّلُ + الْمَصْدَرَ
교양있는, 교육받은 ; 지식인	مُثَقَّفٌ
동성애의	مِثْلِيٌّ
선동하는, 일으키는 ; 흥분시키는	مُثِيرٌ
동정심을 불러 일으키는	مُثِيرٌ لِلشَّفَقَةِ
논쟁을 불러 일으키는	مُثِيرٌ لِلْجَدَلِ
분야, 영역, 범위 ; 자리, 공간	مَجَالٌ/ –اتٌ
무료의	مَجَّانِيٌّ
무료로	مَجَّانًا
혁신하는, 갱신하는	مُجَدِّدٌ
새로운, 새로와진	مُجَدَّدٌ
새롭게, 다시	مُجَدَّدًا
협의회, 회의(council)	مَجْلِسٌ/ مَجَالِسُ
이사회	مَجْلِسُ الإِدَارَةِ
유엔 안전보장 이사회	مَجْلِسُ الأَمْنِ الدَّوْلِيُّ
국회	مَجْلِسُ الشَّعْبِ = مَجْلِسُ النُّوَّابِ = بَرْلَمَانٌ
국무회의	مَجْلِسُ الْوُزَرَاءِ
자문 평의회, 상원	مَجْلِسُ الشُّورَى
국가 자문회의	مَجْلِسُ شُورَى الدَّوْلَةِ
상원	مَجْلِسُ الشُّيُوخِ
잡지	مَجَلَّةٌ/ –اتٌ
회의장 ; 집회, 회의(convention) ; 협회(institute)	مَجْمَعٌ/ مَجَامِعُ
(사무실이나 공장 등이 밀집한) 단지	مُجَمَّعٌ/ –اتٌ
공업단지(industrial complex)	مُجَمَّعٌ صِنَاعِيٌّ

사물의 그룹, 컬렉션 ; 사람의 그룹	مَجْمُوعَةٌ (أَشْيَاءٍ أَوْ أَشْخَاصٍ)
2 조 그룹	الْمَجْمُوعَةُ الثَّانِيَةُ
테러리스트 그룹, 테러리스트 단체	مَجْمُوعَاتٌ إِرْهَابِيَّةٌ
G 20	مَجْمُوعَةُ الْعِشْرِينَ
G 20 정상회담	قِمَّةُ مَجْمُوعَةِ الْعِشْرِينَ
알려지지 않은, 이름없는, 무명의	مَجْهُولٌ
회담 ; 담화	مُحَادَثَةٌ/ -اتٌ
싸움, 전투	مُحَارَبَةٌ
셈을 치름, 결산	مُحَاسَبَةٌ
포위 ; 봉쇄	مُحَاصَرَةٌ = حِصَارٌ
강의, 강연	مُحَاضَرَةٌ
보호, 수호, 옹호	مُحَافَظَةٌ عَلَى = حِفَاظٌ عَلَى
지키기, 수호 ; 보존, 보관 ; (행정구역) 도, 지방	مُحَافَظَةٌ/ -اتٌ
재판	مُحَاكَمَةٌ/ -اتٌ
공판, 재판 심리	جَلْسَةُ مُحَاكَمَةٍ
변호사, 변호인	مُحَامٍ(الْمُحَامِي)
변호사직, 변호사일	مُحَامَاةٌ
시도(attempt)	مُحَاوَلَةٌ
항의하는 ; 항의자	مُحْتَجٌّ
점령된, 강점된	مُحْتَلٌّ
있을수 있는, 가능한, 예상되는, 잠재적인	مُحْتَمَلٌ
잠재적인 경쟁자	مُنَافِسٌ مُحْتَمَلٌ
..할 가능성이 있다.	مِنَ الْمُحْتَمَلِ أَنَّ أو أَنْ ...
홀로코스트	مَحْرَقَةٌ
결과, 결과물	مُحَصِّلَةٌ = حَصِيلَةٌ
결론	مُحَصِّلَةُ الْمَوْضُوعِ

전쟁의 결과	مُحَصِّلةُ الْقِتَالِ
수확 ; 생산품	مَحْصُولٌ/ -اتٌ أو مَحَاصِيلُ
농산물	الْمَحْصُولَاتُ الزِّرَاعِيَّةُ
유전자 개량 작물	الْمَحْصُولُ الْمُعَدَّلُ وِرَاثِيًّا
정류장, 정거장, 역	مَحَطَّةٌ/ -اتٌ
방송국	مَحَطَّةُ الإذَاعَةِ
라디오 방송국	مَحَطَّةٌ إذَاعِيَّةٌ
주유소	مَحَطَّةُ التَّمْوِينِ
우주정거장	مَحَطَّةُ الْفَضَاءِ
기차역	مَحَطَّةُ الْقِطَارِ
발전소	مَحَطَّةُ الْكَهْرَبَاءِ
주유소	مَحَطَّةُ الْبِنْزِينِ/ مَحَطَّاتُ الْبِنْزِينِ
주유소	مَحَطَّةُ الْوَقُودِ
금지된	مَحْظُورٌ (عَلَى)
법원, 법정	مَحْكَمَةٌ/ مَحَاكِمُ
범죄 재판소	مَحْكَمَةُ الْجُنَحِ
형사법원	مَحْكَمَةٌ جِنَائِيَّةٌ
형사법원, 형벌 재판소(criminal court)	مَحْكَمَةُ الْجِنَايَاتِ
국제형사재판소	الْمَحْكَمَةُ الْجِنَائِيَّةُ الدَّوْلِيَّةُ
민사법원	مَحْكَمَةٌ مَدَنِيَّةٌ
대법원, 고등법원	الْمَحْكَمَةُ الْعُلْيَا
행정법원, 행정법원 재판소	الْقَضَاءُ الإدَارِيُّ = مَحْكَمَةُ الْقَضَاءِ الإدَارِيِّ
언도된, 판결된	مَحْكُومٌ عَلَى
장소, 자리, 지점 ; 상점	مَحَلٌّ/ مَحَالٌّ أو مَحَلَّاتٌ
로컬의, 지역의, 현지의	مَحَلِّيٌّ
지역 뉴스	مَحَلِّيَّاتٌ

مَحْمِيٌّ = تَحْتَ الْحِمَايَةِ	보호받는
مُحِيطٌ/ –اتٌ	둘러싼, 포위한 ; 주위, 환경 ; 둘레 ; 대양
مُخَابَرَةٌ/ –اتٌ	통신, 통화 ; 접촉 ; 정보, 보안정보
عَمِيلٌ لِلْمُخَابَرَاتِ	정보부원
مُخَاطَبَةٌ	연설함
مَخَاطِرُ = خَطَرٌ/ أَخْطَارٌ	위험
مَخَافَةٌ/ مَخَاوِفُ	무서움, 공포
مُخَالَفَةٌ	거역함, 말을 듣지 않음 ; 모순 ; 위반
مُخْبِرٌ	비밀경찰요원, 정부에 국민의 기밀을 알리는 사람
مُخْتَطِفٌ/ –ونَ	납치범
مُخْتَلِفٌ	다른(different)
مُخْتَلِفُ الأَوْسَاطِ	각계각층의
مُخَدِّرٌ/ مُخَدِّرَاتٌ	마취제 ; 마약
مُخَصَّصٌ لـــ	..와 관련한, ..에 해당한
مَخْلُوعٌ	뽑힌, 벗어진 ; 해임된, 축출된
مُخَيَّمٌ/ اتٌ = مُعَسْكَرٌ/ –اتٌ	병영, 캠프
مَدَارٌ/ مَدَارَاتٌ	굴대, 축 ; (천문)궤도
عَلَى مُدَارِ السَّنَةِ	일년내내
عَلَى مَدَارِ أَيَّامٍ	몇일 내내
مَدَارُ الأَرْضِ	지구의 궤도
مَدَارُ الْجَدْيِ	남회귀선
مُدَافَعَةٌ	방어, 수호 ; 변호
مُدَانٌ	(유죄를)선고받은
مُدَّةٌ/ مُدَدٌ	기한, 기간
لِمُدَّةِ عَامَيْنِ	2 년 동안
مَدَّ/ يَمُدُّ هـــ – مَدٌّ	..을 뻗다, 펴다 ; 연장.신장.확장하다 ; 늘이다

مَدٌّ	뻗음, 폄 ; 연장
مَدَّدَ/ يُمَدِّدُ هـ – تَمْدِيدٌ	늘이다, 펴다, 뻗다, 펼치다 ; 연장.확장하다
مُدَّعٍ(الْمُدَّعِي)	기소자 ; 원고 ; 검사
مُدَّعٍ عَامٌّ	검사
مَدْرَجٌ/ مَدَارِجُ	활주로
مُدَرِّبٌ	코치, 감독
مَدْرَسَةٌ/ مَدَارِسُ	학교
مَدَنِيٌّ	문명의, 개화된 ; 민간의, 시민의
قَانُونٌ مَدَنِيٌّ	민법
مَحْكَمَةٌ مَدَنِيَّةٌ	민사법원
حُكُومَةٌ مَدَنِيَّةٌ	문민정부
مَدًى	한계, 범위 ; 거리 ; 크기
عَلَى مَدَى ..	..기간 동안(during)
قَصِيرُ الْمَدَى	단거리
مُتَوَسِّطُ الْمَدَى	중거리
بَعِيدُ الْمَدَى = طَوِيلُ الْمَدَى	장거리
مُدِيرٌ/ –ونَ، مُدَرَاءُ	운영자, 관리자, 책임자(director) ; 교장
الْمُدِيرُ الْعَامُّ	총책임자, 사장
مُدِيرُ الأَعْمَالِ	업무 관리자(business manager)
مَدِينَةٌ/ مُدُنٌ	도시(city)
مَدِينَةٌ جَامِعِيَّةٌ	대학촌, 대학 기숙사 촌
مَدْيُونِيَّةٌ/ –اتٌ	부채, 채무
مَدْيُونِيَّةٌ خَارِجِيَّةٌ	대외채무, 외국으로부터의 채무
مُذَكِّرَةٌ/ –اتٌ	각서 ; 비망록, 수첩 ; 보고서
مُذَكِّرَةُ اعْتِقَالٍ	체포영장
مَذْهَبٌ/ مَذَاهِبُ	학설, 학파, 주의 ; 교파

الْمَذْهَبُ الشِّيعِيُّ	시아파
مُذِيعٌ/ -ونَ	아나운서, 보도자
مُرَاجَعَةٌ/ -اتٌ	재검토, 점검, 검열, 검사
مَرَارَةٌ	쓴맛, 씀 ; 쓸개
مَرَارِيٌّ	쓸개의
مُرَاسِلٌ/ -ونَ	특파원
مَرَاسِمُ	예식, 의식, 의례(ceremonies)
مَرَاسِمُ التَّوْقِيعِ	서명식
مَرَاسِمُ تَشْيِيعٍ	영결식
مَرَاسِمُ افْتِتَاحِ أُولِمْبِيَّادٍ	올림픽 개막식
مُرَافِقٌ	동반자 ; 호위대, 보디가드
مُرَافَقَةٌ	친구가 됨, 사귐 ; 동반, 동행
مُرَاقِبٌ	감시하는, 살피는
مُرَاقَبَةٌ	감시, 살핌, 검열, 검사
بُرْجُ الْمُرَاقَبَةِ	관제탑
مِرَانٌ = تَمَرُّنٌ = تَمْرِينٌ	연습, 실습
مُرَاهِقٌ = مَنْ قَارَبَ الرُّشْدَ	청소년, 십대
مُرَاهَقَةٌ	청소년기, 십대
مُرْتَادٌ	탐색하는, 방문하는
مَرْتَبَةٌ/ مَرَاتِبُ	등급, 직급, 직위 ; 침대깔개, 매트리스
مُرْتَقَبٌ	바라는, 기대되는
مَرْجِعِيَّةٌ/ -اتٌ	원천 (책, 사람, 기관 등), 원전
مُرَحَّلٌ/ -ونَ	쫓겨난, 추방된 ; 쫓겨난 사람, 추방된 사람
مَرْحَلَةٌ/ مَرَاحِلُ	단계, 시기 ; 국면 ; 여정,노정
الْمَرْحَلَةُ الانْتِقَالِيَّةُ	과도기
مَرَّ/ يَمُرُّ ب – مَرٌّ أَوْ مُرُورٌ	..을 지나가다, 지나치다, 통과하다

아랍어 - 한국어 소사전

한국어	아랍어
..에게 ..을 단련.연습.훈련시키다	مَرَّنَ/ يُمَرِّنُ ه عَلَى – تَمْرِينٌ
입후보자, 출마자	مُرَشَّحٌ/ مُرَشَّحُونَ
후보자, 입후보자	مُرَشَّحٌ
병(disease)	مَرَضٌ/ أَمْرَاضٌ
후천성 면역 결핍증(AIDS)	مَرَضُ نَقْصِ الْمَنَاعَةِ الْمُكْتَسَبِ
팔꿈치 ; 시설	مِرْفَقٌ/ مَرَافِقُ
공공시설	مِرْفَقٌ عَامٌّ/ مَرَافِقُ عَامَّةٌ
..에 첨부된, ..에 덧붙인	مُرْفَقٌ بِهِ
중심, 센터, 본부 ; 지위, 신분 ; 등수, 순위	مَرْكَزٌ/ مَرَاكِزُ
세계무역센터	مَرْكَزُ التِّجَارَةِ الْعَالَمِيُّ
통행, 통과, 경과, 경유	مُرُورٌ
교통	حَرَكَةُ الْمُرُورِ
교통경찰	شُرْطِيُّ الْمُرُورِ
통과하는 ; 교통의	مُرُورِيٌّ
교통사고	حَادِثُ سَيْرٍ مُرُورِيٌّ
환자	مَرِيضٌ/ مَرْضَى
(증거없는) 혐의, (근거없는) 주장	مَزَاعِمُ
위조된, 조작된	مُزَوَّرٌ
증가	مَزِيدٌ = زِيَادَةٌ
더 많은 노력	مَزِيدٌ مِنْ الْجُهْدِ
더 많은 참여	مَزِيدٌ مِنْ الْمُشَارَكَةِ
사회적인 참여	مُشَارَكَةٌ اِجْتِمَاعِيَّةٌ
경쟁, 경주, 시합에 참가함	مُسَابَقَةٌ
미의 여왕 선발대회, 미인선발대회	مُسَابَقَةُ مَلِكَةِ جَمَالٍ
(해결해야할) 문제, 일	مَسْأَلَةٌ/ مَسَائِلُ
생사문제	مَسْأَلَةُ حَيَاةٍ أَوْ مَوْتٍ

길 ; 채널 ; 노선	مَسَارٌ/ -اتٌ
하늘 길, 항공 노선	مَسَارَاتٌ جَوِّيَّةٌ
평화의 길	مَسَارُ السَّلَامِ
서두름, 바삐감	مُسَارَعَةٌ
방해, 침해(violation)	مِسَاسٌ بـــ = إِخْلَالٌ
돕는 자	مُسَاعِدٌ/ -ونَ
도움	مُسَاعَدَةٌ
인도적 도움들	مُسَاعَدَاتُ الإِنْسَانِيَّةُ
지지, 지원, 성원	مُسَانَدَةٌ
평등, 균등	مُسَاوَاةٌ
책임있는 ; 책임자	مَسْؤُولٌ/ -ونَ
원인으로 되는, 야기하는 ; 장본인	مُسَبِّبٌ
멀다고 여기는, 가능성이 없다고 여기는, 배제한	مُسْتَبْعَدٌ
투자하는, 투자자	مُسْتَثْمِرٌ
고문, 참사 ; 조언자, 상담자 ; 판사	مُسْتَشَارٌ/ مُسْتَشَارُونَ
법률고문	مُسْتَشَارٌ قَضَائِيٌّ
병원	مُسْتَشْفًى/ مُسْتَشْفَيَاتٌ
손님을 맞는 ; 홈팀의	مُسْتَضِيفٌ = مُضِيفٌ
식민지, 거주지, 이주한 곳, 정착지	مُسْتَعْمَرَةٌ/ -اتٌ
안정된, 안착된	مُسْتَقِرٌّ
독립적인	مُسْتَقِلٌّ
용품, 필수품	مُسْتَلْزَمَاتٌ
의료용품	مُسْتَلْزَمَاتٌ طِبِّيَّةٌ
계속되는, 영구적인	مُسْتَمِرٌّ = دَائِمٌ
교양있는, 교육받은; 깨우친, 계몽된, 개화된	مُسْتَنِيرٌ
시작된 ; 시작, 개시	مُسْتَهَلٌّ

사는, 거주하는 ; 정착민	مُسْتَوْطِنٌ
정착지	مُسْتَوْطَنَةٌ/ ـاتٌ
수준, 기준	مُسْتَوًى/ مُسْتَوَيَاتٌ
생활수준	مُسْتَوَى الْحَيَاةِ
보안수준	مُسْتَوَى الأَمْنِ
안전수준	مُسْتَوَى الأَمَانِ
고위관계자	رَفِيعُ الْمُسْتَوَى/ رَفِيعُو الْمُسْتَوَى
모스크	مَسْجِدٌ/ مَسَاجِدُ
권총(pistol)	مُسَدَّسٌ
만지다 ; (재난 등이) ..에게 갑자기 닥치다 ; 침해하다	مَسَّ/ يَمُسُّ أو يَمَسُّ هـ
노력(effort)	مَسْعًى/ مَسَاعٍ (الْمَسَاعِي)
출생지, 고향	مَسْقَطُ الرَّأْسِ
시리즈	مُسَلْسَلٌ/ ـاتٌ
무장된 ; 무장된 사람	مُسَلَّحٌ
무장단체	جَمَاعَةٌ مُسَلَّحَةٌ
군대(armed forces)	الْقُوَّاتُ الْمُسَلَّحَةُ
무장공격	هُجُومٌ مُسَلَّحٌ
무슬림	مُسْلِمٌ/ مُسْلِمُونَ
무슬림 형제단	جَمَاعَةُ الإِخْوَانِ الْمُسْلِمِينَ
초안, 초고, 초벌 스케치, 밑그림, (draft, rough copy)	مُسَوَّدَةٌ = ضِدٌّ مُبَيَّضَةٍ
행군, 행진 ; 운동	مَسِيرَةٌ/ ـاتٌ
고난의 행군	الْمَسِيرَةُ الشَّاقَّةُ
선전 행진, 선거운동 행렬	مَسِيرَةُ الدِّعَايَةِ
닮음, 유사함	مُشَابَهَةٌ
말다툼, 다툼	مُشَاجَرَةٌ/ ـاتٌ
집안싸움, 가정불화(부부 사이, 혹은 부자 사이)	مُشَاجَرَةٌ مَنْزِلِيَّةٌ

참여, 참가	مُشَارَكَةٌ
더 많은 참여	مَزِيدٌ مِنْ الْمُشَارَكَةِ
관중, 시청자	مُشَاهِدٌ
봄, 구경함 ; 시청함	مُشَاهَدَةٌ
용의자	مُشْتَبَهٌ بِهِ أَوْ فِيهِ
공동의; 연합의, 협동의	مُشْتَرَكٌ
국경	الْحُدُودُ الْمُشْتَرَكَةُ
강화된, 엄한, 철저한	مُشَدَّدٌ
엄한 지시	تَعْلِيمَاتٌ مُشَدَّدَةٌ
합법적인, 법적인	مَشْرُوعٌ
결의안, 결의안 초안	مَشْرُوعُ قَرَارٍ
계획, 초안, 안 ; 사업, 프로젝트	مَشْرُوعٌ/ -اتٌ أَوْ مَشَارِيعُ
타오르는	مُشْتَعِلٌ
문제	مُشْكِلَةٌ/ -اتٌ أَوْ مَشَاكِلُ
지적하는	مُشِيرٌ (إِلَى)
앓는 사람 ; 부상자	مُصَابٌ/ مُصَابُونَ
악수함	مُصَافَحَةٌ
원천, 근원, 출처(origin, source), 소식통 ; 발생, 기원	مَصْدَرٌ/ مَصَادِرُ
익명의 소식통	مَصْدَرٌ رَفَضَ الإِفْصَاحَ عَنْ اسْمِهِ
익명의 소식통	مَصْدَرٌ رَفَضَ ذِكْرَ اسْمِهِ
고위 소식통	مَصْدَرٌ رَفِيعُ الْمُسْتَوَى
책임있는 소식통	مَصْدَرٌ مَسْؤُولٌ
고위급 소식통	مَصَادِرُ عَالِيَةُ الْمُسْتَوَى
정통한 소식통(Informed Sources)	مَصَادِرُ مُطَّلِعَةٌ
와 가까운 소식통	مَصَادِرُ مُقَرَّبَةٌ مِن ... ..
믿을 만한 소식통	مَصَادِرُ مَوْثُوقٌ بِهَا

아랍어 - 한국어 소사전

정부 소식통	مَصْدَرٌ حُكُومِيٌّ
화해	مُصَالَحَةٌ
화해의 과정	عَمَلِيَّةُ مُصَالَحَةٍ
화해의 모임, 화해의 만남	لِقَاءُ مُصَالَحَةٍ
꾸란	مُصْحَفٌ = الْمُصْحَفُ الشَّرِيفُ
(사고로 인한) 죽음, 사망	مَصْرَعٌ = مَقْتَلٌ
죽음(death), 사망	مَصْرَعٌ/ مَصَارِعُ = مَوْتٌ
은행	مَصْرِفٌ = بَنْكٌ
은행의 ; 은행원	مَصْرِفِيٌّ
여과기, 정제기 ; 정제소 ; 체, 조리	مِصْفَاةٌ/ مَصَافٍ(الْمَصَافِي)
복리 ; 이익, 유익	مَصْلَحَةٌ/ مَصَالِحُ
국세청	مَصْلَحَةُ الضَّرَائِبِ
공동의 복리, 이익	الْمَصْلَحَةُ الْعَامَّةُ
..의 유익을 위해, ..를 위해	لِمَصْلَحَةِ فُلَانٍ = لِصَالِحِ فُلَانٍ = فِي صَالِحِ فُلَانٍ
기도하는 사람	مُصَلٍّ(الْمُصَلِّي)
운명, 장래(fate)	مَصِيرٌ/ مَصَائِرُ
운명적인, 운명과 관련되는	مَصِيرِيٌّ
운명적인 경기	مُبَارَاةٌ مَصِيرِيَّةٌ
흔들리는, 혼란되는, 불안해지는	مُضْطَرِبٌ
핍박자, 억압자	مُضْطَهِدٌ
핍박받는, 억압받는	مُضْطَهَدٌ
가다, 떠나다 ; (시간이) 지나다	مَضَى/ يَمْضِي - مُضِيٌّ
..을 계속하다, 나아가다	مَضَى/ يَمْضِي فِي(بِـ) ..
..로 나아가다, 전진하다	مَضَى/ يَمْضِي قُدُمًا فِي ...
지나가는 것, 가는 것 ; (시간) 경과	مُضِيٌّ
이틀이 지나서	بَعْدَ مُضِيِّ يَوْمَيْنِ

오랜동안	مُضِيُّ الْمُدَّةِ الطَّوِيلَةِ
손님을 맞는 ; 홈팀의	مُضِيفٌ = مُسْتَضِيفٌ
요구하는, 신청하는 ; 요구자	مُطَالِبٌ
요청함, 요구함	مُطَالَبَةٌ
비	مَطَرٌ/ أَمْطَارٌ
많은 비	أَمْطَارٌ غَزِيرَةٌ
가수	مُطْرِبٌ/ –ون
시위, 데모	مُظَاهَرَةٌ/ –اتٌ
학생 시위	مُظَاهَرَاتٌ طُلَّابِيَّةٌ
많은 군중이 모인 시위	مُظَاهَرَاتٌ حَاشِدَةٌ
적대적인, 반대하는	مُعَادٍ(الْمُعَادِي) لِـ
적의감, 적대감	مُعَادَاةٌ = عِدَاءٌ
균등, 동등	مُعَادَلَةٌ
반대하는 ; 야당의 ; 반대자	مُعَارِضٌ
..에 반대.저항.항의하는	مُعَارِضٌ لِـ
반정부의	مُعَارِضٌ لِلْحُكُومَةِ
반대, 반항, 대항	مُعَارَضَةٌ
야당전선	جَبْهَةُ الْمُعَارَضَةِ
성관계를 가짐	مُعَاشَرَةٌ
처벌, 징벌	مُعَاقَبَةٌ
(병을) 고침, 치료	مُعَالَجَةٌ
..을 대함, 상대함, 다룸, 관계함	مُعَامَلَةٌ
고통을 겪음	مُعَانَاةٌ
조약, 협정, 협약	مُعَاهَدَةٌ/ –اتٌ
평화조약	مُعَاهَدَةُ السَّلَامِ
나루터, 도하장소 ; 통로, 국경통과소	مَعْبَرٌ/ مَعَابِرُ

..이라 여기는, 간주하는	مُعْتَبَرٌ
농성자	مُعْتَصِمٌ
체포된 ; 수감자, (주로 정치범) 죄수	مُعْتَقَلٌ/ -ونَ
팬(fan), 찬미(열광)하는 사람	مُعْجَبٌ (بِـ)
바뀐, 변결된 ; 바로잡힌, 조절된 ; 평균	مُعَدَّلٌ
유전자 개량 작물	الْمَحْصُولُ الْمُعَدَّلُ وِرَاثِيًّا
비율(ratio)	مُعَدَّلٌ/ مُعَدَّلَاتٌ
출생률	مُعَدَّلُ الْمَوَالِيدِ
성장률	مُعَدَّلُ نُمُوٍّ
사망률	مُعَدَّلُ الْوَفَيَاتِ أَوِ الْوَفِيَّاتِ
부패지수	مُعَدَّلَاتُ الْفَسَادِ
전람회 ; 박람회 ; 전시회 ; 진열실	مَعْرِضٌ/ مَعَارِضُ
서적 전시회	مَعْرِضُ الْكِتَابِ
지식(knowledge), 알아감	مَعْرِفَةٌ
전투, 싸움, 격전	مَعْرَكَةٌ/ مَعَارِكُ
선거캠페인	مَعْرَكَةٌ اِنْتِخَابِيَّةٌ
말다툼, 논쟁	مَعْرَكَةٌ كَلَامِيَّةٌ
..과 싸우는 전투	مَعْرَكَةٌ مَعَ ...
알려진(known)	مَعْرُوفٌ
병영, 캠프	مُعَسْكَرٌ/ اتٌ = مُخَيَّمٌ/ -اتٌ
고장난	مُعَطَّلٌ
요새, 성새, 보루 ; (군사) 벙커, 토치카 ; 숨는 곳	مَعْقِلٌ/ مَعَاقِلُ
선생	مُعَلِّمٌ
정보(information)	مَعْلُومَاتٌ
한 지식, 한 정보(a piece of information)	مَعْلُومَةٌ
공장, 제조소 ; 실험실 ; 작업장	مَعْمَلٌ/ مَعَامِلُ

원자력 발전소	مَعَامِلُ لِتَوْلِيدِ الطَّاقَةِ النَوَوِيَّةِ
사용.통용되고 있는 ; 효력이 있는, 유효기간내에 있는	مَعْمُولٌ بِهِ
관심을 가지는	مَعْنِيٌّ بِـــ = صَاحِبُ الشَّأْنِ
학원 ; 전문대학 ; 학회, 연구소	مَعْهَدٌ/ مَعَاهِدُ
결함이 있는, 흠집이 있는 ; 수치스러운	مَعِيبٌ = مُعِيبٌ
삶, 생활하는 것	مَعِيشَةٌ/ –اتٌ = عَيْشٌ
생활비	كُلْفَةُ الْمَعِيشَةِ
떠남	مُغَادَرَةٌ
갑작스런, 느닷없는, 뜻밖의	مُفَاجِئٌ
협상	مُفَاوَضَةٌ/ –اتٌ
평화협상	مُفَاوَضَاتُ السَّلَامِ
뭅티	مُفْتٍ (الْمُفْتِي)
존경하는 뭅티(뭅티는 이슬람에서 가장 권위있는 쉐이크)	فَضِيلَةُ الْمُفْتِي
감사관, 검열관, 검사원	مُفَتِّشٌ
폭발하는	مُفَجِّرٌ
부과된, 맡겨진 ; 요청되는, 의무적인	مَفْرُوضٌ
생각하는, 사고하는 ; 사상가	مُفَكِّرٌ
개념	مَفْهُومٌ/ مَفَاهِيمُ
전권을 받은 ; 전권위원	مُفَوَّضٌ
전권대표부 ; 공사관	مُفَوَّضِيَّةٌ
선거관리위원회	الْمُفَوَّضِيَّةُ الْعُلْيَا الْمُسْتَقِلَّةُ لِلانْتِخَابَاتِ
보상, 댓가 ; 앞에 있는, 맞은편에 있는, 상응.상당하는	مُقَابِلٌ
..에 비하여	فِي مُقَابِلِ ... = مُقَابِلَ ...
..에 비하여	مُقَابِلَ ...
2-0 의 스코어로	بِهَدَفَيْنِ دُونَ مُقَابِلٍ = بِهَدَفَيْنِ مُقَابِلَ لاَ شَيْءٍ
인터뷰	مُقَابَلَةٌ/ –اتٌ

مُقَاتِلٌ	싸우는, 전투하는 ; 전투원, 전사, 투사
مُقَاتَلَةٌ	싸움, 전투
مُقَاتِلاَتٌ	전투기
مُقَارَبَةٌ	가까이 감, 접근함
مُقَارَنَةٌ	비교
مُقَاسَاةٌ	고생함
مَقَالٌ/ مَقَالاَتٌ	논단, 칼럼, 사설
مُقَامٌ	일어난, 세워진
مُقَاوَمَةٌ	반항, 저항, 대항
حَرَكَةُ الْمُقَاوَمَةِ الإِسْلاَمِيَّةُ = حَمَاس	하마스
مَقْبُولٌ	그럴만한, 수용할만한, 동의할만한
غَيْرُ مَقْبُولٍ	수용.용인.수락할 수 없는
مُقْتَرِحٌ	제안하는
مُقْتَرَحٌ/ -اتٌ = اِقْتِرَاحٌ/ -اتٌ	제안, 제의
مُقْتَرِنٌ	쌍을 이룬, 결혼한
مَقْتَلٌ	죽음, 사망
مُقَدَّرٌ	미리 결정된, 운명지어진 ; 평가된, 추정된, 예상된
مَقَرٌّ/ مَقَارٌّ، مَقَرَّاتٌ	거주지, 거처 ; 관저, 중심지
مَقَرُّ الإِقَامَةِ	거주지
مَقَرُّ الْحُكُومَةِ	정부소재지, 청사
مَقَرُّ الْقِيَادَةِ	사령부
مَقَرُّ رِئَاسَةِ الْوُزَرَاءِ	국무총리 청사
مُقَرَّرٌ	결정된
مِنَ الْمُقَرَّرِ أَنْ ...	..하기로 되어있다. ..할 예정이다
مَقْعَدٌ/ مَقَاعِدُ	걸상, 의자 ; 좌석, 의석(국회 등에서)
مِقْيَاسٌ/ مَقَايِيسُ	표준, 기준, 척도, 단위

مِقْيَاسُ الْحَرَارَةِ 온도계

مِقْيَاسُ الْمَطَرِ 측우기

مِقْيَاسُ رِيخْتَر 리히터 지진계

مِقْيَاسُ الزَّلَازِلِ 지진계

مُقِيمٌ 거주하는, 사는 ; 집행.수행하는

مُكَافَحَةٌ 싸움, 투쟁, 분투

شُرْطَةُ مُكَافَحَةِ الشَّغَبِ 폭동진압경찰, 시위진압경찰

مَكَانٌ/ أَمَاكِنُ 장소

مُكَبِّرٌ/ ــاتٌ 확성기

مُكَبِّرُ الصَّوْتِ 음향증폭기, 확성기

مُكْتَسَبٌ 얻어진, 획득된

مُكَثَّفٌ 빽빽한, 밀집된

بَحْثٌ مُكَثَّفٌ 촘촘한 수색

دَوْرَةٌ مُكَثَّفَةٌ 집중과정, 인텐시브 코스

قَصْفٌ مُكَثَّفٌ 집중 폭격

مُكَرَّرٌ 반복된, 이중의

مُكَلِّفٌ 비싼, 돈이 많이 드는

مُكَلَّفٌ بِـ 부과된, 위탁되어진, 책임지워진

مَكَّنَ/ يُمَكِّنُ ه مِنْ هـ - تَمْكِينٌ ..에게 ..할수 있게 하다, ..로 하여금 ..을 가능하게하다

مَكُّوكٌ/ مَكَاكِيكُ 북, (방직기의) 방추

مَكُّوكُ الْفَضَاءِ 우주왕복선(space shuttle)

مَلَابِسُ 옷

مِلَاحَةٌ 항해, 항행

مِلَاحَةٌ جَوِّيَّةٌ 항공, 비행

مُلَاحَظَةٌ/ ــاتٌ 고찰, 관찰, 감시, 주시 ; 소견, 의견 ; 요점 ; 주목

مُلْصَقٌ/ ــاتٌ 포스터, 벽보, 부착물

مَلْغُومٌ	부비트랩이 매설된, 폭탄이 설치된
سَيَّارَةٌ مَلْغُومَةٌ	폭탄차량
مَلَكَ/ يَمْلِكُ هـ – مُلْكٌ	..을 가지다, 소유하다 ; 통치하다, 다스리다
مُلْكٌ	가짐, 소유 ; 통치, 다스림
مَلْمُوسٌ	만져지는, 느껴지는
مُلَوَّثٌ	더러워진, 오염된
مُلَوَّنٌ	색칠된, 채색된
مَلْيُونٌ/ مَلاَيِينُ	백만
مَلاَيِينُ	수 백만의
مِمَّا أَدَّى إِلَى	그로 인해, 그 결과로
مُمَارَسَةٌ	연습, 실행, 실시
مُمَثِّلٌ/ –ونَ	대표 ; 대리인 ; 배우
مُمَثِّلٌ	연기자, 연예인 ; 대표하는 사람
مَمْلَكَةٌ/ مَمَالِكُ	왕국(kingdom)
الْمَمْلَكَةُ الْمُتَّحِدَةُ	영국
مَمْلُوكٌ	소유된, 가지고 있는
مُنَاخٌ أَوْ مَنَاخٌ	기후 ; 환경
الْمُنَاخُ الْقَارِّيُّ	대륙성 기후
تَغَيُّرَاتٌ فُجَائِيَّةٌ فِي الْمُنَاخِ	기후이변
مُنَاسَبَةٌ	특별한 행사, 특별한 일(occasion)
مُنَاسَبَةٌ	특별한 행사, 경사, 특별한 일
بِمُنَاسَبَةِ ...	..을 맞이하여, ..에 즈음하여, ..과 관련하여
بِهَذِهِ الْمُنَاسَبَةِ	이와 관련하여, 이 기회에
مُنَاشَدَةٌ	요구함, 간청함
مُنَاصِرٌ/ مُنَاصِرُونَ	돕는자 ; 지지자(supporter)
مُنَاصَرَةٌ	수호, 옹호, 도와줌, 지지

공동으로, 똑같이, 절반씩	مُناصَفَةً (مَعَ) = بِالْمُناصَفَةِ
면역성	مَناعَةٌ
후천성 면역 결핍(AIDS) 바이러스	فَيْرُوسُ نَقْصِ الْمَناعَةِ الْمُكْتَسَبُ
경쟁자, 라이벌	مُنافِسٌ
잠재적인 경쟁자	مُنافِسٌ مُحْتَمَلٌ
경쟁 ; 대전(경기나, 놀이)	مُنافَسَةٌ/ ـاتٌ
토의, 토론, 논쟁	مُناقَشَةٌ
..에 반대하는, 대항하는, 저항하는	مُناهِضٌ لِـ
반항, 저항, 대항, 반대	مُناهَضَةٌ
반항, 저항, 반대	مُناوَأَةٌ
반대하는 ; 반항.대항하는 ; 반(anti-)	مُناوِئٌ لِـ
교체, 교대, 로테이션	مُناوَبَةٌ
(군사)기동훈련	مُناوَرَةٌ/ ـاتٌ
군사훈련, 군사 기동훈련	مُناوَرَةٌ/ ـاتٌ
생산품, 제품	مُنْتَجٌ/ مُنْتَجاتٌ
휴양소, 리조트	مُنْتَجَعٌ/ ـاتٌ
요양소	مُنْتَجَعٌ صِحِّيٌّ
선거된, 선출된, 골라낸 ; 대표팀	مُنْتَخَبٌ
한국 대표팀	الْمُنْتَخَبُ الْكُورِيُّ
선출된(당선된) 미국 대통령	الرَّئِيسُ الأَمْرِيكِيُّ الْمُنْتَخَبُ
포럼 ; 모이는 곳, 클럽	مُنْتَدًى/ مُنْتَدَياتٌ
중간	مُنْتَصَفٌ
주중	مُنْتَصَفُ الأُسْبُوعِ
한밤중	مُنْتَصَفُ اللَّيْلِ
니깝(베일)을 착용한	مُنْتَقِبَةٌ/ ـاتٌ
완성된, 완결된, 끝난 ; 만기되는	مُنْتَهٍ(الْمُنْتَهِي)

مَنَحَ/ يَمْنَحُ ه هـ – مَنْحٌ ..에게 ..을 주다, 수여하다, 제공하다

مَنْحٌ 수여, 제공

مُنْحَلٌّ 방탕한, 비도덕적인

مَنْدُوبٌ/ –ونَ 대표(대표를 대신하는 사람) ; (신문사)지국장

مَنْزِلٌ/ مَنَازِلُ 집, 거처지

مَنْزِلِيٌّ

مُشَاجَرَةٌ مَنْزِلِيَّةٌ 집안싸움, 가정불화(부부 사이, 혹은 부자 사이)

مُنْشَأَةٌ/ مُنْشَآتٌ = مُؤَسَّسَةٌ 기관, 기구 ; 공동단체, 공사

مُنْشَقٌّ 분리된, 독립된

مَنْشُورٌ/ –اتٌ 팜플렛, 전단

مَنْصِبٌ/ مَنَاصِبُ 직위, 직책

مَنْصِبُ رِئَاسَةِ الْجُمْهُورِيَّةِ 공화국 대통령 직위

مِنْطَقَةٌ/ مَنَاطِقُ 구역, 지역, 범위

مُنَظَّمٌ 조직적인

بِشَكْلٍ مُنَظَّمٍ 조직적인 모양으로, 조직적으로

مُنَظَّمَةٌ/ –اتٌ 조직, 기구

المُنَظَّمَةُ الدَّوْلِيَّةُ 국제기구

مُنَظَّمَةُ الاتِّحَادِ الأُورُبِّيِّ 유럽연합(EU)

مُنَظَّمَةُ التَّنْمِيَةِ وَالتَّعَاوُنِ الاقْتِصَادِيِّ 경제협력개발기구

مُنَظَّمَةُ الصِّحَّةِ الْعَالَمِيَّةُ 세계보건기구(WHO)

مُنَظَّمَةُ التَّحْرِيرِ الْفِلَسْطِينِيَّةُ 팔레스타인 해방기구(PLO)

مُنَظَّمَةُ التِّجَارَةِ الْعَالَمِيَّةُ 세계무역기구(WTO)

مُنَظَّمَةٌ غَيْرُ حُكُومِيَّةٍ 비정부단체, 민간단체(NGO)

مَنَعَ/ يَمْنَعُ ه عَنْ(مِنْ) هـ، ه أَوْ هـ – مَنْعٌ ; ..하는 것을 방해하다, ..하지 못하게하다 ..을 금지.저지.방해하다

مَنْعٌ 금지, 방해, 저지

외로운, 동떨어진 ; 개별적인, 단독적인 ; 혼자의	مُنْفَرِدٌ
추방지, 유배지	مَنْفًى/ مَنَافٍ (الْمَنَافِي)
추방된, 유배된 ; 유형수, 유배자	مَنْفِيٌّ
...를 ..로 유배보내다	أَرْسَلَهُ مَنْفِيًّا إِلَى ..
..에 의하여, ..로 부터	مِنْ قِبَلِ
니캅(베일)을 착용한	مُنَقَّبَة
방법, 방식 ; 계획, 프로그램 ; 커리큘럼, 교과과정	مَنْهَجٌ/ مَنَاهِجُ
이주인, 이민인, 망명인	مُهَاجِرٌ/ -ونَ
이주, 이민 ; 망명	مُهَاجَرَةٌ = هِجْرَةٌ
공격하는 사람	مُهَاجِمٌ/ -ونَ
공격	مُهَاجَمَةٌ = هُجُومٌ
정전, 휴전	مُهَادَنَةٌ = هُدْنَةٌ
축제, 페스티벌	مِهْرَجَانٌ = اِحْتِفَالٌ
연설회	مِهْرَجَانٌ خَطَابِيٌّ
중요한 일, 중대사 ; 과업, 임무, 과제	مَهَمَّةٌ أَوْ مُهِمَّةٌ / -اتٌ أَوْ مَهَامٌّ
인도적인 임무	مَهَمَّةٌ إِنْسَانِيَّةٌ
직업	مِهْنَةٌ/ مِهَنٌ
엔지니어, 기술자	مُهَنْدِسٌ/ -ونَ
..을 평탄하게하다 ; 펴다 ; 정리.정돈하다 ; 쉽게하다, 용이하게하다	مَهَّدَ/ يُمَهِّدُ هـ (لِـ ه)- تَمْهِيدٌ
만남, 대면 ; 맞서 싸움 ; 충돌	مُوَاجَهَةٌ/ -اتٌ
교통(transportations)	مُوَاصَلَاتٌ
시민(citizen), 국민	مُوَاطِنٌ/ -ونَ
시민권, 국적	مُوَاطَنَةٌ
동의, 찬성, 찬동	مُوَافَقَةٌ
죽음	مَوْتٌ = وَفَاةٌ = مَصْرَعٌ

생사문제	مَسْأَلَةُ حَيَاةٍ أَوْ مَوْتٍ
물결, 파도	مَوْجٌ/ أَمْوَاجٌ
원인, 이유	مُوْجِبٌ
..에 따라, ..에 준하여(according to)	بِمُوجِب ..
물결, 파도 ; 파장(wave)	مَوْجَةٌ/ ـاتٌ
방파제	حَاجِزٌ لِلأَمْوَاجِ
통일된, 연합된	مُوَحَّدٌ
타입, 모델(model)	مُودِيلٌ/ مُودِيلاَّتٌ
자원 ; 원천	مَوْرِدٌ/ مَوَارِدُ
인적자원(human resources)	مَوَارِدُ بَشَرِيَّةٌ
계절, 철, 한창일 때 ; 시기	مَوْسِمٌ/ مَوَاسِمُ
백과사전	مَوْسُوعَةٌ/ ـاتٌ
기네스북	مَوْسُوعَةُ جِينِيس الْعَالَمِيَّةُ
음악	مُوسِيقَى
음악의	مُوسِيقِيٌّ
악대, 음악팀, 밴드	فِرْقَةٌ مُوسِيقِيَّةٌ
직원, 사원	مُوَظَّفٌ/ ـونَ
약속 ; 약속한 시간 ; 기한, 시간	مَوْعِدٌ/ مَوَاعِدُ = مِيعَادٌ/ مَوَاعِيدُ
자리, 장소, 위치, 곳	مَوْقِعٌ/ مَوَاقِعُ
유적지들	مَوَاقِعُ أَثَرِيَّةٌ
정세, 형편(situation) ; 입장, 태도(attitude) ; 정류장, 정거장	مَوْقِفٌ/ مَوَاقِفُ
서명인	مُوَقِّعٌ
서명된	مُوَقَّعٌ
(태어난) 아기	مَوْلُودٌ/ مَوَالِيدُ
출생률	نِسْبَةُ الْمَوَالِيدِ
미라	مُومِيَاءٌ/ مُومِيَاوَاتٌ

월드컵	مُونْدِيَالٌ = كَأْسُ الْعَالَمِ
..에게 식량을 공급하다, 부양하다	مَوَّنَ/ يُمَوِّنُ ه – تَمْوِينٌ
기자의 맹세	مِيثَاقُ الشَّرَفِ الصَّحَفِيُّ
메달(medal)	مِيدَالْيَةٌ/ –اتٌ
금메달	مِيدَالْيَةٌ ذَهَبِيَّةٌ
예산(budget)	مِيزَانِيَّةٌ/ –اتٌ
약속 ; 약속한 시간 ; 기한, 시간	مِيعَادٌ/ مَوَاعِيدُ = مَوْعِدٌ/ مَوَاعِدُ
민병대, 의용군(militia)	مِيلِيشْيَا/ مِيلِيشْيَاتٌ = قُوَّاتٌ مُسَلَّحَةٌ شِبْهُ نِظَامِيَّةٍ

(ن)

نَائِبٌ/ نُوَّابٌ	대리인 ; 부- ; 대의원
نَائِبُ الْمُدِيرِ	부사장
النَّائِبُ العَامُّ	검찰총장
نَائِبٌ بِمَجْلِسِ الشَّعْبِ = عُضْوُ مَجْلِسِ الشَّعْبِ	국회의원
نَائِبُ رَئِيسِ الْجُمْهُورِيَّةِ	부통령
نَابَ/ يَنُوبُ عَنْ ... – نِيَابَةٌ	..를 대리하다, 대표하다
نَاحِيَةٌ/ –اتٌ أَوْ نَوَاحٍ	방향, 방면
مِنْ نَاحِيَةِ كَذَا	..과 관련하여, ..에 관해
نَاخِبٌ/ –ونَ = مُنْتَخِبٌ	선거인, 유권자
نَادِرٌ	드문, 희귀한 ; 신기한
نَادِمٌ = نَدْمَانٌ	후회하는
نَارٌ/ نِيرَانٌ	불(fire), 사격
نَاسَبَ/ يُنَاسِبُ هـ – مُنَاسَبَةٌ	부합되다, 알맞다, 적합하다
نَاشَدَ/ يُنَاشِدُ ه هـ	..에게 ..을 요청하다, 간청하다
نَاشِرٌ/ –ونَ	발표하는, 출판물에 싣는, 발행하는 ; 발행자, 출판업자
نَاشِطٌ/ –ونَ	활동가, 사회운동가
نَاشِطٌ/ –ون = نَشِيطٌ/ نُشَطَاءُ	적극적인 ; 정력적인 ; 활동가, 열성분자, 적극분자
نَاصَرَ/ يُنَاصِرُ ه – مُنَاصَرَةٌ	..를 수호하다, 옹호하다 ; 도와주다, 지지하다
نَاصِرٌ/ –ون أو أَنْصَارٌ أو نُصَّارٌ	돕는자 ; 지지자(supporter)
نَافَسَ/ يُنَافِسُ ه عَلَى أَو فِي هـ – مُنَافَسَةٌ	..와 경쟁하다, 겨루다, 다투다, 대전하다
نَاقَشَ/ يُنَاقِشُ ه أو هـ – مُنَاقَشَةٌ	..와 토의하다, 토론하다 ; 논쟁하다
نَاقِلٌ/ نَقَلَةٌ أو نُقَّالٌ	전하는, 전달하는 ; 나르는, 운반하는
نَاقِلُ النَّفْطِ = نَاقِلُ الْبِتْرُولِ = نَاقِلَةُ النَّفْطِ	유조선

원유	النَّفْطُ الْخَامُ
..에게 해를 끼치다, ..를 해롭게하다	نَالَ/ يَنَالُ مِنْهُ – نَيْلٌ
..에 접근하다 ; 도달하다, 이르다	نَاهَزَ/ يُنَاهِزُ هـــ – مُنَاهَزَةٌ
마흔고개에 들어서다	نَاهَزَ الأَرْبَعِينَ
40 살에, 40 살의 나이로	عَنْ عُمْرٍ يُنَاهِزُ الأَرْبَعِينَ
..에게 반항.대항.저항하다 ; 반대하다	نَاهَضَ/ يُنَاهِضُ ه – مُنَاهَضَةٌ
..을 방해하다 ; 반대하다 ; 경쟁하다	نَاوَأَ/ يُنَاوِئُ ه – مُنَاوَأَةٌ – مُنَاوِئٌ
..와 교체.교대하다, 로테이션하다	نَاوَبَ/ يُنَاوِبُ ه – مُنَاوَبَةٌ
군사기동훈련하다	نَاوَرَ/ يُنَاوِرُ عَسْكَرِيًّا – مُنَاوَرَةٌ
소식, 뉴스, 보도	نَبَأٌ/ أَنْبَاءٌ = خَبَرٌ
식물	نَبَاتٌ/ –اتٌ
식물	نَبْتٌ = نَبَاتٌ/ –اتٌ
..를 깨우치다, 자극하다 ; 경고하다	نَبَّهَ/ يُنَبِّهُ ه – تَنْبِيهٌ
지적하다	نَبَّهَ/ يُنَبِّهُ إِلَى أو إِلَى أَنَّ ...– تَنْبِيهٌ
예언자, 선지자	نَبِيٌّ/ أَنْبِيَاءُ
결과	نَتِيجَةٌ/ نَتَائِجُ
..의 결과로(as a result of)	نَتِيجَةَ كَذَا = نَتِيجَةً لِكَذَا
성공	نَجَاحٌ
..에 성공하다	نَجَحَ/ يَنْجَحُ فِي ... – نَجَاحٌ
아들 ; 자손 ; 후손	نَجْلٌ/ أَنْجَالٌ
..에서 (결과가) 발생되다, 비롯되다	نَجَمَ/ يَنْجُمُ عَنْ (مِنْ) – نُجُومٌ
별(star) ; 유명 스타	نَجْمٌ/ نُجُومٌ
대략(about)	نَحْوُ = حَوَالَيْ
..으로 향하여(towards)	نَحْوَ
방향, 방면 ; 지역, 지방	نَحْوٌ/ أَنْحَاءٌ
전세계에서(around the world)	أَنْحَاءُ الْعَالَمِ

아랍어 - 한국어 소사전

부름, 호소 ; 호소문 ; 광고(announcement)	نِدَاءٌ/ -اتٌ
폭로하다, 퍼뜨리다 ; 욕하다, 비난하다, 비평하다	نَدَّدَ/ يُنَدِّدُ بِـ .. - تَنْدِيدٌ
..을 후회하다, 뉘우치다	نَدِمَ/ يَنْدَمُ عَلَى ... - نَدَمٌ
후회, 뉘우침	نَدَمٌ
충돌, 투쟁, 분쟁	نِزَاعٌ/ -اتٌ
분쟁의 써클	دَائِرَةُ النِّزَاعِ
투쟁, 싸움, 격투(struggle, fight)	نِزَاعٌ/ -اتٌ = صِرَاعٌ/ -اتٌ
..을 제거하다, 떼버리다 ; 해임시키다 ; 뺏다 ; 중지.금지시키다	نَزَعَ/ يَنْزِعُ هـ - نَزْعٌ
제거, 떼버림, 해임시킴	نَزْعٌ
무장해제	نَزْعُ السِّلَاحِ
피를 흘리다	نَزَفَ/ يَنْزِفُ دَمًا - نَزْفٌ
피를 흘림	نَزْفٌ
내려오다 ; 내려 앉다 ; (비,가격이) 내리다	نَزَلَ/ يَنْزِلُ - نُزُولٌ
내려옴	نُزُولٌ
출혈 ; 유혈사태	نَزِيفٌ = نَزِيفُ الدِّمَاءِ
백분율	نِسْبَةٌ
출생률	نِسْبَةُ الْوِلَادَاتِ
..와 비교할 때, ..에 관해서, ..에 대하여	... بِالنِّسْبَةِ(إِلَى)(لِـ)
상대적인, 비교적인	نِسْبِيٌّ
상대적으로, 비교적	نِسْبِيًّا
사본, 부본 ; 한부, 한통	نُسْخَةٌ/ نُسَخٌ
활동, 활기, 활발	نَشَاطٌ/ -اتٌ أَوْ أَنْشِطَةٌ
활동총화, 총활동	حَصِيلَةُ النَّشَاطِ
활발하다, 활기있다, 활동적이다	نَشِطَ/ يَنْشَطُ فِي - نَشَاطٌ
배치.배열하다 ; 일치시키다, 조화롭게하다	نَسَّقَ/ يُنَسِّقُ هـ - تَنْسِيقٌ
부는 바람, 산들바람 ; 호흡, 사람	نَسَمَةٌ/ نَسَمٌ أَوْ نَسَمَاتٌ

ثَلاَثُونَ نَسَمَةً	30 명
نَسِيجٌ/ أَنْسِجَةٌ أَوْ نُسُجٌ	천, 직물, 피륙
نَشَرَ/ يَنْشُرُ هـ – نَشْرٌ	..을 발표하다, 공포하다 ; 출판하다 ; 전파하다, 퍼뜨리다 ; (소식 등을) 게재하다
نَشْرٌ	발표, 공포 ; 출판 ; 전파
نَشِيطٌ/ نُشَطَاءُ	적극적인, 활기있는
نَصَبَ/ يَنْصِبُ هـ – نَصْبٌ	..을 놓다, 설치하다 ; 임명하다
نَصَّبَ/ يُنَصِّبُ ه هـ – تَنْصِيبٌ	..을 ..에 임명하다, ..을 ..에 세우다, ..을 ..에 취임시키다
نَصْبٌ	놓음, 설치, 임명
نِصْفٌ/ أَنْصَافٌ	반, 절반
نَصِيرٌ/ نُصَرَاءُ أو أَنْصَارٌ = نَاصِرٌ/ –ونَ أو نُصَّارٌ أو أَنْصَارٌ = مُنَاصِرٌ	돕는자 ; 지지자(supporter)
نَطَقَ/ يَنْطِقُ هـ – نُطْقٌ	발음하다
نَطَقَ/ يَنْطِقُ بِالْحُكْمِ	판결을 내리다, 선고하다
نُطْقٌ	발음, 발음함
نُطْقٌ بِالْحُكْمِ	선고, 판결
نِظَامُ (الْحُكْمِ أَوَ الْحُكُومَةِ)	정권(regime), 정체
نِظَامٌ/ أَنْظِمَةٌ	질서 ; 체계, 체제, 제도
فِي ظِلِّ النِّظَامِ الاشْتِرَاكِيِّ	사회주의 제도하에서
نِظَامُ التَّحَكُّمِ	제어시스템, 제어장치
نَظَرَ/ يَنْظُرُ إِلَى – نَظَرٌ	..을 보다, 관찰하다
نَظْرَةٌ/ نَظَرَاتٌ	한 번 쳐다봄 ; 시선 ; 개요
نَظْرَةٌ عَامَّةٌ = نَظْرَةٌ شَامِلَةٌ	전반적인 견해, 개요
نَظَرِيَّةٌ/ –اتٌ	이론, 학설
نَظَّمَ/ يُنَظِّمُ هـ – تَنْظِيمٌ	..을 조직하다, 조절하다 ; 정리하다
نَظِيرٌ/ نُظَرَاءُ	상대, 상대자(counterpart)
نَعْرَةٌ/ نَعَرَاتٌ	교만, 거만 ; 공명심

종교적 편견, 광신주의	نَعْرَةٌ طَائِفِيَّةٌ أو دِينِيَّةٌ
숨, 호흡(breath)	نَفَسٌ/ أَنْفَاسٌ
..의 숨을 막다, (손으로 입을 막아) 호흡하지 못하게 하다	كَتَمَ أَنْفَاسَ فُلَانٍ
영(soul) ; 자신(self)	نَفْسٌ/ نُفُوسٌ
정신적인, 심리적인	نَفْسِيٌّ
정신적 스트레스	ضُغُوطٌ نَفْسِيَّةٌ
원유	نَفْطٌ أَوْ نِفْطٌ = بِتْرُولٌ
유전(油田, oil field)	حَقْلُ نَفْطٍ
원유의(petroleum)	نَفْطِيٌّ أَوْ نِفْطِيٌّ = بِتْرُولِيٌّ
..을 실천하다, 실행하다	نَفَّذَ/ يُنَفِّذُ هــ – تَنْفِيذٌ
..을 수행하다, 집행하다, 실천하다, 실행하다	نَفَّذَ/ يُنَفِّذُ هــ – تَنْفِيذٌ
처형.사형하다(to execute)	نَفَّذَ/ يُنَفِّذُ حُكْمَ الإِعْدَامِ في
터널	نَفَقٌ/ أَنْفَاقٌ
부인하다, 거부하다, 부정하다	نَفَى/ يَنْفِي هــ – نَفْيٌ
부인, 거부, 부정	نَفْيٌ
얼굴 앞면 까지 완전히 가린 베일	نِقَابٌ
직업동맹 ; 연맹 ; 노동조합, 노조	نِقَابَةٌ/ –اتٌ
노동조합, 노조	نِقَابَةُ الْعُمَّالِ
돈, 화폐	نَقْدٌ/ نُقُودٌ
화폐의, 금전의	نَقْدِيٌّ
모자라다, 부족하다 ; 작아지다, 줄어들다	نَقَصَ/ يَنْقُصُ – نَقْصٌ
모자람, 부족함	نَقْصٌ
후천성 면역 결핍(AIDS) 바이러스	فَيْرُوسُ نَقْصِ الْمَنَاعَةِ الْمُكْتَسَبِ
폐기하다, 취소하다 ; 위반하다, 어기다 ; 거부하다(기소를)	نَقَضَ/ يَنْقُضُ هــ – نَقْضٌ
폐기, 취소 ; 위반, 어김	نَقْضٌ
최고법원 ; 파기원(일종의 대법원)	مَحْكَمَةُ النَّقْضِ وَالإِبْرَامِ

시사 · 미디어 아랍어 소사전

점(dot), 점수(point) ; 사항, 문제점	نُقْطَةٌ/ نُقَطٌ أو نِقَاطٌ
검문소(checkpoint)	نُقْطَةُ التَّفْتِيشِ
..을 파내다, 시추하다	نَقَّبَ/ يُنَقِّبُ هـ
..의 말을 인용하여 ...라고 전하다	نَقَلَ/ يَنْقُلُ عَنْ ... أَنَّ ...
자라다, 성장하다	نَمَا أو نَمَى/ يَنْمُو – نُمُوٌّ
자람, 성장	نُمُوٌّ
..을 자라게 하다 ; 발전시키다 ; 육성.증진하다	نَمَّى/ يُنَمِّي هـ – تَنْمِيَةٌ
최후의, 마지막의, 최종적인	نِهَائِيٌّ
결승전	الْمُبَارَاةُ النِّهَائِيَّةُ
4강	الدَّوْرُ رُبْعُ النِهَائِيِّ
최후, 마지막	نِهَائِيَّةٌ/ -اتٌ
월드컵 본선	نِهَائِيَّاتُ كَأْسِ الْعَالَمِ
아프리카 네이션스 컵 최종전들	نِهَائِيَّاتُ كَأْسِ الأُمَمِ الإِفْرِيقِيَّةِ
끝, 마지막, 최후	نِهَايَةٌ/ اتٌ
순서, 순번, 차례 ; 당직, 당번	نَوْبَةٌ/ نَوْبَاتٌ
심장마비	نَوْبَةٌ قَلْبِيَّةٌ
모양, 종류, 형태	نَوْعٌ/ أَنْوَاعٌ
핵의	نَوَوِيٌّ
핵안보 정상회의	قِمَّةُ الأَمْنِ النَّوَوِيِّ
핵 프로그램	الْبَرْنَامَجُ النَّوَوِيُّ
핵전쟁	حَرْبٌ نَوَوِيَّةٌ
핵 에너지	طَاقَةٌ نَوَوِيَّةٌ
원자력 발전소	مَعَامِلُ لِتَوْلِيدِ الطَّاقَةِ النَوَوِيَّةِ
..을 의도하다, 마음먹다, 결심하다, 작정하다	نَوَى/ يَنْوِي هـ – نِيَّةٌ
대표, 대표성	نِيَابَةٌ
검찰청	النِّيَابَةُ الْعَامَّةُ

نِيَابَةٌ (عَنْ)	대표하는 것
نِيَابِيٌّ = تَمْثِيلِيٌّ	대표의
اِنْتِخَابَاتٌ نِيَابِيَّةٌ	국회의원 선거
نِيَّةٌ	의도, 목적

(هـ)

무서운, 무시무시한 ; 거대한, 방대한, 막대한	هَائِلٌ
전화	هَاتِفٌ/ هَوَاتِفُ
스마트폰(smart phone)	هَاتِفٌ ذَكِيٌّ
..로 이주하다, 이민하다 ; 망명하다	هَاجَرَ/ يُهَاجِرُ إِلَى .. – مُهَاجَرَةٌ
..을 공격.진격하다, 돌진하다, 쳐들어가다	هَاجَمَ/ يُهَاجِمُ ه أو هـ – مُهَاجَمَةٌ
각주, 여백(책 페이지의), 변두리	هَامِشٌ/ هَوَامِشُ
..의 가장자리에, ..의 주변부의, 주변적인	عَلَى هَامِشِ ...
(새나, 비행기가) 내려오다, 착륙하다, (값이) 하락하다	هَبَطَ/ يَهْبُطُ أَوْ يَهْبِطُ – هُبُوطٌ
내려옴, 착륙, 하락	هُبُوطٌ
이주, 이민 ; 망명	هِجْرَةٌ = مُهَاجَرَةٌ
..을 강습하다 ; 공격.침략.공습하다	هَجَمَ/ يَهْجُمُ عَلَى – هُجُومٌ
공격, 돌격	هَجْمَةٌ/ هَجَمَاتٌ
공습	هَجْمَةٌ جَوِّيَّةٌ
공격	هُجُومٌ = مُهَاجَمَةٌ
자살공격	هُجُومٌ انْتِحَارِيٌّ
포괄적인 공격	هُجُومٌ شَامِلٌ
..에게 공격을 가함	هُجُومٌ عَلَى ..
고요하다, 조용히하다 ; 평온하다, 잠잠해지다	هَدَأَ/ يَهْدَأُ – هُدُوءٌ
진정시키다, 안정시키다 ; 조용하게 하다	هَدَّأَ/ يُهَدِّئُ هـ أَوْ ه – تَهْدِئَةٌ
위협하다, 협박하다	هَدَّدَ/ يُهَدِّدُ بِـ أَوْ بِأَنَّ ... – تَهْدِيدٌ
..를 위협.협박하다	هَدَّدَ/ يُهَدِّدُ ه – تَهْدِيدٌ
낭비하다, 소비하다	هَدَرَ/ يَهْدُرُ أَوْ يَهْدِرُ – هَدْرٌ
낭비, 소비	هَدْرٌ

هَدَفَ/ يَهْدِفُ إِلَى هــ - هَدَفٌ	..을 목표로하다
هَدَفٌ/ أَهْدَافٌ	목표, 과녁 ; 목적 ; 골, 스코어
بِهَدَفِ ...	...을 목적으로
هَدَمَ/ يَهْدِمُ هــ - هَدْمٌ	..을 파괴하다, 허물다, 부수다
هَدْمٌ	파괴, 허묾, 부숨
هُدْنَةٌ = وَقْفُ الْقِتَالِ	정전(停戰 armistice), 휴전
هُدْنَةٌ مُؤَقَّتَةٌ	한시적인 정전, 휴전
هُدُوءٌ	고요함, 조용함
هَرَبَ/ يَهْرُبُ مِنْ – هُرُوبٌ أو هَرَبٌ أو هَرَبَانٌ	도망하다 ; 탈주하다
هَرَبٌ	도망, 탈주
هَرَّبَ/ يُهَرِّبُ ه أو هــ - تَهْرِيبٌ	..를 도망가게하다 ; 밀수입하다, 밀반입.밀반출하다
هَرَمٌ/ أَهْرَامٌ	피라미드
هُرُوبٌ	도망, 탈주
هَزَّةٌ أَرْضِيَّةٌ	지진(earthquake)
هَشَاشَةٌ	부서지기 쉬움, 깨어지기 쉬움
هَشٌّ	부서지기 쉬운
هَطَلَ/ يَهْطِلُ – هَطْلٌ أَوْ هُطُولٌ	비가 퍼붓다, 펑펑 쏟아지다
هَطْلٌ	비가 퍼부음
هُطُولٌ	비가 퍼부음
هُطُول (الأَمْطَارِ)	연속해서 내리기, 줄기차게 퍼붓기
هَنْدَسَ/ يُهَنْدِسُ هــ - هَنْدَسَةٌ	설치하다 ; 설계하다
هَنْدَسَةٌ	설치, 설계
هِنْدِيٌّ/ هُنُودٌ	인도의, 인도사람의
هَنَّأَ/ يُهَنِّئُ ه بِــ(عَلَى) ... – تَهْنِئَةٌ/ تَهَانِئُ	...에게 ...을 축하하다
هَنَّأَهَا بِنَجَاحِهَا	그는 그녀에게 그녀의 성공을 축하하였다.

공기	هَوَاءٌ
공기의, 기체의	هَوَائِيٌّ
에어백, 공기주머니	الْوَسَائِدُ الْهَوَائِيَّةُ
공기관, 기도, 숨통	قَصَبَةٌ هَوَائِيَّةٌ
호르몬(hormone)	هُورْمُونٌ/ -اتٌ
심연, 깊은 구렁, 낭떠러지 ; 갭(gap)	هُوَّةٌ/ هُوًى
심연, 나락	هُوَّةٌ سَحِيقَةٌ
..을 쉽게하다, 용이하게 하다 ; 쉬운것으로 여기다	هَوَّنَ/ يُهَوِّنُ هـ ‒ تَهْوِينٌ
형식, 양식 ; 모양, 모습 ; 조직, 기구, 기관, 단체, 위원회	هَيْئَةٌ/ هَيْئَاتٌ
방송위원회	هَيْئَةُ الْإِذَاعَةِ
사원(temple) ; 골격(frame), 구조(structure)	هَيْكَلٌ/ هَيَاكِلُ
지배하다, 다스리다, 통치하다(to dominate)	هَيْمَنَ/ يُهَيْمِنُ عَلَى = سَيْطَرَ، تَسَلَّطَ، تَحَكَّمَ

(و)

وَاجَهَ/ يُوَاجِهُ ه أَوْ هـــ – مُوَاجَهَةٌ ..와 맞서다, 맞서 싸우다 ; 직면하다, 마주하다, 대면하다 ; (위험이) 닥쳐오다

وَادٍ(الْوَادِي) 계곡(valley), 와디(wadi)

وَاصِفٌ 묘사하는

وَاصَلَ/ يُوَاصِلُ هـــ – مُوَاصَلَةٌ ..을 계속하다

وَاصَلَ جَهْدَهُ(سَعْيَهُ) فِي ... ..에 노력을 계속하다

وَاضِحٌ 분명한, 밝은, 명백한 ; 명확한

وَافَقَ/ يُوَافِقُ ه عَلَى (فِي) .. – مُوَافَقَةٌ ..에 대해 ..에게 찬성.찬동.동의하다

وَاقِعٌ 떨어지는 ; 일어나는 ; 놓여있는, 위치하고 있는

الْوَاقِعُ 현실, 현실성

وَاقِعَةٌ/ وَقَائِعُ 사실 ; 사고, 불행, 재난

اِرْتِكَابُ الْوَاقِعَةِ 사고를 저지름

وَاقِعِيٌّ 현실적인, 실제적인, 사실적인

غَيْرُ وَاقِعِيٍّ 비현실적인

وَالٍ(الْوَالِي)/ وُلاَةٌ 통치자, 지배자

وَالِدٌ 아버지

وَالِدَةٌ 어머니

وَثِيقَةٌ/ وَثَائِقُ 문건, 문서, 증명서

وَثِيقَةُ التَّأْمِينِ 보험증서

وَجَبَ/ يَجِبُ أَنْ ... – وُجُوبٌ 당연히 ..해야 한다, 반드시 ..해야 한다 ; ..의 의무이다, 필요하다

يَجِبُ عَلَى الْمُسْلِمِ الصَّوْمُ. 무슬림은 금식해야 한다.

وَجْبَةٌ/ وَجَبَاتٌ 식사(meal)

الْوَجَبَاتُ الغِذَائِيَّةُ 음식

시사 · 미디어 아랍어 소사전

..을 찾다, 발견하다	وَجَدَ/ يَجِدُ هـ – وُجُودٌ
있다, 존재하다	يُوجَدُ
없었다, 존재하지 않았다	لَمْ يُوجَدْ
..을 ..으로 향하게 하다	وَجَّهَ/ يُوَجِّهُ ه أَوْ هـ إِلَى ... – تَوْجِيهٌ
존재, 실재 ; 발견	وُجُودٌ
..을 통일.통합하다, 단합.연합시키다	وَحَّدَ/ يُوَحِّدُ هـ – تَوْحِيدٌ
통일, 일치 ; 단위(unit)	وَحْدَةٌ/ وَحَدَاتٌ
국민의 하나됨, 국민의 통일	وَحْدَةُ الشَّعْبِ
주거용 건물들	وَحَدَاتٌ سَكَنِيَّةٌ
군부대(military unit)	وَحْدَةٌ عَسْكَرِيَّةٌ
유전	وِرَاثَةٌ
유전학(genetics)	عِلْمُ الْوِرَاثَةِ
게놈(genome), 인간 유전 지도	خَارِطَةُ الوِرَاثَةِ الْبَشَرِيَّةِ = الْجِينُوم
유전의, 유전성의 ; 선천적인	وِرَاثِيٌّ
유전병	مَرَضٌ وِرَاثِيٌّ
유전자 개량 작물	الْمَحْصُولُ الْمُعَدَّلُ وِرَاثِيًّا
상속받다, 물려받다	وَرِثَ/ يَرِثُ هـ – وِرْثٌ أَوْ إِرْثٌ أَوْ وِرَاثَةٌ أَوْ تُرَاثٌ
종이 ; 문건, 서류	وَرَقٌ/ أَوْرَاقٌ، وَرَقَةٌ/ –اتٌ
종양, 혹	وَرَمٌ/ أَوْرَامٌ
양성 종양	وَرَمٌ حَمِيدٌ
악성 종양	وَرَمٌ خَبِيثٌ
장관급 부서, 내각	وِزَارَةٌ/ وِزَارَاتٌ
내무부	وِزَارَةُ الدَّاخِلِيَّةِ
조달청	وِزَارَةُ التَّمْوِينِ
장관의, 장관급의	وِزَارِيٌّ
..을 ..에게 분배하다, 할당하다, 배정하다, 나누어주다	وَزَّعَ/ يُوَزِّعُ هـ عَلَى ه – تَوْزِيعٌ

아랍어 - 한국어 소사전

그는 주식들을 무료로 나누어주었다.	وَزَّعَ أَسْهُمًا مَجَّانًا.
그는 무료 주식을 나누어 주었다.	وَزَّعَ أَسْهُمًا مَجَّانِيَّةً.
장관(minister)	وَزِيرٌ / وُزَرَاءُ
주택부 장관	وَزِيرُ الإِسْكَانِ
수상, 총리	رَئِيسُ الْوُزَرَاءِ
국무회의	مَجْلِسُ الْوُزَرَاءِ
외무장관	وَزِيرُ الْخَارِجِيَّةِ
교육부 장관	وَزِيرُ التَّرْبِيَةِ وَالتَّعْلِيمِ
국방장관	وَزِيرُ الدِّفَاعِ
국무총리 청사	مَقَرُّ رِئَاسَةِ الْوُزَرَاءِ
베개, 쿠션	وِسَادَةٌ / وَسَائِدُ
에어백, 공기주머니	الْوَسَائِدُ الْهَوَائِيَّةُ
중앙, 중간, 복판 ; 계층, 집단	وَسَطٌ / أَوْسَاطٌ
각계각층의	مُخْتَلِفُ الأَوْسَاطِ
수단, 방법 ; 도구	وَسِيلَةٌ / وَسَائِلُ
대중매체(the media), 매스컴	وَسَائِلُ الإِعْلَامِ
후견인의 임무 ; 후견, 보호	وِصَايَةٌ
(유엔)신탁통치	الْوِصَايَةُ الدَّوْلِيَّةُ
..에게 ..을 유언하다, ..에게 ..을 조언하다, 권고하다	وَصَّى / يُوصِّي ه بـ .. – تَوْصِيَةٌ = أَوْصَى / يُوصِي ه بـ ...
..을 ...라 묘사하다, 기술하다, 서술하다 ; 정하다, 규정하다 ; 특징을 나타내다	وَصَفَ / يَصِفُ ه أَوْ هـ بـ ... – وَصْفٌ
소위, 이른바	مَا وَصَفَتْهُ بِ ...
묘사, 기술	وَصْفٌ
..에 도착하다, 다다르다 ; ..와 ..을 연결하다, 결합하다	وَصَلَ / يَصِلُ هـ أَو إِلَى هـ – وُصُولٌ، صِلَةٌ، وَصْلٌ
연결, 결합	وَصْلٌ

시사 · 미디어 아랍어 소사전

وُصُولٌ	도착
وَضَّحَ/ يُوَضِّحُ هـ - تَوْضِيحٌ	..을 밝히다, 명백하게 하다 ; 해명.설명하다
وَضَعَ/ يَضَعُ هـ - وَضْعٌ	..을 놓다, 두다(to put)
وَضَعَ/ يَضَعُ أُنْثَى	딸을 낳다
وَضَعَ حَدًّا لِـ ...	..을 종식시키다, 끝장내다
وَضَعَ/ يَضَعُ خُطَّةَ عَمَلٍ	계획하다, 일에 대해 설계하다
وَضْعٌ/ أَوْضَاعٌ	상황, 사태, 정세
الْوَضْعُ الرَّاهِنُ	현정세
وُضُوحٌ	명백함, 명료함 ; 명확성
بِوُضُوحٍ	명백하게
وَطَنٌ/ أَوْطَانٌ	조국, 모국
حُبُّ الْوَطَنِ	조국애
وَظَّفَ/ يُوَظِّفُ ه - تَوْظِيفٌ	..을 고용하다
وَعْيٌ	의식, 자각, 각오
وَفَاةٌ = مَوْتٌ	사망, 서거
وَفَاةٌ = مَوْتٌ	죽음
وَفْدٌ/ وُفُودٌ	대표단
وَفَّرَ/ يُوَفِّرُ هـ - تَوْفِيرٌ	저금하다, 저축하다 ; 절약하다 ; 제공하다, 공급하다(provide with)
وَفْقَ ... = وَفْقًا لِـ	..에 따르면, ..에 의하면
وَفَى/ يَفِي بِـ هـ - وَفَاءٌ	이행.준수.실천하다 ; 갚다, 보상하다
وَقْتٌ/ أَوْقَاتٌ	시간
الْوَقْتُ الإِضَافِيُّ	추가시간
وَقَّتَ/ يُوَقِّتُ هـ - تَوْقِيتٌ	시간을 정하다, 계획을 세우다, 시간을 재다
وَقَعَ/ يَقَعُ - وُقُوعٌ	(위에서) 떨어지다 ; (사건이) 일어나다 ; 배치.배열되어 있다. 놓이다, (도시가) 위치하다
وَقَّعَ/ يُوَقِّعُ هـ أو ه - تَوْقِيعٌ	..를 떨어뜨리다 ; 넘어지게 하다

아랍어 - 한국어 소사전

..을 서명.조인하다	وَقَّعَ/ يُوَقِّعُ عَلَى ... – تَوْقِيعٌ
(자)멎다, 서다 ; 일어서다, 일어나다	وَقَفَ/ يَقِفُ – وُقُوفٌ
(타)멈춰세우다, 정지시키다	وَقَفَ/ يَقِفُ ه أو هـ – وَقْفٌ
멈추게 함, 정지시킴	وَقْفٌ
총성의 멈춤, 휴전, 정전(停戰)	وَقْفٌ لِإِطْلَاقِ النَّارِ = وَقْفُ إِطْلَاقِ النَّارِ
정전(停戰), 휴전	وَقْفُ الْقِتَالِ
연료(fuel)	وَقُودٌ
액체연료	وَقُودٌ سَائِلٌ
주유소	مَحَطَّةُ الْوَقُودِ
떨어짐 ; (사건이) 일어남 ; 배치, 배열	وُقُوعٌ
사고 발생	وُقُوعُ حَوَادِثَ
멎음, 섬,	وُقُوفٌ
험담, 악담, 유언비어 ; 사건, 사변	وَقِيعَةٌ/ وَقَائِعُ
대표권, 대표부, 대리점(agency)	وَكَالَةٌ/ وَكَالَاتٌ
대리하는(전임 대통령이 비행기 추락으로 사망한 상황)	بِالْوَكَالَةِ
국제원자력기구(IAEA)	الْوَكَالَةُ الدَّوْلِيَّةُ لِلطَّاقَةِ الذَّرِّيَّةِ
외교대표부	وَكَالَةٌ سِيَاسِيَّةٌ
뉴스 통신사(Press Agency, News Agency)	وَكَالَةُ الْأَنْبَاءِ
원자력기구	وَكَالَةُ الطَّاقَةِ الذَّرِّيَّةِ
후견, 보호, 감독 ; 통치, 지배, 관리 ; 임기(term)	وِلَايَةٌ/ -اتٌ
대통령 임기	الْوِلَايَةُ الرِّئَاسِيَّةُ
미국	الْوِلَايَاتُ الْمُتَّحِدَةُ
(아기를) 낳다	وَلَدَ/ يَلِدُ ه – وِلَادَةٌ
아이를 낳게하다	وَلَّدَ/ يُوَلِّدُ ه – تَوْلِيدٌ
전기를 일으키다, 발전하다	وَلَّدَ/ يُوَلِّدُ هـ – تَوْلِيدٌ
관리하다, 지배하다	وَلِيَ/ يَلِي هـ – وِلَايَةٌ

(ي)

..을 절망하다, 단념하다, 실망하다	يَئِسَ/ يَيْأَسُ مِنْ ... – يَأْسٌ
절망	يَأْسٌ
손(hand)	يَدٌ/ أَيْدٍ(الأَيْدِي) أو أَيَادٍ(الأَيَادِي)
수신호	إِشَارَةُ الْيَدِ
좌익의	يَسَارِيٌّ
중도 우파	يَمِينُ الْوَسَطِ
우익의 ; 우파 사람	يَمِينِيٌّ
하루(day)	يَوْمٌ/ أَيَّامٌ